अन्य भाषा-शिक्षण के बृहत् सन्दर्भ

अन्य भाषा-शिक्षण के बृहत् सन्दर्भ

प्रो. दिलीप सिंह

वाणी प्रकाशन

वाणी प्रकाशन

ज्ञान के विविध आयामों के प्रकाशक

वाणी प्रकाशन का 'लोगो' विख्यात चित्रकार मक़बूल फ़िदा हुसेन की कूची से

वाणी प्रकाशन, 4695, 21-ए, दरियागंज, नयी दिल्ली-110002

वाणी प्रकाशन, अशोक राजपथ (पटना कॉलेज के सामने), पटना (बिहार)

ANYA BHASHA-SHIKSHAN KE BRIHAT SANDARBH

by Prof. Dilip Singh

Linguistics

ISBN : 978-93-5000-171-4

प्रथम संस्करण

मूल्य : 250/-

वाणी प्रकाशन

फोन : 0091#11#23273167, 23275710

फैक्स : 0091#11#23275710

वेबसाइट : www.vaniprakashan.in

ई-मेल : vaniprakashan@gmail.com

vani_prakashan@yahoo.com

आर.टेक ऑफसेट प्रिंटर्स द्वारा दिल्ली-110095 में मुद्रित

पापा को–
जो माँ भी थे और पिता भी, शिक्षक भी थे
और मित्र भी, आदर्श भी थे
और संस्कार भी।

–प्रो. दिलीप सिंह

प्रस्तावना

'भाषा-शिक्षण' पर हिन्दी में कुछ ही पुस्तकें प्रकाशित हैं। इनमें भी अधिकतर भाषा-शिक्षण-सिद्धान्त पर केन्द्रित हैं। लगभग दो दशक से इस विषय पर एक भी पुस्तक हिन्दी में नहीं आयी है। जबकि पिछले कुछ बरसों में अन्य भाषा के रूप में हिन्दी शिक्षण के कई नये गवाक्ष खुले हैं। भाषा-शिक्षण का सन्दर्भ अब साहित्य शिक्षण ही नहीं रह गया है। समाज भाषाविज्ञान के आगमन ने अन्य भाषा-शिक्षण की दिशा ही बदल दी है। अब दूसरी भाषा सीख कर सामाजिक व्यवहार के रूप में भाषा अध्येता उसमें दक्षता प्राप्त करे, यह लक्ष्य अन्य भाषा-शिक्षण का है क्योंकि सम्प्रेषण मूलतः एक सामाजिक प्रक्रिया है। सम्प्रेषणपरक भाषा-शिक्षण विधि की उपादेयता को आज पूरे विश्व में स्वीकृति मिल चुकी है। भाषा की विषमरूपता और भाषा भेद भाषा-शिक्षण की सामग्री बनते जा रहे हैं।

इसी तरह शैलीविज्ञान की आमद ने 'शैली' की अवधारणा को आमूलचूल बदल कर रख दिया है। क्षेत्रीय, सामाजिक, सन्दर्भयुक्त तथा मिश्रित शैली की सामाजिक सम्प्रेषण में ज़रूरी भूमिका ने शिक्षण-सामग्री में भी परिवर्तन लाना शुरू कर दिया है। भाषा के भिन्न-भिन्न प्रकार्यों को भी सम्प्रेषण प्रक्रिया के सन्दर्भ में पहचाना तथा अन्य भाषा-शिक्षण में अब पर्याप्त स्थान दिया गया है। कहना न होगा कि इन परिवर्तनों ने भाषा-शिक्षण की प्रविधि और प्रणाली को भी नया मोड़ दे दिया है।

अन्य भाषा-शिक्षण (द्वितीय और विदेशी) के इसी परिवर्तनशील स्वरूप को इस पुस्तक में प्रस्तुत किया गया है। बातें यहाँ सैद्धान्तिक कम, व्यावहारिक अधिक हैं। अन्य भाषा-शिक्षण में इलेक्ट्रानिक मीडिया और कम्प्यूटर की भूमिका पर चर्चा के साथ-साथ सम्प्रेषणपरक द्वितीय भाषा-शिक्षण पर यहाँ सम्यक विचार किया गया है। साहित्य भाषा-शिक्षण के लिए इकबाल के 'तराना-ए-हिन्दी' का विश्लेषण उस नयी प्रविधि का एक नमूना है जिसे भाषा-शिक्षण के लिए अपनाने पर आज विशेष बल

दिया जा रहा है। साहित्यिक पाठ के माध्यम से भाषा-दक्षता को बढ़ावा देने वाला यह ढाँचा अन्य भाषा-शिक्षण के प्रमुख सिद्धान्तों को भी सामने ले आता है।

अन्य भाषा-शिक्षण के प्रचलित सभी प्रतिमान इस पुस्तक में आ गये हैं। इस तरह इसे द्वितीय भाषा-शिक्षण तथा अन्य भाषा-शिक्षण की सैद्धान्तिकता का व्यावहारिक ढाँचा भी माना जा सकता है। पुस्तक की तैयारी में प्रो. रवीन्द्रनाथ श्रीवास्तव, प्रो. शिवेन्द्र कुमार वर्मा तथा प्रो. सुरेश कुमार के लेखन से मदद और प्रेरणा मिली है, इनका आभार, इन्हें नमन्।

लीक से हटी एक अलग किस्म की किताब को छापने में वाणी प्रकाशन के अरुण माहेश्वरी ने रुचि दिखाई, उन्हें साधुवाद।

–दिलीप सिंह

अनुक्रम

भाषा-शिक्षण की आधुनिक भूमिका

भाषाविज्ञान की वैज्ञानिकता और उसकी व्यापकता ने यह भी विचारणीय तथ्य सामने रखा है कि कई ऐसे प्रश्न हो सकते हैं जो हमें भाषा अध्ययन की ओर प्रेरित करते हैं। भाषा विश्लेषण के माध्यम से हम 'और कुछ' जानने सीखने और करने का प्रयास कर सकते हैं। सम्भवतः इसीलिए प्रसिद्ध भाषावैज्ञानिक हैलीडे ने सम्भावनाओं की खोज की दृष्टि से भाषा और भाषाविज्ञान को अनेक सम्भावनाओं का पुंज माना है। ऐसे अनेक विचार इस बात को प्रमाणित करते हैं कि भाषाविज्ञान मात्र अपने अध्ययन की वैज्ञानिकता या अपनी वैज्ञानिक विश्लेषण प्रक्रिया के कारण ही विश्वव्यापी ज्ञान के क्षेत्र के रूप में मान्य एवं लोकप्रिय नहीं बना है। उसकी मान्यता और लोकप्रियता का मुख्य कारण उसका प्रभावशाली अनुप्रयोग (application) के उपयुक्त होना है। हम भाषावैज्ञानिक सिद्धान्तों के अनुप्रयोग को सामान्य रूप से इस रूप में सामने रख सकते हैं कि भिन्न-भिन्न क्षेत्रों में भाषावैज्ञानिक सिद्धान्तों का अनुप्रयोग ही उसके अनुप्रयुक्त पक्ष को तीन सन्दर्भों में सामने लाता है।

(क) अनुप्रयुक्त भाषाविज्ञान के तीन सन्दर्भ

(1) ज्ञान क्षेत्र का सन्दर्भ
(2) विधा विशेष का सन्दर्भ
(3) भाषा-शिक्षण का सन्दर्भ

(1) **ज्ञान क्षेत्र का सन्दर्भ**—ज्ञान क्षेत्र का सन्दर्भ भाषाविज्ञान और उसके सिद्धान्त का अनुप्रयोग ज्ञान के किसी अन्य क्षेत्र को स्पष्ट करने के लिए करता है। यहाँ उदाहरण स्वरूप समाजशास्त्र और मनोविज्ञान को ज्ञान के अन्य क्षेत्रों के रूप में देखा जा सकता है। भाषा और समाज के अन्तःसम्बन्धों का अध्ययन जब भाषा की प्रकृति और उसके प्रयोजनों को ध्यान में रखकर किया जाता है तब अनुप्रयुक्त भाषाविज्ञान की इस शाखा को समाज भाषाविज्ञान कहा जाता है। इसी प्रकार भाषाविज्ञान का सहारा लेते हुए संज्ञानात्मक बोध और मन की वृत्तियों से

सम्बन्धित अध्ययन को मनोभाषाविज्ञान कहा जाता है।

(2) **विधा विशेष का सन्दर्भ**–यह सन्दर्भ अनुप्रयुक्त भाषाविज्ञान को विशेष विधाओं से जोड़ता है। इसके अन्तर्गत शैलीविज्ञान, अनुवाद विज्ञान, कोश विज्ञान आदि आते हैं। भाषावैज्ञानिक सिद्धान्त एवं प्रणाली का अनुप्रयोग इन विधाओं को एक निश्चित सैद्धान्तिक सन्दर्भ देता है। यह इनके अध्ययन विश्लेषण के लिए एक सुनिश्चित तकनीक का भी विकास करता है और ऐसी संक्रियात्मक प्रणाली भी निर्मित करता है जिनके सहारे इन क्षेत्रों में अधिक नियमबद्ध ढंग से कार्य कर पाना सम्भव हो पाता है।

(3) **भाषा-शिक्षण का सन्दर्भ**–यह सन्दर्भ अनुप्रयुक्त भाषाविज्ञान का सर्वाधिक प्रचलित सन्दर्भ है। यहाँ हम इसी सन्दर्भ पर विचार और अध्ययन करने जा रहे हैं। इस सन्दर्भ या क्षेत्र में भाषाविज्ञान की देन ने अपना अलग इतिहास ही बना लिया है। मातृभाषा और अन्य भाषा-शिक्षण, शैक्षिक व्याकरण और शिक्षण सामग्री, शिक्षण प्रणाली और शिक्षण तकनीक आदि सभी में भाषा वैज्ञानिक अन्तर्दृष्टि ने अपनी अनिवार्यता सिद्ध कर ली है।

(ख) भाषिक और अनुप्रयुक्त भाषाविज्ञान

भाषाविज्ञान की प्रकृति उसके उद्देश्यों और उसके कार्यों को तथा अनुप्रयुक्त भाषाविज्ञान की प्रवृत्ति, स्वरूप और प्रयोजन को यदि साफ-साफ देख लिया जाये तो हम अभी तक की गयी चर्चाओं को और भी स्पष्ट ढंग से समझ सकते हैं–

भाषाविज्ञान	**अनुप्रयुक्त भाषाविज्ञान**
1. भाषाविज्ञान भाषा की आन्तरिक प्रकृति पर प्रकाश डालता है।	1. अनुप्रयुक्त भाषाविज्ञान उपभोक्ता सापेक्ष (Consumer oriented) होता है।
2. इसका मूल उद्देश्य भाषा सम्बन्धी सिद्धान्त का विवेचन और प्रतिपादन है।	2. यह उपभोक्ता की आवश्यकताओं द्वारा नियंत्रित लक्ष्य का परिणाम होता है।
3. सिद्धान्तों के औचित्य और उसकी सार्थकता की सिद्धि के लिए ही भाषा सम्बन्धी तथ्यों का संकलन और विश्लेषण करता है।	3. इसका क्षेत्र भाषा उपभोक्ताओं की आवश्यकताओं द्वारा निर्धारित लक्ष्य सन्दर्भ में भाषा-सम्बन्धी सिद्धान्तों के अनुप्रयोग से सम्बन्धित है।
4. भाषावैज्ञानिक सिद्धान्त यह बताता	4. इसका क्षेत्र इस तथ्य पर प्रकाश

कि 'भाषा क्या है'।	डालता है कि 'भाषा से हम क्या काम ले सकते हैं'।
5. यह हमें भाषा सम्बन्धी सैद्धान्तिक और व्यावहारिक अन्तर्दृष्टि देने में समर्थ है।	5. यह अपने सिद्धान्त और प्रणाली के आधार पर भाषा से सम्बन्धित ज्ञान के अन्य क्षेत्रों के अध्ययन-विश्लेषण के लिए संक्रियात्मक (operational) दक्षता का रास्ता खोलता है।
6. भाषाविज्ञान की विषयवस्तु 'भाषा' है और अध्ययन प्रणाली वैज्ञानिक।	

अनुप्रयुक्त भाषाविज्ञान का एक सन्दर्भ भाषा-शिक्षण भी है। इतना ही नहीं भाषाओं के शिक्षण का क्षेत्र भाषाविज्ञान के उन अनुप्रयुक्त क्षेत्रों में से एक है जिनके साथ सर्वाधिक लोग सम्बद्ध हैं। मातृभाषा और अन्य भाषा दोनों के शिक्षण में भाषा वैज्ञानिक सिद्धान्तों का प्रयोग भाषाओं का बेहतर विवरण प्रस्तुत करने के लिए किया जाता है। भाषा-शिक्षण के सन्दर्भ में भाषाविज्ञान की इस सम्बद्धता को समझने के लिए हमें निम्नलिखित विचारों पर ध्यान देना चाहिए—

(1) भाषा-शिक्षण में भाषा शिक्षक की भूमिका महत्वपूर्ण होती है लेकिन भाषा शिक्षक भाषाविज्ञान नहीं पढ़ाता। वह 'भाषा' पढ़ाता है जो भाषाविज्ञान की अध्ययन वस्तु है। भाषाविज्ञान भाषा-शिक्षण के लिए भाषा का अच्छे से अच्छा विवरण उपलब्ध कराता है। यह भी कहा जा सकता है कि भाषा शिक्षक अनुप्रयुक्त भाषावैज्ञानिक सिद्धान्तों का उपभोक्ता होता है।

(2) भाषा वैज्ञानिक द्वारा प्रदत्त भाषा विवरणों का प्रयोग भाषा शिक्षक करता है। इनका प्रयोग वह भाषा-शिक्षण कार्यक्रम की योजना बनाने के लिए करता है अतः भाषा शिक्षक स्वयं सिद्धान्तों का सर्जक या निर्माता नहीं होता, उपभोक्ता होता है।

(3) भाषाविज्ञान द्वारा प्रदत्त विवरण भाषा-शिक्षण की पाठ्य सामग्री बनाने में भी सहायक होते हैं। यह निश्चित है कि भाषाविज्ञान द्वारा प्रदत्त विवरण स्वयं भाषा-शिक्षण की सामग्री नहीं बन सकते। इन विवरणों के आधार पर पाठ सामग्री निर्माता को यह पता लगता है कि कौन-सा विवरण बेहतर है और उसे किस रूप में शिक्षण कार्यक्रम में स्थान देना है। अच्छे विवरणों को रेखांकित करके उनका चयन करके और उन्हें पढ़ाने के लिए शैक्षिक (Pedagogical) विधियों का उपयोग करते हुए वह अभिक्रमित (graded) पाठ्य सामग्री निर्मित करता है। इस प्रकार पाठ्य पुस्तक एवं शिक्षण सामग्री

लेखक के लिए भी वैज्ञानिक अनुप्रयोग अभीष्ट ही नहीं, अनिवार्य है।

(4) भाषा-शिक्षण के क्षेत्र में अनुप्रयुक्त भाषाविज्ञान का लक्ष्य उन विषयों और पक्षों को दृढ़ करना है जो कक्षा की पृष्ठभूमि में कार्य करते हैं, जैसे भाषा विवरणों का अभिक्रम तय करना, पाठ्य पुस्तकों का मूल्यांकन करना, भाषा पाठ्यक्रम को नियोजित करना, शिक्षार्थियों की अभिवृत्ति (attitude) का परीक्षण करना और भाषा-शिक्षण की सामग्री और शिक्षार्थी अधिगम (learning) का मूल्यांकन करना आदि।

(5) अन्य भाषा-शिक्षण में अनुप्रयुक्त भाषाविज्ञान का योगदान एक अन्य धरातल पर भी है। यह धरातल अन्य भाषा की मातृभाषा से तुलना का है। विवरण और तुलना इन दोनों अनुप्रयोगों से जुड़ कर ही अन्य भाषा-शिक्षण वैज्ञानिक बनता है। इसे ही व्यतिरेकी भाषाविज्ञान (contrastive linguistics) कहा गया है।

भाषा-शिक्षण और भाषा

भाषा-शिक्षण का सीधा सम्बन्ध 'भाषा' से होता है। यहाँ सीखने और सिखाने वाली 'वस्तु' भाषा ही होती है। अर्थात् भाषा-शिक्षण की अध्ययन वस्तु भाषा होती है। भाषा, जो भाषावैज्ञानिक अध्ययन की 'अध्ययन वस्तु' भी है। अतः भाषा-शिक्षण में भाषा ही साध्य भी है और साधन भी। आज भाषा को एक सामाजिक वस्तु के रूप में भी पहचान मिली है। उसे सामाजिक वस्तु मानने का मूल कारण भाषा से मनुष्य का अटूट अन्तःसम्बन्ध है। भाषा-शिक्षण के क्षेत्र में भी भाषा सीखने सिखाने वाले दोनों ही मनुष्य होते हैं। भाषा-शिक्षण में इसीलिए आज अध्येय भाषा के साथ भाषा-अध्येता, उसके अभिप्रेरण (motivation) तथा उसकी मनोवृत्ति को केन्द्रीय स्थान प्रदान किया गया है। इस दृष्टि से भाषा अधिगम (language acquistition) का महत्व भी रेखांकित हुआ है। भाषा-शिक्षण का लक्ष्य अनिवार्यतः उद्देश्य बाधित होता है। भाषा अध्येता भाषा किसी न किसी विशेष उद्देश्य या प्रयोजन के सन्दर्भ में ही सीखता है और इन्हीं सन्दर्भों के परिप्रेक्ष्य में उसे भाषा सिखाई भी जाती है।

आज भाषा-शिक्षण को भाषा अध्येता और भाषा प्रयोक्ता की विभिन्न आवश्यकताओं के सन्दर्भ में गहराई से देखा जा रहा है। इसका कारण यही है कि भाषा-शिक्षण के उद्देश्य और प्रयोजन के निर्धारण को भाषा-शिक्षण की अपेक्षित सफलता के अनिवार्य घटक के रूप में देखना अब आवश्यक माना जा रहा है। यह भी माना जा रहा है कि भाषा-शिक्षण के उद्देश्य और प्रयोजन की सिद्धि प्रयोक्ता सापेक्ष (शिक्षार्थी या अध्येता) सापेक्ष होती है। अध्येता सापेक्ष भाषा-शिक्षण की संकल्पना ने अध्येय वस्तु भाषा के एकाधिक भेद किये। इन भाषा प्रकारों को हम

भाषा-शिक्षण की उद्देश्य सिद्धि के साधक भेद भी कह सकते हैं। ये भेद दो हैं :

1. मातृभाषा (Mother tongue)
2. अन्य भाषा (Other tongue)

भाषा-समूहों और भाषा-समाजों में भाषिक-स्थिति के भेद के कारण इन दोनों प्रकारों को कुछ उप प्रकारों में भी विभाजित किया गया है। इस विभाजन को रवींद्रनाथ श्रीवास्तव (1992) ने विवेचित किया है। उनके इस विवेचन को निम्नलिखित रूप में समझा जा सकता है–

- अन्य भाषा
  - विदेशी भाषा (Foreign Language)
  - द्वितीय भाषा (Second Language)
    - स्वजातीय
    - विजातीय
- मातृभाषा
  - स्वभाषिक भाषा
  - स्वभाषिकेतर भाषा
    - आरोपित
    - सन्निहित

स्पष्ट है कि भाषा-शिक्षण के सन्दर्भ में मुख्य विभाजन मातृभाषा और अन्य भाषा के रूप में उभरता है। मातृभाषा के रूप में तथा अन्य भाषा के रूप में भाषा-शिक्षण अपनी प्रकृति, प्रणाली तथा अध्येता की अपनी आवश्यकता, प्रयोजन एवं अभिप्रेरण के कारण भिन्न हो जाता है।

मातृभाषा (Mother tongue)

मातृभाषा एक संस्थागत (Institutional) यथार्थता है। इसका कारण है कि मातृभाषा ही व्यक्ति को बृहत्तर सामाजिक सन्दर्भों से जोड़ती है। मातृभाषा के द्वारा ही व्यक्ति अपनी सामाजिक अस्मिता निर्धारित करता है। यहाँ हम उदाहरण के लिए हिन्दी भाषा को मातृभाषा के रूप में सीखने वालों की चर्चा कर सकते हैं। हिन्दी भाषा समुदाय मूल रूप में बोली भाषी समूहों से निर्मित है। हिन्दी की इन बोलियों को हम हिन्दी की अधीनस्थ बोलियाँ (suboridnate language) कहते हैं, जैसे : ब्रज, अवधी, भोजपुरी, मैथिली, मगही आदि। इन बोलियों के प्रयोक्ता अपने बोली-क्षेत्र के बाहर के एक बृहत्तर समाज से जुड़ने तथा अपनी सामाजिक अस्मिता स्थापित करने के लिए हिन्दी को मातृभाषा के रूप में स्वीकारते और सीखते हैं। इस प्रकार व्यक्ति के समाजीकरण में मातृभाषा की अहम भूमिका होती है। वास्तव में व्यक्ति मातृभाषा अधिगम (Mother tongue learning) द्वारा कई क्षमताएँ अर्जित करता है–

1. मातृभाषा के माध्यम से व्यक्ति ज्ञान (knowledge) को अनुभवसिद्ध करने की क्षमता अर्जित करता है।
2. मातृभाषा के माध्यम से व्यक्ति की बोधन क्षमता (comprehensive competence) विकसित होती है।
3. मातृभाषा के माध्यम से ही व्यक्ति अपनी अनुभूतियों और संवेदनाओं को बहुविध ढंग से व्यक्त कर पाने में सक्षम बनता है।
4. मातृभाषा के माध्यम से ही व्यक्ति अपने समाज और संस्कृति में अपना स्थान ढूँढ़ने और निर्धारित करने में समर्थ होता है।
5. मातृभाषा ही व्यक्ति को उसके अनेक बौद्धिक व्यवहारों को साधने, नियंत्रित करने और सम्पन्न करने में सक्षम बनाती है।

इस प्रकार किसी भी भाषा-समाज (Language community) के लिए उसकी मातृभाषा एक सामाजिक यथार्थ (Social reality) है। यदि शिक्षा के सन्दर्भ में देखा जाय तो व्यक्ति की मातृभाषा ही सामान्यतः उसकी साक्षरता (Literacy) का आधार बनती है। साक्षरता का आधार वही भाषा बनती है जिसे व्यक्ति सहज और स्वाभाविक रूप में बोलने-समझने में समर्थ होता है, अर्थात् उसकी अपनी मातृभाषा। शिक्षा के ही सन्दर्भ में हम यह देखते हैं कि एक ओर मातृभाषा स्वयं साध्य बनती है क्योंकि व्यक्ति अपनी मातृभाषा का औपचारिक शिक्षण प्राप्त करता है और दूसरी ओर मातृभाषा अन्य विषयों के शिक्षण के लिए माध्यम भाषा के रूप में कार्य करती है। जब हम कोई भी विषय पढ़ते हैं तो उसके साथ उसकी माध्यम भाषा जुड़ी होती है। अतः यदि हम किसी विषय को जानना-समझना चाहते हैं तो हमारे लिए उस माध्यम भाषा को समझना भी अनिवार्य है जिसमें वह विषय व्यक्त है। मातृभाषा-शिक्षण की दृष्टि से यह आवश्यक है कि हम यह विवेचित कर सकें और पहचान सकें कि हमारी भाषा भौतिक विज्ञान, समाजशास्त्र, मनोविज्ञान आदि विषयों को किस प्रकार व्यक्त करती है। यह ध्यान रखें कि भिन्न विषयों को व्यक्त करने वाली शैली भिन्न होती है। अपनी मातृभाषा में इन शैलियों को पहचानना और प्रयोग में ला पाने की सामर्थ्य उत्पन्न करना मातृभाषा-शिक्षण के महत्वपूर्ण उद्देश्यों में से एक है। अतः मातृभाषा-शिक्षण को यथार्थपरक और सार्थक बनाने के लिए उसे शिक्षा की माध्यम भाषा के रूप में उभारना और बहुआयामी बनाना अनिवार्य है।

जैसा कि पहले भी बताया गया कि मातृभाषा व्यक्ति के लिए समाजीकरण का साधन होती है। मातृभाषा-शिक्षण में भी इस तथ्य पर ध्यान देना चाहिए कि शिक्षार्थी अपने समाजीकरण को अधिकाधिक उपलब्ध कर सके। भारतीय सन्दर्भ में, विशेषकर हिन्दी भाषा के सन्दर्भ में यह तथ्य और भी महत्वपूर्ण हो जाता है।

प्रथम भाषा (First Language)

बालक समाज में भाषा का अर्जन करता है। प्रथम भाषा वह भाषा है जिसे बालक भाषा के रूप में सबसे पहले स्वाभाविक व्यापार के रूप में सीखता है। हिन्दी भाषा के सन्दर्भ में यह कहा जा सकता है कि सामान्यतः हिन्दी की विभिन्न बोलियाँ उसके प्रयोक्ता के लिए प्रथम भाषा हैं। इन बोलियों का प्रयोग ही बालक के परिवार में तथा उसके आत्मीय परिवेश में होता है और सबसे पहले बालक इन्हें ही प्रथम भाषा के रूप में अर्जित करता है। यह भी कहा जा सकता है कि हिन्दी भाषा समुदाय का बालक बोली को ही अपनी माँ की गोद में पलते हुए प्रथम भाषा के रूप में सीखता है। बोली के सहारे ही बालक अपने परिवार के सदस्यों तथा निकट परिवेश में रहने वाले पड़ोसियों, रिश्तेदारों आदि से सम्बन्ध स्थापित करते हुए सामाजिकता की ओर बढ़ता है। प्रथम भाषा और मातृभाषा की संकल्पना में कई समानताएँ हैं और कुछ सूक्ष्म भेद भी हैं। कई विद्वानों ने प्रथम भाषा को 'मातृ बोली' (तिवारी : 80) कहना उपयुक्त समझा है क्योंकि हिन्दी भाषियों की प्रथम भाषा ये बोलियाँ ही हैं जो बालक के परिवार तथा अन्य आत्मीय क्षेत्रों में प्रयुक्त होती हैं। भाषा-1 और भाषा-2 की संकल्पना पर विचार करते हुए कैटफर्ड (59 : 265) ने प्रथम भाषा की परिभाषा इन शब्दों में दी है : 'प्रथम भाषा वक्ता के व्यक्तिगत दैनिक जीवन की भाषा होती है।'

बालक प्रथम भाषा से मातृभाषा की ओर बढ़ता है। शिक्षा और साक्षरता के लिए कोई बोली भाषी हिन्दी भाषा को मातृभाषा के रूप में अपनाता है। यह भी कहा जा सकता है कि हिन्दी भाषा समुदाय के लिए उसकी बोलियाँ प्रथम भाषा हैं और हिन्दी मातृभाषा के रूप में सिद्ध भाषा है। हिन्दी भाषा के सहारे ही इस भाषा समाज के लोग अपनी सामाजिक अस्मिता स्थापित करते हैं। मातृभाषा और प्रथम भाषा के सन्दर्भ में हिन्दी भाषा समुदाय का उदाहरण बहुत ही उपयुक्त है।

अन्य भाषा (द्वितीय भाषा और विदेशी भाषा)

मातृभाषा से इतर किसी दूसरी भाषा को अन्य भाषा के अन्तर्गत रखा जाता है। भाषा-शिक्षण में भी मातृभाषा-शिक्षण और अन्य भाषा-शिक्षण को अलग-अलग रख कर देखा गया है। अन्य भाषा की आवश्यकता जिन वैयक्तिक और सामाजिक सन्दर्भों में पड़ती है वह मातृभाषा की आवश्यकता से भिन्न होती है, अन्य भाषा को दो वर्गों में विभाजित किया गया है–

1. द्वितीय भाषा (Second Language)
2. विदेशी भाषा (Foreign Language)

द्वितीय भाषा

द्वितीय भाषा मातृभाषा के साथ सहयोजित होती है। ये भाषाएँ एक ही राष्ट्र की होती हैं और इनका सामाजिक ऐतिहासिक विकास क्रम भी समान होता है, अर्थात् मातृभाषा और द्वितीय भाषा का परिवेश कई स्थितियों में समान होता है। उदाहरण के लिए यदि यह कहा जाये कि हिन्दी किसी की मातृभाषा है तो अन्य भारतीय भाषाएँ जैसे तेलुगु, तमिल, मराठी आदि उसके लिए द्वितीय भाषा होंगी क्योंकि इनका परस्पर सम्बन्ध और सम्पर्क भी है और सामाजिक-सांस्कृतिक दृष्टि से इनमें बहुत दूरी नहीं है। इन्हें इसीलिए 'सजातीय द्वितीय भाषा' भी कहा गया है।

परस्पर सम्पर्क और लम्बे समय तक भारतीय भाषाओं के बीच रहने के कारण भारतीय भाषाओं के सन्दर्भ में अंग्रेज़ी भाषा को भी द्वितीय भाषा माना गया है। अंग्रेज़ी भाषा सामाजिक-सांस्कृतिक दृष्टि से भारतीय भाषाओं से नितान्त भिन्न है लेकिन द्वितीय भाषा के रूप में परस्पर सम्पर्क के कारण भारतीय अंग्रेज़ी का ऐसा स्वरूप उभरा है जिससे कि हिन्दी या अन्य भारतीय भाषाई समाज के सन्दर्भ में अंग्रेज़ी भाषा द्वितीय भाषा के रूप में सिद्ध है। अंग्रेज़ी को द्वितीय भाषा के रूप में स्वीकारने के कई कारण हैं। अंग्रेज़ी ने भारतीय भाषा समाज में सामाजिक-सांस्कृतिक आचरण के लिए एक विकल्पवत भाषा के रूप में अपना स्थान बनाया है। अंग्रेज़ी के इस स्थान को देखते हुए ही भारतीय गणतन्त्र की सहराजभाषा के रूप में अंग्रेज़ी को मान्यता दी गयी है। अंग्रेज़ी तकनीकी ज्ञान, उच्च शिक्षा और अन्य औद्योगिक व्यावसायिक क्षेत्रों में प्रचलित भाषा है। इसीलिए भारत में अंग्रेज़ी सीखने के पीछे निरन्तर एक सामाजिक दबाव काम करता है। भारतीय सन्दर्भ में अंग्रेज़ी विजातीय द्वितीय भाषा है क्योंकि उसमें विदेशी भाषा के सामाजिक सन्दर्भ और सांस्कृतिक मूल्य समाविष्ट हैं। जिस प्रकार अंग्रेज़ी भाषा द्वितीय भाषा के रूप में सिद्ध है उसी प्रकार भारत के अन्य भाषाई समाज के लिए हिन्दी द्वितीय भाषा के रूप में स्थित है। हिन्दी भी भारतीय भाषा-भाषियों के सामाजिक आचरण का एक विकल्प है। हिन्दी को संघ की राजभाषा घोषित किया गया है। संघ की राजभाषा होने के कारण हिन्दीतर प्रदेशों में द्वितीय भाषा के रूप में हिन्दी का प्रचलन बढ़ा है। हिन्दी के माध्यम से अब कामकाज के कई अवसर सामने आये हैं इसलिए हिन्दी सीखने के पीछे भी अब तक द्वितीय भाषा के रूप में हिन्दी ने सम्पर्क भाषा का अपना स्वरूप भी विस्तृत किया है। भारत की दो भिन्न भाषाओं को बोलने वाले परस्पर सम्पर्क के लिए हिन्दी का प्रयोग करते हैं। रेलवे प्लेटफॉर्म, बस अड्डों आदि पर प्रमुख सम्पर्क भाषा का कार्य हिन्दी ही करने लगी है। संक्षेप में द्वितीय भाषा के निम्नलिखित लक्षण निर्धारित किये जा सकते हैं—

1. द्वितीय भाषा प्रयोक्ता की अपनी संस्कृति की अभिव्यक्ति का विकल्पवत दूसरा माध्यम होती है।
2. द्वितीय भाषा मातृभाषा के निकट होती है। परस्पर सम्पर्क और परिवेशगत समानता के कारण द्वितीय भाषा मातृभाषा से प्रभावित होती है और उसे प्रभावित करती है।
3. मातृभाषा के समान द्वितीय भाषा अनिवार्य नहीं होती लेकिन सामाजिक दबाव के कारण उसे सीखना पड़ता है।
4. कई सन्दर्भों में प्रयोक्ता के मानसिक विकास में द्वितीय भाषा सहायक होती है। कई बार यदि द्वितीय भाषा का ज्ञान न हो तो प्रयोक्ता को कई व्यावहारिक कठिनाइयों का सामना करना पड़ सकता है।
5. द्वितीय भाषा प्रयोक्ता की अपनी भाषा के समानान्तर होती है। इसीलिए व्यक्ति मातृभाषा के समान ही द्वितीय भाषा में भी वैचारिक और सर्जनात्मक लेखन करने में सक्षम बन जाता है।
6. द्वितीय भाषा का ज्ञान अपने देश की सभ्यता और संस्कृति को समझने में बड़ी सहायता पहुँचाता है।
7. द्वितीय भाषा के प्रति प्रयोक्ता में आत्मीयता का भाव होता है। अभिप्रेरणा के स्तर पर वह उसे उतने ही मनोयोग से सीखने का प्रयत्न करता है जितने मनोयोग से वह अपनी मातृभाषा सीखता है।
8. द्वितीय भाषा के रूप में अपनाई जाने वाली भाषा अपने अलग मानक रूप का निर्माण करती है जैसा कि अंग्रेज़ी भाषा के साथ हुआ है।
9. द्वितीय भाषा मातृभाषा की स्थानापन्न बनने का प्रयत्न नहीं करती। उसे सह अस्तित्व की भावना से मातृभाषा के साथ सहयोजित भाषा के रूप में स्वीकार किया जाता है।

विदेशी भाषा

विदेशी भाषा न तो प्रयोक्ता के भाषाई समुदाय की भाषा होती है और न ही सामाजिक-सांस्कृतिक दृष्टि से वह मातृभाषा के निकट होती है। वास्तव में विदेशी भाषा किसी अध्येता द्वारा सीखी गयी वह भाषा है जो उससे पूर्व न तो उसके सम्पर्क में आती है और न ही उसका मातृभाषा की सामाजिक-सांस्कृतिक स्थितियों अथवा ऐतिहासिक-भौगोलिक परिवेश से कोई सम्बन्ध होता है। यदि इस दृष्टि से देखा जाये तो भारतीय सन्दर्भ में अन्य भाषा के रूप में रूसी, फ्रेंच, जर्मन आदि विदेशी भाषाएँ हैं। विदेशी भाषा के निम्नलिखित लक्षण हैं–

1. विदेशी भाषा प्रयोक्ता के अपने भाषाई समाज अथवा राष्ट्र से भिन्न किसी

अन्य समाज अथवा राष्ट्र की संस्कृति को समझने का माध्यम होती है।

2. विदेशी भाषा सीखने के पीछे कोई गहरा सामाजिक दबाव नहीं होता।
3. विदेशी भाषा का बहुत गहरा असर प्रयोक्ता के मानसिक विकास पर नहीं पड़ता।
4. विदेशी भाषा का प्रयोक्ता उसे ग्रहणशीलता के स्तर पर ही अपनाता है इसलिए विदेशी भाषा में वैचारिक और सर्जनात्मक लेखन बहुत कम ही सम्भव हो पाता है।
5. विदेशी भाषा का जो मानक रूप होता है उसे उसी रूप में सीखना पड़ता है।
6. विदेशी भाषा सीखने के लिए अध्येता व्यक्तिगत स्तर पर पहल करता है विदेशी भाषा के प्रति उसमें भावात्मक लगाव प्रायः नहीं होता।

इन लक्षणों के आधार पर यह कहा जा सकता है कि भारतीय सन्दर्भ में अंग्रेज़ी को छोड़कर फ्रेंच, जर्मन, रूसी, जापानी आदि भाषाएँ विदेशी भाषाएँ हैं। इन्हें विदेशी भाषा के रूप में वर्गीकृत करने का मूल कारण यह है कि ये न तो अपने देश की मूल भाषाएँ हैं और न ही हम इनका प्रयोग अपने देश की सामाजिक, सांस्कृतिक और सर्जनात्मक क्षमता को बढ़ाने के लिए करते हैं।

भाषा-शिक्षण की प्रमुख विधियाँ

इस प्रकार भाषा-शिक्षण की दृष्टि से भाषा को मातृभाषा और अन्य भाषा के रूप में वर्गीकृत किया गया है। भाषा-शिक्षण के सन्दर्भ में विशेष रूप से अन्य भाषा-शिक्षण की दृष्टि से किया गया है और भाषा-शिक्षण की अनेक विधियों की चर्चा की गयी है। इन विधियों का उपयोग मातृभाषा-शिक्षण और अन्य भाषा-शिक्षण में किया जाता है। भाषा-शिक्षण का सम्बन्ध 'भाषा' से है अतः भाषा अध्ययन और अध्यापन से, सम्बन्धित जो सिद्धान्त और प्रणालियाँ विकसित हुई हैं उनमें भाषा अधिगम (Learning) का स्थान प्रमुख है। भाषा-शिक्षण की सफलता इन्हीं विधियों पर निर्भर करती है। समय-समय पर भाषा-शिक्षण प्रणाली में हमें अनेक विधियाँ प्रचलित दिखाई देती हैं। इस क्षेत्र के प्रमुख विद्वान मैके ने पन्द्रह शिक्षण विधियों का उल्लेख किया है—

1. प्रत्यक्ष विधि (Direct Method)
2. स्वाभाविक विधि (Natural Method)
3. मनोवैज्ञानिक विधि (Psychological Method)
4. ध्वनि वैज्ञानिक विधि (Phonetic Method)
5. वाचन विधि (Reading Method)
6. व्याकरण विधि (Grammer Method)

7. संकलन विधि (Electic Method)
8. इकाई विधि (Unit Method)
9. भाषा नियन्त्रण विधि (Language control Method)
10. अनुकरणात्मक विधि (Mimicry memorization Method)
11. अभ्यास सिद्धान्त (Practice theory Method)
12. सजातीय विधि (Cognate Method)
13. द्विभाषीय विधि (Duel Language Method)
14. अनुवाद विधि (Translation Method)
15. व्याकरण-अनुवाद विधि (Grammer-Translation Method)

संक्षेप में यह कहा जा सकता है कि भाषा-शिक्षण विधि के विकास में चार प्रमुख पड़ाव आये हैं–

(क) व्याकरण विधि
(ख) व्याकरण अनुवाद विधि
(ग) प्रत्यक्ष विधि और
(घ) सम्प्रेषणपरक भाषा-शिक्षण

(क) व्याकरण विधि

व्याकरण विधि के अन्तर्गत अन्य भाषा के नियमों को याद कराया जाता है। पहले शब्दों के माध्यम से और फिर शब्द संयोजन और व्याकरणिक नियमों के आधार पर अभ्यास कराये जाते हैं। इनमें व्याकरणिक नियमों की जानकारी को वास्तविक भाषा प्रयोग की अपेक्षा अधिक महत्व दिया गया इसलिए बाद में इस शिक्षण विधि की आलोचना हुई।

(ख) व्याकरण अनुवाद विधि

यह विधि पूरे विश्व में 19वीं शताब्दी तक मान्य रही। जैसा कि इसके नाम से ही स्पष्ट है, यह विधि दो तत्त्वों पर आधारित है–व्याकरण और अनुवाद। व्याकरण के स्तर पर यह विधि भाषा-2 के रूपात्मक विवरण पर आधारित थी। इसके साथ ही इस विधि में भाषा-1 और भाषा-2 के बीच अनुवाद प्रक्रिया को महत्व दिया जाता था। इसमें अध्यापक द्वारा निर्देशित शब्द भेद, धातु रूप, कारक और काल रचना आदि नियमों को छात्रों के लिए याद करना और फिर द्विभाषी शब्दकोशों की सहायता से उनका अनुवाद करना अपेक्षित था। इस प्रकार यह विधि सीखी जाने वाली भाषा को मातृभाषा के परिप्रेक्ष्य में रखकर सीखने पर बल देती थी, इसमें लक्ष्य भाषा का

महत्व कम था, भाषा के जीवन्त पक्षों पर ध्यान नहीं दिया जाता था तथा छात्र की रुचि एवं अभिप्रेरणा को समाहित नहीं किया जाता था जिसके कारण यह विधि निरर्थक मानी जाने लगी।

(ग) प्रत्यक्ष विधि

व्याकरण अनुवाद विधि की सीमाओं को दूर करने तथा भाषा-शिक्षण को व्यावहारिक बनाने की दृष्टि से प्रत्यक्ष विधि सामने आयी। इस विधि में शिक्षार्थी की मातृभाषा को मध्यस्थ नहीं बनाया जाता। अन्य भाषा के सीधे सम्पर्क में लाकर शिक्षार्थी को मौखिक अभ्यास के सहारे भाषा सिखाई जाती है इसीलिए इस विधि को 'मौखिक वार्तालाप विधि' भी कहा गया है। देर तक वाक्यों को सुनना फिर उनका इस तरह अभ्यास करना कि वे वाक्य आदत के रूप में ढल जायँ, इस विधि की मुख्य शिक्षण प्रक्रिया है। यह विधि भाषा अधिगम की स्वाभाविक प्रक्रिया पर आधारित है जिसकी प्रमुख मान्यता यह है कि : (1) भाषा का तात्पर्य बोलने से है, लिखने से नहीं, (2) भाषा आदतों का समूह है, (3) भाषा वह है जैसी मूल भाषा भाषी बोलते हैं, वह नहीं जो व्याकरण देता है, (4) भाषा सिखानी चाहिए, भाषा के विषय में नहीं। अपनी इस मान्यता के कारण प्रत्यक्ष विधि भाषा-शिक्षण की एक प्रमुख और लोकप्रिय विधि के रूप में विकसित हुई क्योंकि इसका लक्ष्य था भाषा-शिक्षण के माध्यम से शिक्षार्थी में भाषा-व्यवहार को पुष्ट करना।

(घ) सम्प्रेषणपरक भाषा-शिक्षण

प्रत्यक्ष विधि द्वारा भाषा सीखने से सम्बन्धित व्यावहारिक पक्ष पर बल दिया गया। इसी पक्ष को और प्रबल बनाने के लिए सम्प्रेषण परक भाषा-शिक्षण विधि सामने आयी जिसने भाषा-शिक्षण को निम्नलिखित लक्ष्यों से जोड़ा :

1. भाषा सीखने का तात्पर्य है, भाषा प्रयोग को सीखना। भाषा प्रयोग सीखने के अन्तर्गत ही भाषा की संरचना को सीखना समाहित रहता है।
2. भाषा को केवल एक नियमबद्ध व्यवस्था के रूप में ही सीखना पर्याप्त नहीं है उसे एक सामाजिक सम्प्रेषण की वस्तु के रूप में सीखना सिखाना चाहिए।
3. भाषा सीखने का तात्पर्य है, सीखी जाने वाली भाषा के सामाजिक-सांस्कृतिक नियमों को भली-भाँति सीखना।
4. लक्ष्य भाषा की प्रोक्ति संरचना के नियमों को सीखना भी आवश्यक है।
5. किसी विशिष्ट स्थिति के सन्दर्भ में किन भाषिक इकाइयों का व्यवहार उपयुक्त ढंग से किया जाये, यह जानना भी आवश्यक है।
6. कोई भी भाषा सीखने का तात्पर्य है उसकी सम्प्रेषणपरक युक्तियों को जानना।

इस प्रकार सम्प्रेषणपरक भाषा-शिक्षण विधि ने भाषा-शिक्षण को एक ऐसा आधार दिया जिसमें भाषा के मौखिक रूप और उसकी समाज सांस्कृतिक विशेषताओं को प्रमुखता प्रदान की गयी इस विधि के द्वारा भाषा-शिक्षण के क्षेत्र में समाज भाषाविज्ञान और शैलीविज्ञान की सहभागिता बढ़ी। प्रत्यक्ष विधि से जुड़ कर इस विधि ने भाषा-शिक्षण को उस रूप में सामने रखा जो यह मानता है कि भाषा सीखने का अर्थ भाषा प्रयोग के नियमों को सीखना है न कि भाषा के व्याकरणिक नियमों को।

भाषा-शिक्षण और सामग्री निर्माण

भाषा-शिक्षण के लिए शिक्षण-सामग्री अनिवार्य होती है। शिक्षण-सामग्री के अन्तर्गत पाठ्य पुस्तकें, व्याकरण, शब्दकोश को मूल सामग्री के रूप में तथा अभ्यास-सामग्री, आधुनिक उपकरणों आदि को व्यावहारिक सामग्री के रूप में देखा जा सकता है। भाषा-शिक्षण की उपादेयता को देखते हुए आज शिक्षण-सामग्री को अधिकाधिक प्रयोजनमूलक, सम्प्रेषणपरक और वैज्ञानिक बनाने का प्रयास किया जा रहा है।

भाषा-शिक्षण की योजना के तीन चरण माने जाते हैं। ये हैं–चयन (selection), अनुस्तरण (gradation) और प्रस्तुतीकरण (presentation)। चयन के चरण में उन पाठ्यबिन्दुओं का चयन किया जाता है, जिन्हें पाठ्यपुस्तक में शामिल किया जाना है। ये पाठयबिन्दु ध्वनि, लिपि, वर्तनी, शब्द, वाक्य आदि सभी भाषिक तत्त्व हैं जिनका ज्ञान देना शिक्षण का लक्ष्य है। पाठ्यक्रम निर्माता दो तरह से पाठ्यबिन्दुओं का चयन कर सकते हैं। वे भाषा की रचना की विशेषताओं को ध्यान में रखते हुए उन महत्वपूर्ण बिन्दुओं को छाँट सकते हैं, जो भाषा के व्यवहार के लिए आवश्यक हैं। दूसरी ओर वे सीखने वालों की भाषा को ध्यान में रखते हुए, तुलना के आधार पर उन बिन्दुओं को चुन सकते हैं, जो कठिनाई पैदा कर सकते हैं। यह मान्यता है कि दो भाषाओं में भिन्न संरचना के स्थल कठिनाई पैदा कर सकते हैं। जब पाठ्यबिन्दुओं का चयन कर दिया जाये, तो उन्हें पाठ्यपुस्तक में प्रस्तुतीकरण के क्रम से अनुस्तरित किया जाता है। अनुस्तरण का उद्देश्य यह है कि छात्र पहले सरल और आवश्यक तत्त्व सीखें, बाद में क्रम से अन्य तत्त्व सीखें। चयन और अनुस्तरण पाठ्य सामग्री निर्माण से सम्बन्धित चरण है। इनके फलस्वरूप जब पाठ्यपुस्तक तैयार हो जाती है, तो प्रस्तुतीकरण (कक्षा अध्यापन) का चरण प्रारम्भ होता है।

शिक्षण के तीन प्रमुख पहलू हैं। ये हैं–विद्यार्थी, सामग्री और अध्यापक द्वारा कक्षा में उसका प्रस्तुतीकरण। सबसे उत्तम विद्यार्थी और सामग्री के बावजूद अगर अध्यापक ढंग से उसका पालन और प्रयोग न कर सके तो लक्ष्य पूर्ति नहीं हो सकती। इस सन्दर्भ में कह सकते हैं कि अध्यापकों का उस विद्यार्थी और उस सामग्री

के उपयोग के लिए प्रशिक्षण आवश्यक है। अध्यापक उस सामग्री का प्रयोग कैसे करे। आवश्यतानुसार कक्षा के लिए अतिरिक्त सामग्री कैसे बनाए। छात्रों में दिखाई देने वाले भाषा दोषों का निवारण कैसे करे। इन सबको हम प्रशिक्षण के माध्यम से समझा सकते हैं। इस तरह अध्यापकों की सामग्री के सन्दर्भ में तीन विशिष्ट भूमिकाएँ हैं। निर्माण से पूर्व वे अपने अनुभव के आधार पर दिशा-निर्देश दे सकते हैं, सामग्री को विधि सम्मत ढंग से प्रस्तुत कर सकते हैं और पढ़ाते हुए वे अतिरिक्त सामग्री का स्वयं निर्माण कर सकते हैं।

भाषा व्यवहार से सम्बन्धित सामग्री

भाषा, स्वयं में है क्या? भाषा की अपनी प्रकृति क्या है? शिक्षा के व्यापक सन्दर्भ में भाषा का क्या स्थान होना चाहिए? शिक्षार्थी के समाज और राष्ट्र के प्रति क्या कर्तव्य हैं? भाषा व्यवहार से सम्बन्धित सामग्री का निर्माण करते समय इन सभी का ध्यान रखा जाना चाहिए। भाषा अगर सामाजिक वस्तु के रूप में सम्प्रेषण व्यवस्था का माध्यम है तो वह मानसिक जीवन की संकल्पनात्मक शक्ति भी है। योग्य शिक्षक का दायित्व है कि वह विषयवस्तु को छात्रों के सम्मुख सही भाषा प्रयोग में बाँध कर पहुँचाए।

भाषा प्रयोग या भाषा-व्यवहार के तीन निश्चित सन्दर्भ देखे जा सकते हैं—

1. भाषा का संरचनात्मक सन्दर्भ
2. भाषा का बोधात्मक सन्दर्भ
3. भाषा का सामाजिक सन्दर्भ

अन्य भाषा को अगर प्रभावी रूप में उपादेय बनाना है तो अध्येता को केन्द्र में रखकर अधिगम प्रक्रिया में भाषा व्यवहार में पायी जाने वाली त्रुटियों का निराकरण करते हुए पाठों का निर्माण किया जाना चाहिए।

समाज में भाषा वैविध्य के प्रयोग की भी कुछ सीमाएँ होती हैं जिनका निर्धारण और नियन्त्रण समाज स्वयं करता है। सामाजिक अर्थ का सम्बन्ध चयन और विकल्प के साथ रहता है। विकल्प के रूप में उपलब्ध दो में किसी एक का चयन करते समय जो त्रुटियाँ होती हैं इनका सम्बन्ध भाषाई समाज के आचरणगत उचित व्यवहार की जानकारी का अभाव हो सकता है। कभी-कभी भाषा सही चुनाव के लिए चिह्नक का उपयोग करती है यथा—आदर के लिए श्रीमान, श्रीमती जी, साहब आदि और कभी-कभी इनका उपयोग नहीं भी करती है। इसका पता समुदाय समाज के आचरणगत और सामाजिक व्यवहार के द्वारा ही मिलता है। इसका सीधा सम्बन्ध सामाजिक बोध से होता है। यह सामाजिक बोध भाषा समुदाय के सन्दर्भ में विषयीकृत होता है।

माध्यम एवं उपकरण

भाषा-शिक्षण के सन्दर्भ में दृश्य-श्रव्य सामग्री का अपना महत्व है। शिक्षाविदों और मनोवैज्ञानिकों ने यह सिद्ध कर दिया है कि जिस सीमा तक बालक की ज्ञानेंद्रियों को क्रियाशील रखा जायेगा उतना ही अधिक और अपेक्षित प्रभाव अधिगम प्रक्रिया पर पड़ेगा। बिना दृश्य-श्रव्य सामग्री के अध्येता शिक्षार्थी निष्क्रिय श्रोता मात्र रह जायेगा। यही कारण है कि आज शिक्षण विधि को प्रभावी तथा सजीव बनाने के लिए दृश्य-श्रव्य उपकरणों की आवश्यकता का अनुभव तेजी से किया जाने लगा है।

'प्रत्यक्ष अनुभव' के लिए दृश्य उपकरणों की आवश्यकता है। दृश्य उपकरणों की सहायता से–

1. पाठ्य सामग्री को सरस तथा सरल बनाया जा सकता है।
2. विषय को स्पष्ट किया जा सकता है।
3. विषय को रोचक शैली में बोधगम्य बनाया जा सकता है।
4. ज्ञानेंद्रियों को कभी-कभी कर्मेंद्रियों को भी क्रियाशील रखा जा सकता है।
5. प्रत्यक्ष अनुभव होता है जिससे स्वयं सीखने की प्रेरणा मिलती है।
6. क्रमिक रूप से विचार शृंखला को स्थायित्व प्राप्त होता है।
7. प्रत्यय निर्माण और सही अर्थ ग्रहण में सहायता मिलती है जिससे शब्द भंडार में पर्याप्त वृद्धि होती है।
8. कक्षा में जो सम्भव नहीं है उसे वीडियो आदि के द्वारा दिखाया जा सकता है, कक्षा के बाहर भी अध्येता इन उपकरणों का प्रयोग कर सकता है।

बहुसंचार सामग्री

सहायक सामग्री में दृश्य-श्रव्य उपकरणों की आवश्यकता और उनके महत्व के बाद शिक्षक को इन सबका सम्यक ज्ञान होना चाहिए कि इस सामग्री में से वह किसका, कब, कैसे और कितना उपयोग करे।

भाषा-शिक्षण को स्वाश्रित बनाने की दिशा में जो प्रयत्न देखने में आते हैं उन्हें शिक्षक-शिक्षार्थी के सम्पर्क के सन्दर्भ में देखा जा सकता है। इसके निम्नलिखित चरण हैं–

1. पहले चरण में ब्लैक बोर्ड, चार्ट, लैश कार्ड, ग्रामोफोन, स्लाइड आदि
2. दूसरे चरण में भाषा प्रयोगशाला,
3. तीसरे चरण में रेडियो, टेलीविज़न तथा
4. चौथे चरण में कम्प्यूटर।

स्वाश्रित शिक्षण विधि भाषा-शिक्षण का वह रूप है जिसमें पाठों को अनुस्तरित और नियोजित करके इस रूप में तैयार किया जाता है जिससे वह पूर्ण रूप से 'स्वयं

शिक्षक' का काम कर सके।

एक बार भाषा-शिक्षण की पूरी सामग्री का निर्माण हो जाने के बाद उसे 'कम्प्यूटर' अपने 'प्रोग्राम' द्वारा शिक्षार्थी के लिए उपलब्ध कराता है।

भाषा-शिक्षण की अधुनातन भूमिका–भाषा व्यक्ति समाज और राष्ट्र के लिए महत्वपूर्ण है। इसके द्वारा व्यक्ति का समाजीकरण होता है और उसके व्यक्तित्व का विकास होता है। समाज में व्यक्ति को सामाजिक वर्गों में बाँधने और समाज की विभिन्न इकाइयों को एक-दूसरे से जोड़ने-बाँधने में भाषा ही सहायक होती है। राष्ट्रीय स्तर पर भाषा हमारी राष्ट्रीय भावना को और राष्ट्र की सांस्कृतिक एकता को व्यक्त करती है। इस प्रकार भाषा का व्यक्ति, समाज और राष्ट्र के जीवन पर व्यापक प्रभाव पड़ता है। भाषा का यह महत्व भाषा-शिक्षण द्वारा ही पूरा हो पाता है। भाषा-शिक्षण की सही नीति ही किसी राष्ट्र को आर्थिक विकास की ओर ले जाती है। इसके साथ ही विभिन्न राष्ट्रों से जुड़ने के लिए भी भाषा-शिक्षण की व्यापक भूमिका है। आज कोई भी राष्ट्र अन्य राष्ट्रों से कट कर अपना विकास नहीं कर सकता। अतः दूसरे देशों की भाषा सीखने-सिखाने की ओर भी अब व्यापक प्रबन्ध पूरे विश्व में किये गये हैं। आज हम किसी भी देश की कोई भाषा अथवा अपने देश की किसी भाषा को पूरी सुविधा के साथ सीख सकते हैं।

अपने देश में विभिन्न भाषाओं के होने से भाषा-शिक्षण की स्थिति अन्य देशों की तुलना में विशिष्ट है। हम हिन्दी, अंग्रेज़ी और भारतीय भाषाओं को प्रथम, द्वितीय और तृतीय भाषा के रूप में सीखते-सिखाते हैं। हम इस बात का भी ध्यान रखते हैं कि भारत में शिक्षा के व्यापक सन्दर्भ में हमारी भाषाओं का स्थान होना चाहिए। भाषा-ज्ञान, विषय के ज्ञान और दूसरी भाषा के ज्ञान पर भी हम सन्तुलित दृष्टि रखते हैं। इस प्रकार भाषा-शिक्षण की भूमिका समाज और राष्ट्र की आवश्यकता के अनुसार बदलती है और इसी के अनुरूप भाषा-शिक्षण की उपादेयता भी निर्धारित होती है।

(क) संचार व्यवस्था में

आधुनिक विश्व में संचार व्यवस्था का क्रांतिकारी ढंग से विस्तार हुआ है। संचार व्यवस्था के इस विस्तार ने विभिन्न भाषाओं को एक-दूसरे के निकट ला दिया है। आज दुनिया भर के समाचार हमें प्राप्त हो जाते हैं। दूरदर्शन आदि पर हम किसी भी भाषा का कार्यक्रम अपनी भाषा में 'डबिंग' द्वारा अथवा 'सबटाइटिल' द्वारा देख पाते हैं। एक भाषा से दूसरी भाषा में जो लोग यह रूपान्तर कर रहे हैं उन्होंने भाषा-शिक्षण के माध्यम से अन्य भाषा सीखी है। संचार माध्यमों के विकास ने यह सिद्ध कर दिया है कि मातृभाषा का स्थान हमारे जीवन में पहला होता है लेकिन द्वितीय भाषा का स्थान भी गौण या निरर्थक नहीं है।

(ख) अनुवाद में

दो भाषाओं में दक्ष व्यक्ति दोनों भाषाओं के बीच परस्पर अनुवाद में समर्थ होता है। अनुवाद का क्षेत्र भी आज अति व्यापक हो गया है। एक ओर विभिन्न भाषाओं के सृजनात्मक साहित्य का अनुवाद राष्ट्रीय भाषाओं के बीच भी होने लगा है और विदेशी भाषाएँ भी अनुवाद के लिए स्रोत या लक्ष्य भाषा के रूप में अपनाई जाने लगी हैं। दो भाषाओं में यह दक्षता भाषा-शिक्षण के द्वारा ही मिलती है। यह शिक्षण हमारे अनुभव कौशल को भी प्रवीणता प्रदान करता है तथा अपनी मातृभाषा और अन्य भाषा के साहित्य को समझने की दक्षता प्रदान करता है। भारतीय भाषाओं से हिन्दी में और हिन्दी से भारतीय भाषाओं में अनुवाद करने वालों की एक लम्बी परम्परा भारत में रही है जो आज बहुत ही सुदृढ़ बन चुकी है। आज हम भारत की किसी भी भाषा का साहित्य हिन्दी में पढ़ सकते हैं। इसी प्रकार हिन्दी के श्रेष्ठ साहित्य को हम किसी भी प्रमुख भारतीय भाषा के माध्यम से पढ़ सकते हैं। इसके साथ ही आधुनिक ज्ञान-विज्ञान का विस्तार भी अनुवाद के माध्यम से ही होता है। भारतीय भाषाओं में यह ज्ञान-विज्ञान अंग्रेज़ी से किये गये अनुवाद के माध्यम से आता है। अतः भारतीय सन्दर्भ में अंग्रेज़ी भाषा का शिक्षण हमें आधुनिकता से सम्बद्ध करने के लिए आवश्यक है।

(ग) अन्तरराष्ट्रीय सम्बन्ध निर्वाह में

आधुनिकता और औद्योगिकीकरण ने पूरे विश्व को एक परिवार में बदल दिया है। आज विभिन्न भाषाओं का शिक्षण पूरे विश्व में हो रहा है। विश्व के सैकड़ों विश्वविद्यालयों में हिन्दी पढ़ाई जा रही है और भारत के अनेक विश्वविद्यालयों में रूसी, जर्मन, फ्रेंच, जापानी, चीनी, इटेलियन जैसी भाषाओं के शिक्षण की समुचित व्यवस्था है। इस प्रकार का भाषा-शिक्षण अन्तर्राष्ट्रीय सम्बन्धों के निर्वाह में सहायक होता है। राजनीतिक सम्बन्धों के लिए विभिन्न दूतावासों में जो लोग काम करते हैं उनके लिए उस देश की भाषा का ज्ञान आवश्यक होता है। अनेक राजनीतिक और नेता जो विभिन्न देशों में जाते हैं उनके भाषणों आदि को वहाँ की भाषा में प्रस्तुत करने के लिए आज दुभाषियों की आवश्यकता बढ़ती जा रही है। इनके प्रशिक्षण में अन्य भाषा-शिक्षण की अपनी भूमिका है। व्यापारिक स्तर पर भी अब बहुराष्ट्रीय कम्पनियाँ एक साथ अनेक देशों में अपना औद्योगिक विकास कर रही हैं, इस परिस्थिति में भी विभिन्न आधुनिक भाषाओं के प्रयोग की उन्हें आवश्यकता पड़ती है जिसमें भाषा-शिक्षण उनकी मदद कर सकता है।

भाषा-शिक्षण आज पूरे विश्व में एक ऐसे विद्या क्षेत्र के रूप में मान्य है जिसके माध्यम से केवल विषयवस्तु का ज्ञान ही प्राप्त नहीं कराया जाता बल्कि शिक्षार्थी के

भीतर एक नवीन भाषा संस्कार उत्पन्न कराने में सहयोग दिया जाता है। इसमें कोई सन्देह नहीं कि भाषा-शिक्षण शिक्षार्थी को अपनी भाषा या किसी दूसरी भाषा में अधिक सक्षम बनाता है। आज यह स्वीकार कर लिया गया है कि द्विभाषी या बहुभाषी व्यक्ति मानसिक और वैचारिक दृष्टि से एक भाषी व्यक्ति की तुलना में अधिक समर्थ और शक्तिशाली होता है। यही कारण है कि आज भाषा-शिक्षण पूरे संसार में बहुत ही गम्भीरता से ली जाने वाली एक संकल्पना के रूप में स्वीकृत है।

उद्देश्य केन्द्रित भाषा-शिक्षण

भाषा-शिक्षण आज पूरी तरह उद्देश्य केन्द्रित बन चुका है। भाषा का अध्येता भाषा को किसी न किसी उद्देश्य से सीखता है। अपनी मातृभाषा का औपचारिक और लिखित रूप वह इसलिए सीखता है कि एक बड़े लिखित साहित्य से परिचित हो सके। मातृभाषा सीखने का एक उद्देश्य यह भी होता है कि शिक्षार्थी इसके माध्यम से अपने भावों और विचारों को लिखित रूप में व्यक्त करके अधिक से अधिक लोगों तक पहुँचाने में समर्थ बनता है। इसी प्रकार द्वितीय भाषा सीखने का उद्देश्य यह होता है कि व्यक्ति अपनी भाषा के परिवेश की कोई दूसरी भाषा सीखकर अपने को सामाजिक सम्प्रेषण के उन क्षेत्रों से जोड़ सके जिनकी पूर्ति द्वितीय भाषा के माध्यम से ही सम्भव है। विदेशी भाषा सीखने का उद्देश्य किसी अन्य भाषा के माध्यम से उन लाभों को प्राप्त करना है जो विदेशी भाषा के माध्यम से ही प्राप्त हो सकते हैं जैसे अनुवाद कार्य, दुभाषिए का कार्य, विदेशी दूतावासों में सेवा इत्यादि। इसके साथ ही किसी अन्य राष्ट्र में पर्यटक के रूप में जाने पर भी विदेशी भाषा का सामान्य ज्ञान काफी सहयोगी होता है। विदेशी भाषा के अधिकांश अध्येता इसी उद्देश्य से कोई विदेशी भाषा सीखते हैं।

उद्देश्यों की पूर्ति में भाषा-शिक्षण

भाषा-शिक्षण के क्षेत्र में मातृभाषा, द्वितीय भाषा और विदेशी भाषा तीनों ही स्तरों पर भाषा-शिक्षण के उद्देश्य निर्धारित किये गये हैं। इस सन्दर्भ में भाषा-शिक्षण में 'केन्द्रक' के बदलने का भी काफी प्रभाव पड़ा है। भाषा-शिक्षण की आधुनिक विचारधारा यह मानती है कि आज भाषा-शिक्षण का केन्द्रक शिक्षार्थी है अतः पाठ्यचर्या और पाठ्यक्रम दोनों के केन्द्र में मूलतः शिक्षार्थी को ही महत्व मिलना चाहिए। अब भाषा-शिक्षण का केन्द्रक शिक्षार्थी है और पूरी शिक्षण प्रणाली को शिक्षार्थी की दृष्टि से ही निर्मित और नियंत्रित किया जाता है। इस प्रकार भाषा-शिक्षण का उद्देश्य शिक्षार्थी के भाषा सीखने के पीछे निहित उद्देश्य से सम्बद्ध हो गया है। शिक्षा की पुरानी परम्परा पाठ्यचर्या के रूप में 'विद्यालय' और

'विषयवस्तु' को केन्द्र में रखती थी, यह परम्परागत शिक्षा पद्धति पाठ्यक्रम के केन्द्रक के रूप में 'शिक्षक' को महत्व देती थी। परन्तु अब यह धारणा बदल गयी है। अब यह माना जाने लगा है कि शिक्षार्थी के उद्देश्य को प्रमुखता देनी चाहिए क्योंकि भाषा-शिक्षण का तात्पर्य शिक्षार्थी के अनुभव जगत को उसकी रुचि के अनुरूप सक्षम बनाना है। शिक्षार्थी को केन्द्र में रखने वाली आधुनिक भाषा-शिक्षण पद्धति यह मानती है कि शिक्षण सामग्री के रूप में विषयवस्तु चाहे कितनी ही मूल्यवान क्यों न हो और पाठ्य सामग्री का स्तर कितना ही ऊँचा क्यों न हो, जब तक अध्ययन अध्यापन के समय शिक्षार्थी का अनुभव जगत उसे ग्रहण नहीं करता और उससे प्रभावित नहीं होता तथा उसकी क्षमता, रुचि और अभिवृत्ति के अनुरूप उपयोगी नहीं बनता तब तक शिक्षा का पूरा कार्यक्रम अधूरा ही माना जायेगा। इस प्रकार भाषा-शिक्षण के उद्देश्य भी पूरे नहीं हो पाएँगे।

यही कारण है कि शिक्षार्थी को ध्यान में रखकर भाषा-शिक्षण के उद्देश्यों का निर्धारण किया गया।

भाषा-शिक्षण के उद्देश्यों का निर्धारण

भाषा मनुष्य के जीवन में अनेक कार्य करती है। मनुष्य भाषा के द्वारा ही अपने अनेक सामाजिक दायित्वों की पूर्ति करता है। आजकल यह भी माना जाता है कि मनुष्य को व्यापक सम्प्रेषण के लिए दो प्रकार की भाषाओं की आवश्यकता होती है। जब वह अपनी किसी प्यारी या आत्मीय वस्तु के बारे में बात करना चाहता है तब उसे घर परिवार की भाषा अर्थात् सामान्य भाषा की आवश्यकता पड़ती है लेकिन इसके साथ ही उसे तथ्यपरक भाषा भी चाहिए। ज्ञान, तर्क और वैज्ञानिक सत्य की भाषा भी चाहिए। ज्ञान, तर्क और वैज्ञानिक सत्य की भाषा के बिना भी उसका कार्य नहीं चल सकता। इस भाषा के शब्द आधुनिकीकृत होते हैं और उनके अर्थ स्थिर। हम यह जानते हैं कि हिन्दी की बोलियाँ घर जीवन की भाषा के रूप में हमारी आवश्यकताएँ पूरी करती हैं लेकिन ज्ञान, तर्क आदि के लिए हमें हिन्दी या अंग्रेज़ी की ओर जाना पड़ता है, अर्थात हम भाषा-शिक्षण की औपचारिक प्रणाली से किसी उद्देश्य की पूर्ति के लिए ही जुड़ते हैं। संसार की अनेक छोटी-छोटी भाषाएँ भी उन भाषा समुदायों की सम्प्रेषण सम्बन्धी सामान्य जरूरतों को तो पूरा कर देती हैं लेकिन व्यापक उद्देश्यों के लिए ये समाज विश्व की विकसित भाषाओं का अधिगम करते हैं और अपने को आधुनिक या अन्तर्राष्ट्रीय सम्प्रेषण व्यापार के लिए तैयार करते हैं। सामान्य और विशिष्ट दोनों ही प्रकार के भाषा प्रयोगों को देखते हुए भाषा-शिक्षण के क्षेत्र में कुछ उद्देश्य निर्धारित किये गये जो निम्नलिखित हैं—

1. मन की सर्जनात्मकता—आप और हम यह भलीभाँति जानते हैं कि भाषा

हमारे विचार और दृष्टिकोण दोनों को प्रभावित करती है। भाषा मनुष्य को अपने नियन्त्रण में रखती है। भाषा के अधिगम या शिक्षण का प्रमुख उद्देश्य यह है कि वह अध्येता को भाषा से नियंत्रित होने की स्थिति से निकाल कर उसमें भाषा को नियंत्रित करने की क्षमता और दक्षता उत्पन्न करे। भाषा-शिक्षण का यह प्रमुख उद्देश्य है कि भाषा का अध्येता आवश्यकता पड़ने पर अपने अनुभवों और अपनी अभिव्यक्तियों को सर्जनात्मक स्तर पर भी व्यक्त कर सके। वह एक ही कथन को अनेक ढंग से कह सके, प्रश्न पूछ सके, भिन्न मनोभावों को व्यक्त करने के लिए भिन्न अभिव्यक्तियों का सटीक उपयोग कर सके इत्यादि। इसे हम भाषा को साधने की स्थिति भी कह सकते हैं। प्रमुख रूप से मातृभाषा अधिगम का यह उद्देश्य होता है कि अध्येता अपनी मातृभाषा को साध कर विविध परिस्थितियों और सन्दर्भों में मौखिक और लिखित अभिव्यक्ति कर सके।

2. दृष्टि की मुक्तता—भाषा हमें जीवन और जगत को देखने की दृष्टि भी देती है। हम अपने आसपास की चीज़ों को भाषा के माध्यम से ही पहचानते हैं। यह भी कहा जा सकता है कि हम संसार को उसी प्रकार देखते हैं जिस तरह भाषा हमें देखने की अनुमति देती है। इतना ही नहीं, हम अपने अनुभवों को भी उसी रूप ढाल सकते हैं। इसका तात्पर्य यह हुआ कि भाषा का सम्बन्ध हमारे परिवेश और समाज से बहुत गहरा होता है। अन्य भाषा-शिक्षण का उद्देश्य इसीलिए विशिष्ट है कि वह हमें दूसरी भाषा के माध्यम से जीवन और जगत को देखने की शक्ति प्रदान करता है। अपनी मातृभाषा में हमें यह शक्ति स्वतः प्राप्त होती है। अन्य भाषा-शिक्षण का यह उद्देश्य है कि मातृभाषा में बँधे संसार को देखने की इस दृष्टि से भिन्न एक दृष्टि भाषा अध्येता को प्राप्त हो सके, उसका आयाम विस्तृत हो सके। अब हम यह मान सकते हैं कि अन्य भाषा-शिक्षण का उद्देश्य है कि शिक्षार्थी एक अतिरिक्त भाषा की संस्कृति के आमने-सामने हो सके। दो संस्कृतियों के माध्यम से अध्येता का अनुभव जगत व्यापक बनता है। दो भाषा व्यवस्थाओं के माध्यम से अध्येता का अनुभव मानसिक दृष्टि से भी उसे लचीला बनाता है और उसकी मानसिक क्षमताएँ बढ़ती हैं। दृष्टि की मुक्तता का उद्देश्य यही है कि अध्येता एक से अधिक दृष्टिकोण से देख पाने में समर्थ हो।

3. बुद्धि की समृद्धता—जैसा कि अभी कहा गया, भाषा ज्ञानार्जन का एक महत्वपूर्ण साधन है। हमने यह भी देखा कि ज्ञान, विज्ञान और तर्क के कई ऐसे क्षेत्र हैं जहाँ हमें एक विशेष प्रकार की भाषा अथवा भाषा की आवश्यकता पड़ती है। हमारी अपनी ही भाषा में ज्ञान-विज्ञान से सम्बन्धित नित नये शब्द आते रहते हैं। इनके माध्यम से ही हम बाह्य जीवन की नयी--नयी वस्तुओं की जानकारी प्राप्त करते हैं। मातृभाषा और अन्य भाषा, दोनों के शिक्षण का यह उद्देश्य होता है कि ज्ञान और

बुद्धि के धरातल पर भाषा अध्येता समृद्ध बनता चले। भाषा-शिक्षण की प्रक्रिया में पाठ्य सामग्री इसी उद्देश्य को ध्यान में रखकर बनाई जाती है कि भाषा के सहारे अध्येता का बौद्धिक स्तर समृद्ध से समृद्धतर हो सके।

4. व्यक्तित्व की सामाजिकता—भाषा केवल सम्प्रेषण का साधन ही नहीं है, यह व्यक्ति को सामाजिक बनाने का समर्थ माध्यम भी है। हमने इसके पहले भी यह संकेत दिया था कि भाषा के द्वारा व्यक्ति का समाजीकरण होता है। भाषा के सहारे ही व्यक्ति समाज से जुड़ता है और इस जुड़ने की प्रक्रिया में ही वह सामाजिक बनता चलता है। भाषा अधिगम और भाषा-शिक्षण भी इसीलिए एक अनवरत प्रक्रिया माने गये हैं। यही कारण है कि भाषा अधिगम और शिक्षण के समय ही व्यक्ति समाज और संस्कृति को तथा समाज और संस्कृति के अधिगम से सामाजिक व्यक्तित्व को प्राप्त करता है। भाषा-शिक्षण का यह उद्देश्य है कि वह अध्येता के सामाजिक व्यक्तित्व के निर्माण और विकास पर ध्यान दे।

उद्देश्यों की पूर्ति में बाधाओं का विश्लेषण

भाषा-शिक्षण की प्रक्रिया में उपरोक्त उद्देश्यों की पूर्ति बहुत आसान नहीं होती। भाषा सीखते समय अनेक ऐसी बाधाएँ आती हैं जो इन उद्देश्यों की पूर्ति में अवरोध उत्पन्न करती हैं। इन्हें दूर करने का प्रयास भाषा-शिक्षण की उपयुक्त विधि अपनाकर अनेक प्रकार के अभ्यासों के माध्यम से किया जाता है। यदि हम अति सामान्य स्तर पर भी देखें तो हम अपने स्कूली अनुभव के आधार पर भी यह कह सकते हैं कि भाषा सीखते समय अध्येता कई प्रकार की भूलें करता है जिससे भाषा-शिक्षण की स्वाभाविक गति में रुकावट आती है। निश्चित उद्देश्य की प्राप्ति के लिए इन भूलों का निदान करने के बाद ही शिक्षण की प्रक्रिया को आगे बढ़ाना चाहिए क्योंकि जो भूलें अध्येता के मस्तिष्क में दृढ़ हो जाती हैं वे केवल उसे ही गलत भाषा प्रयोग की ओर नहीं ले जातीं बल्कि भाषा-शिक्षण के उद्देश्यों को ही निरर्थक बना देती हैं। किसी भी भाषा के संरचनात्मक स्तर पर शब्द रूप, विशेषण संज्ञा अन्विति, संज्ञा क्रिया अन्विति महत्वपूर्ण होते हैं। संरचनात्मक अभिरचना निर्माण में अनेक भूलों को बच्चों की भाषा के अधिगम स्तर पर भी देखा जा सकता है। अपनी मातृभाषा के अधिगम के समय भी बच्चा इस प्रकार की भूलें करता है। वह संरचनात्मक अभिरचना के सामान्यीकृत नियम बना लेता है और उनका प्रयोग करता है। अधिगम की प्रक्रिया में यह प्रवृत्ति स्वतः अनुकरण के कारण भूलों में सुधार करती चलती है लेकिन भाषा-शिक्षण में यह प्रवृत्ति एक बाधा बनती है जिसे दूर करने के लिए प्रयास करना पड़ता है। ऐसे कुछ उदाहरण नीचे देखे जा सकते हैं—

(क) मैंने पेड़ काटा। पेड़ कटा।

मैंने राज़ जाना।   * राज़ जना।

(ख) छोटा लड़का–छोटी लड़की

ज़िंदा लड़का–* ज़िंदी लड़की

नोट : * चिह्न वाली अभिव्यक्तियाँ अव्याकरणिक हैं।

मातृभाषा की अभिरचना व्यक्ति की भाषाई चेतना में आदत के रूप में सिद्ध हो जाती है। जब वह अन्य भाषा सीखने की ओर प्रवृत्त होता है तब मातृभाषा की अभिरचना का अन्तरण वह सीखी जाने वाली भाषा पर करने लगता है, ऐसे में बाधा उत्पन्न होती है। अगर सीखी जाने वाली भाषा की संरचना मातृभाषा के अनुरूप हुई तब तो उसे संरचना को सीखने की आवश्यकता ही नहीं पड़ती। ऐसी स्थिति में वह केवल अन्य भाषा के शब्दों को सीख कर ही वाक्य को सही रूप में बोल लेता है परन्तु यदि मातृभाषा और अन्य भाषा में अन्तर होता है तब भाषा व्याघात (Language inteferance) की स्थिति पैदा हो जाती है। भाषा अध्येता इस स्थिति में मातृभाषा की अभिरचना का अन्तरण (Transfer) दूसरी भाषा पर करने लगता है। दो भाषाओं के संरचनात्मक विभेद से उत्पन्न व्याघात की स्थिति में भाषा सीखना कठिन होता है। भाषा-शिक्षण के क्षेत्र में इन बाधाओं को दूर करने के लिए विशेष प्रकार की शिक्षण पद्धतियों को अपनाने पर बल दिया गया है। यह स्वीकार कर लिया गया है कि इन बाधाओं को दूर करते हुए भाषा अधिगम में दृढ़ता लाने के लिए जो प्रक्रिया आवश्यक है वह अभ्यास है। अतः भाषा-शिक्षण को अभ्यासपरक होना चाहिए। यह भी प्रश्न उठा कि अभ्यास भाषा के किस तत्त्व का कराया जाये और यह निश्चित किया गया कि भाषा-शिक्षण अभिरचना अभ्यास है, वह पैटर्नड्रिल है।

भाषा-शिक्षण और त्रुटि विश्लेषण

भाषा-शिक्षण की प्रक्रिया में त्रुटि के कारण बाधा उत्पन्न होती है। इन बाधाओं को दूर करने के लिए त्रुटियों और उनके विश्लेषण पर गम्भीरता से विचार किया गया है तथा त्रुटियों की पहचान, उनके कारणों तथा उनके निदान और उपचार के मार्ग सुझाए गये हैं ताकि भाषा-शिक्षण अपने महती उद्देश्यों की और अपेक्षित लक्ष्यों की प्राप्ति कर सके। त्रुटियों पर विचार करते समय यह खोजने का प्रयास किया गया है कि त्रुटियों के मूल स्रोत क्या हैं? स्रोतों की पहचान के बाद इनके विश्लेषण और मूल्यांकन की पद्धति निर्धारित की गयी।

भाषा-शिक्षण के सन्दर्भ में त्रुटियों के निम्नलिखित स्रोत रेखांकित किये गये–

1. भाषा-1 का व्याघात

2. भाषा-2 के विशिष्ट तत्त्व
3. नियमों का सामान्यीकरण
4. त्रुटिपूर्ण शिक्षण
5. किसी अन्य भाषा का व्याघात जो अध्येता ने मातृभाषा के अतिरिक्त सीखी हो।
6. मनोवैज्ञानिक कारण

इन सभी स्तरों पर भाषा-शिक्षण की प्रक्रिया में व्यतिरेकी विश्लेषण (Contrastive analysis) का महत्व है जिस पर आगे चर्चा की जायेगी।

त्रुटियों के अनेक स्तरों के कारण भाषा-शिक्षण के व्यावहारिक सन्दर्भ में त्रुटि विश्लेषण महत्वपूर्ण बनता चला गया है। आधुनिक भाषाओं के शिक्षण की विस्तृत सम्भावनाओं ने भाषा को अनुप्रयोगात्मक (Applied) बनाया, इसलिए भी त्रुटि विश्लेषण का केन्द्रीय महत्व बन गया। आधुनिक भाषा-शिक्षण त्रुटियों को हेय नहीं मानता। वह इन्हें मात्र परीक्षण मूल्यांकन के परम्परागत आधारों तक ही सीमित नहीं करता। पारम्परिक शिक्षा पद्धति त्रुटि विश्लेषण को परीक्षा और उत्तीर्णता से ही जोड़ कर देखती थी जबकि आधुनिक भाषा-शिक्षण इसे अधिगमकर्ता या भाषा अध्येता के भाषा विकास की एक स्वाभाविक प्रक्रिया मानता है। वह इसे अनेक दृष्टियों से महत्वपूर्ण भी मानता है। आज इस बात पर बल दिया जाता है कि त्रुटि विश्लेषण के द्वारा भाषा अधिगम के वातावरण को, शिक्षण सामग्री को और शिक्षण विधि को पुनर्गठित किया जा सकता है जिससे कि भाषा-शिक्षण के मूल लक्ष्यों और उद्देश्यों की प्राप्ति की जा सके।

त्रुटि विश्लेषण का सिद्धान्त

अन्य भाषा-शिक्षण में द्विभाषियों के भाषा व्यवहार में व्याघात की संकल्पना को महत्वपूर्ण माना गया है। व्याघात की संकल्पना इस मान्यता पर आधारित है कि कोई भी दो भाषाएँ पूर्णतया समान नहीं होतीं। उनमें हर भाषावैज्ञानिक स्तर पर कुछ न कुछ भिन्नता रहती है। व्याघात की प्रक्रिया के कारण भाषा सीखने में जो कठिनाइयाँ आती हैं उन्हें जानने के लिए ही भाषा-शिक्षण के क्षेत्र में व्यतिरेकी विश्लेषण को महत्व मिला है। व्यतिरेकी विश्लेषण एक ओर उस भाषा के व्याकरणिक नियमों को सामने रखता है जो शिक्षार्थी की आदत में ढल गये होते हैं। भाषा-शिक्षण के क्षेत्र में इस भाषा को स्रोत भाषा (Source Language) कहा गया है। दूसरी ओर व्यतिरेकी विश्लेषण उस भाषा के व्याकरणिक नियमों का भी पता रखता है जिसे सीखा जाता है। सीखी जाने वाली भाषा को लक्ष्य भाषा (Target Language) कहते हैं। स्रोत भाषा और लक्ष्य भाषा की तुलना के आधार पर व्यतिरेकी पद्धति इनके बीच पायी जाने वाली समानता और असमानता का निर्धारण करती है। यह पद्धति इस

बात को स्वीकार करती है कि दो भाषाओं के बीच पायी जाने वाली असमानता ही व्याघात का मूल कारण है इसलिए लक्ष्य भाषा सीखते समय जो कठिनाइयाँ आती हैं उन्हें दूर करने के लिए स्रोत भाषा और लक्ष्य भाषा के व्यवस्थागत वैषम्य का पता लगाना अनिवार्य है। व्यतिरेकी विश्लेषण की पद्धति भाषिक इकाइयों के विविध स्तरों पर (ध्वनि, शब्द, रूप, वाक्य) उपस्थित वैषम्य के आधार पर लक्ष्य भाषा के व्याकरण और अध्ययन सामग्री के निर्माण को प्रोत्साहित करती है। इस प्रकार वह मुख्यतः 'शिक्षक का व्याकरण' निर्मित करने पर बल देती है जिससे शिक्षक को यह पता चले कि शिक्षार्थियों को इकाई के किन स्तरों पर भाषा सीखने में कठिनाई की सम्भावना अधिक है और किन क्षेत्रों में कम। इस प्रकार वह तदनुसार शिक्षण सामग्री तैयार करने और कक्षा में उसे अनुस्तरित रूप में प्रस्तुत करने का एक ठोस आधार भी प्रदान करता है। वास्तव में कठिनाई के क्षेत्र ही त्रुटि का कारण बनते हैं। इसमें सन्देह नहीं कि जब कोई व्यक्ति किसी दूसरी भाषा को सीखने की ओर प्रवृत्त होता है तब वह लक्ष्यभाषा के अव्यक्त व्याकरण को उसी प्रकार सीखता है जिस प्रकार वह अपनी मातृभाषा का अव्यक्त व्याकरण सीखता है जैसे बालक अपनी मातृभाषा सीखते समय भैंस, बैल, बकरी सभी के लिए गाय शब्द का प्रयोग करता है। इसी प्रकार वह लड़का आया है के आधार पर पापा आया है, माँ आया है—का प्रयोग करता है। मातृभाषा और अन्य भाषा अव्यक्त व्याकरण को सीखने की प्रक्रिया एक होने पर भी उनमें एक बहुत बड़ा अन्तर है। लक्ष्य भाषा को व्यक्ति हमेशा नहीं सीख पाता। इसका कारण यह है कि जिन विविध क्षेत्रों में जितनी सार्थकता के साथ वह अपनी मातृभाषा का प्रयोग अपने दैनिक जीवन में करता है उसी प्रकार लक्ष्य भाषा का नहीं करता। व्यवहार का यह अवसर न मिलने से भी त्रुटियाँ होती रहती हैं। त्रुटि विश्लेषण सिद्धान्त ने त्रुटियों के अनेक प्रकारों की चर्चा की है जिनकी प्रकृति एक दूसरे से भिन्न है—

(1) **व्यवहार संदर्भिता त्रुटियाँ**—इन्हें दोष (Lapses) के रूप में देखा गया है। इस प्रकार की त्रुटियों का सम्बन्ध 'अव्यक्त व्याकरण' से न हो कर उस व्याकरण को व्यवहार में लाते समय की गयी असावधानी से होता है। ऐसी त्रुटियाँ प्रयोक्ता अनजाने में करता है और बोलने के साथ ही वह ऐसे दोषों को समझ जाता है। इनके प्रति सजग भी हो जाता है या बताने पर अपनी गलती मान लेता है।

(2) **अज्ञान संदर्भित त्रुटियाँ**—इस प्रकार की त्रुटियों को गलती (mistakes) कहा जा सकता है। गलती का सम्बन्ध लक्ष्य भाषा के नियमों की सही जानकारी के अभाव से होता है। उदाहरण के लिए हिन्दी सीखने वाले अन्य भाषा-भाषी शिक्षार्थी आदर सूचक प्रयोग में गलतियाँ करते हैं—आप बैठो, आप कब आओगे जैसे प्रयोग वे प्रयोग के नियम की सही जानकारी न होने के कारण ही करते हैं।

(3) **अन्तर भाषा संदर्भित त्रुटियाँ**—भाषा-शिक्षण में इन्हें ही वास्तविक त्रुटियाँ (Errors) माना गया है और त्रुटि विश्लेषण (Errors Analysis) की प्रमुख सामग्री के रूप में इन्हीं त्रुटियों पर सर्वाधिक बल दिया जाता है। त्रुटियों के इस वर्ग में वे अशुद्ध प्रयोग आते हैं जिनका मूल कारण 'अन्तर भाषा' की अपनी व्यवस्था के साथ होता है। ये अशुद्ध प्रयोग एक निश्चित 'व्यवस्था' को व्यक्त करते हैं। अतः इन्हें 'व्यवस्था सम्बद्ध त्रुटियाँ' भी कहा गया है। ये ही शिक्षार्थी की वास्तविक त्रुटियाँ हैं। इन त्रुटियों की प्रवृत्ति गत्यात्मक (Dynamic) होती है। इन्हें भाषा अधिगम प्रक्रिया में स्वाभाविक माना जाता है। शिक्षक इन्हीं को ध्यान में रखकर सामग्री और सुधारात्मक पाठ का निर्माण करता है।

इन त्रुटियों के विश्लेषण का सम्बन्ध स्रोतों के विवरण और वर्गीकरण से सम्बन्धित होता है। वर्गीकरणों के आधार पर ऐसी त्रुटियों के अनेक स्रोत हैं जिनका संक्षिप्त परिचय यहाँ प्रस्तुत है—

(1) **अति सामान्यीकरण**—इस प्रक्रिया का सम्बन्ध लक्ष्य भाषा की तथ्य सामग्री और भाषा व्यवस्था के आधारभूत नियमों का सादृश्य विधान के आधार पर प्रयोग प्रसार है। जैसे—

वह पढ़ता है/उसने पढ़ा
वह रोता है/उसने रोया

(2) **उपनियमों की अज्ञानता**—हर भाषा में कुछ सामान्य नियम होते हैं और कुछ उन नियमों के विशेषीकृत प्रयोग, जिनका सम्बन्ध उपव्यवस्था या उपनियमों से रहता है जिनके अभाव में भी शिक्षार्थी त्रुटियाँ करता है, जैसे—

आप पीएं/'पीइए' (पीजिए)
आप करें/'करिए' (कीजिए)

(3) **नियमों का अपूर्ण प्रयोग**—भाषा में नियम गुच्छ रूप में आते हैं, अतः जब एक नियम लागू किया जाता है तो स्वभावतः उस पर आधारित दूसरे नियम को भी लागू करना पड़ता है। पर भाषा अधिगम की प्रक्रिया क्रमिक होती है जिसके कारण त्रुटियाँ होती हैं जैसे—

मैंने रोटी खाया है।
मोहन जी बैठा है।

(4) **भ्रांतिपूर्ण धारणा**—भाषा सीखने के समय कभी-कभी कुछ धारणाएँ भ्रांति रूप से मन में बैठ जाती हैं जिसके कारण त्रुटियाँ होती हैं जैसे वाच्य सम्बन्धी त्रुटियाँ—

लड़के ने रोटी खा ली — लड़के ने रोटी को खा ली।
तुमने किताब पढ़ी — तुमने किताब को पढ़ी।

(क) भाषा का संरचनात्मक सन्दर्भ और त्रुटियाँ

(i) रूपात्मक : 'बेटा' से बोला।
वह राय 'भी' पुर गया था।

(ii) प्रकार्यात्मक : मोहन को किताब 'बेची'
सोहन ने मोहन 'को' किताब खरीद ली।

(ख) भाषा का बोधात्मक सन्दर्भ और त्रुटियाँ–

(i) शब्दार्थपरक : हिमालय भारत के 'दक्षिण'/उत्तर में है।
वह लेटकर/'सोकर' सोचता है।

(ii) वाक्यपरक : मैंने अनजान में गोली चलाई।
गिलास उससे जानबूझकर टूट गया।

(ग) भाषा का सामाजिक सन्दर्भ–

(i) रूपात्मक : शीला 'जी', 'तू'/आप कहाँ गयी थी,
मास्टर 'साहब' आज 'आया' था।

(ii) सामाजिक बोधपरक : नाना सब फल 'खा गया'।
धोबी (एक वचन) आज नहीं आये।

(iii) प्रयुक्ति/शैलीपरक : चर्चा के अनुसार तुम कार्रवाई करो/चर्चा के अनुसार कार्रवाई की जाये।
पत्र मिलने की पावती मैंने भेज दी है
पत्र मिलने की पावती भेज दी गयी है।
(कार्यालयीन हिन्दी/लिखित हिन्दी)

त्रुटियों के इन कारणों पर ध्यान देना अनिवार्य है। भाषा-शिक्षण को प्रभावी और उपादेय बनाने के लिए शिक्षार्थी की इन त्रुटियों पर ध्यान देते हुए भाषा-शिक्षण को स्वाभाविक बनाया जा सकता है। त्रुटि विश्लेषण सिद्धान्त त्रुटियों के इन विभिन्न वर्गों को भाषा सीखने की प्रक्रिया में महत्वपूर्ण मानता है।

व्यतिरेकी विश्लेषण और त्रुटि विश्लेषण

व्यतिरेकी विश्लेषण पर चर्चा करते हुए भाषा-शिक्षण के सिद्धान्तों पर चिन्तन करने वाले विद्वान रॉबर्ट लैडो (1957) ने यह कहा था, "जो तत्त्व अधिगम कर्ता की देशीय भाषा के समान हैं वे उसके लिए सरल होंगे और जो भिन्न हैं वे कठिन होंगे", इन कठिनाइयों की पहचान और निदान में व्यतिरेकी विश्लेषण के महत्व को विवेचित करते हुए इस क्षेत्र के प्रमुख चिन्तक पोलितज़र (1967) ने कहा था, "भाषाओं के शिक्षण में व्यतिरेकी विश्लेषण अध्येता की कठिनाइयों को अर्थवत्ता प्रदान कर सकता है और उनके बारे में अनुमान लगा सकता है।"

इस प्रकार व्यतिरेकी विश्लेषण और त्रुटि विश्लेषण के बीच गहरा सम्बन्ध है। इन सम्बन्धों को देखते हुए व्यतिरेकी विश्लेषण के तीन उद्देश्य निर्धारित किये गये हैं—पूर्वानुमान, निरूपण और परीक्षण सामग्री निर्माण। पूर्वानुमान समान स्रोत भाषा-भाषियों की लक्ष्य भाषा अधिगम में होने वाली त्रुटियों का आकलन करता है और इन्हें देखते हुए सामग्री निर्माण में सहायक बनता है। पूर्वानुमान को चार दृष्टियों से देखा जा सकता है—वे स्थल जो समस्या को जन्म दे सकते हैं, कठिनाई का पूर्वानुमान, त्रुटियों का पूर्वानुमान और दृढ़ हो चुकी त्रुटियाँ। निरूपण के अन्तर्गत यह देखा जाता है कि वास्तव में ये त्रुटियाँ क्यों होती हैं, त्रुटि के कारणों की पहचान से छात्र और अध्यापक दोनों को लाभ होता है। अध्यापक इसके माध्यम से ही त्रुटियों को दूर करने के लिए सुधारात्मक शिक्षण सामग्री तैयार करता है और उन्हें प्रयोग में ले आता है। परीक्षण सामग्री निर्माण में व्यतिरेकी विश्लेषण की दो भूमिका होती हैं। पहली भूमिका के अनुसार पूर्वानुमान के आधार पर यह बतलाता है कि क्या-क्या परीक्षणीय है। उसकी दूसरी भूमिका यह बताना होता है कि परीक्षण की आवश्यकता किन सीमाओं पर कितनी मात्रा में अपेक्षित है।

भाषा-शिक्षण के समय भाषा अधिगम प्रक्रिया में जो त्रुटियाँ होती हैं, उनकी व्याख्या और उनका निरूपण व्यतिरेकी विश्लेषण द्वारा ही सम्भव हो पाता है। शिक्षण प्रक्रिया के अन्तर्गत आनेवाली इन कठिनाइयों को सांचा अभ्यास (Pattern Practice) द्वारा अधिक वैज्ञानिक तरीके से दूर किया जा सकता है। व्यतिरेकी विश्लेषण और त्रुटि विश्लेषण के अन्तःसम्बन्धों को निम्नलिखित बिन्दुओं पर देखना चाहिए :

(1) भाषा की सम्यक जानकारी न होने के कारण त्रुटियाँ होती हैं जिन्हें व्यतिरेक द्वारा स्पष्ट किया जा सकता है। व्यतिरेकी विश्लेषण द्वारा भाषा-1 से भाषा-2 के नियमों की जो भिन्नता है वह भी विवेचित होती है।

(2) व्यतिरेकी विश्लेषण भाषा-1 और भाषा-2 की कठिन-सरल इकाइयों को स्पष्ट करता है। भाषा अधिगम प्रक्रिया में भाषा-2 की कठिन इकाइयाँ ही त्रुटि का कारण बनती हैं।

(3) कठिनता और सरलता की संकल्पना शिक्षण और अधिगम की प्रक्रिया की दृष्टि से ही की गयी है। इस स्तर पर सामग्री का चयन और उसके अनुस्तरण का अपना महत्व है जिससे यह भी सम्भव है कि त्रुटियाँ हों ही नहीं।

(4) त्रुटियों का विश्लेषण भाषा के अभिव्यक्ति पक्ष से सम्बन्धित होता है, बोधन पक्ष से नहीं अतः व्यतिरेकी विश्लेषण द्वारा कठिनाइयों के स्तरों का आसानी से पता लगाया जा सकता है।

(5) व्यतिरेकी विश्लेषण त्रुटि की सम्भावना से भी बचा सकता है क्योंकि इसके

माध्यम से कठिन संरचनाओं को पहचान कर उनके विकल्प दिये जा सकते हैं।

(6) त्रुटियों का विश्लेषण व्यतिरेकी विश्लेषण का ही विकल्प है।

(7) त्रुटि विश्लेषण के तीन प्रमुख उद्देश्य हैं—(1) अधिगम की समस्याओं को दूर करना, (2) भाषा-2 में निहित विशिष्ट भाषिक तत्त्वों की पहचान, (3) शिक्षक और शिक्षण सामग्री का सहयोगी बनना।

(8) इन तीनों उद्देश्यों की प्राप्ति के लिए त्रुटियों के स्रोतों की पहचान आवश्यक है।

परीक्षण और मूल्यांकन

भाषा-शिक्षण में भाषा-परीक्षण (Language Testing) और भाषा मूल्यांकन (Language Evaluation) का एक विशेष स्थान है। परीक्षण और मूल्यांकन दोनों का महत्व शिक्षा के क्षेत्र में पहले से स्वीकृत है। इनका एक लम्बा इतिहास भी है। पर आज ये दोनों जिस रूप में भाषा-शिक्षण के एक उपांग के रूप में उभर कर सामने आये हैं वह पिछले पाँच दशकों की ही देन है। अब यह स्वीकार कर लिया गया है कि भाषा-शिक्षण के सैद्धान्तिक और तकनीकी ज्ञान के साथ ही भाषा परीक्षण और मूल्यांकन को भी एक निश्चित दिशा और तकनीक मिल गयी है। ये दोनों अपने उद्देश्य के अनुरूप अपनी प्रणाली का भी समुचित विकास कर चुके हैं।

भाषा परीक्षण के सन्दर्भ

शिक्षा के व्यावहारिक सन्दर्भ में परीक्षण किसी एक (निम्न स्तरीय) पाठ्यक्रम या कक्षा से किसी दूसरे (उच्च स्तरीय) पाठ्यक्रम या कक्षा में प्रवेश पाने के लिए एक निश्चित विधि है। यह विधि संस्थान द्वारा दिये जाने वाले प्रमाण-पत्र के लिए अपनाई जाती है। इस परम्परागत परीक्षण विधि को रूढ़िवादी माना गया है यह रूढ़िवादी मान्यता परीक्षण को सत्रांत की उस परीक्षा से जोड़ती है जो छात्रों को उत्तीर्ण-अनुत्तीर्ण अथवा प्रथम, द्वितीय, तृतीय श्रेणियों में विभाजित करते हैं। यह विधि यह भी निर्णय करती है कि किन छात्रों को आगे की कक्षा में प्रवेश दिया जाये और किन्हें नहीं। शिक्षा की आधुनिक दृष्टि परीक्षण की इस पद्धति को उचित नहीं मानती। यह परीक्षण को शिक्षा प्रक्रिया का ही एक अभिन्न अंग मानती है। इसे वह अध्यापन क्षेत्र के भीतर ही रखती है। शिक्षण करते समय ही परीक्षण की प्रक्रिया साथ-साथ चलनी चाहिए—यह इसकी मान्यता है। इस प्रकार यह दृष्टि परीक्षण को छात्रों की अपनी सफलता या असफलता के परिणाम से सम्बद्ध नहीं करती। यह परीक्षण को उस सामर्थ्य और क्षमता से जोड़ती है जिसे लक्ष्य में रख कर शिक्षण प्रक्रिया चलती है।

परीक्षण और मूल्यांकन में भेद है पर 'सफलता-असफलता' से इसे अलग करने के लिए अब 'मूल्यांकन' शब्द का प्रयोग ही उचित माना जा रहा है। मूल्यांकन उद्देश्य बाधित होता है। यह एक ऐसी नियमित शैक्षिक प्रक्रिया है जो छात्रों की सामर्थ्य या क्षमता को विकसित करते हुए यह प्रयास करती है कि शिक्षण अधिक से अधिक प्रभावी रूप से चल सके।

शिक्षा व्यापार को आधुनिक दृष्टिकोण से जोड़कर और परम्परागत शिक्षा व्यवस्था से उसे अलग करते हुए उसके तीन बिन्दु निश्चित माने गये हैं—पाठ पूर्व, पाठ प्रक्रिया और पाठ पश्च। इन तीनों के अनुरूप भाषा-शिक्षण विभिन्न प्रकार के मूल्यांकन को वर्गीकृत करता है।

(1) **प्रवेश मूल्यांकन**—इस प्रकार के मूल्यांकन का उद्देश्य यह जानना होता है कि छात्र की भाषाई क्षमता, निर्धारित पाठ्यक्रम के योग्य है या नहीं। इस प्रकार के परीक्षण के आधार पर शिक्षार्थी को एक या दूसरे पाठ्यक्रम में प्रवेश दिया जाता है।

(2) **अभिक्षमता मूल्यांकन**—इस प्रकार का मूल्यांकन अन्य भाषा सीखने में छात्रों के संभाव्य सफलता की सांख्यिकीय सूचना देता है। इससे छात्रों की भाषा सम्बन्धी रुझान का पता चलता है।

(3) **वर्ग निर्धारण मूल्यांकन**—इस प्रकार के मूल्यांकन का सम्बन्ध नियोजित पाठ्यक्रम में भाषाई क्षमता के सन्दर्भ में छात्रों के उचित स्थान निर्धारण से रहता है। इससे छात्र की भाषाई क्षमता की स्थिति, योग्यता आदि का पता चलता है, साथ ही यह भी पता चलता है कि निर्धारित पाठ्यक्रम के अपेक्षित स्तर के सन्दर्भ में किस कौशल पर अध्यापन में कितना बल देना है।

(4) **निदानात्मक मूल्यांकन**—इसे दो बातें जानने के लिए किया जाता है—पहली, यह कि पाठ्यक्रम में अभी कितना और क्या पढ़ाया जाना शेष है, और दूसरी यह कि शिक्षार्थी भाषा के किस पक्ष को अभी नहीं सीख पाया है या उसके सीखने में उसे क्या कठिनाइयाँ हैं जिससे उसका उपचार किया जा सके। इसलिए इसे उपचारात्मक मूल्यांकन भी कहा जाता है।

(5) **उपलब्धि मूल्यांकन**—इसका उपयोग पाठ निर्देश के सन्दर्भ में और कक्षा में पढ़ाये गये तथ्यों के आधार पर छात्रों के भाषाई कौशल सम्बन्धी उपलब्धि का पता लगाने के लिए किया जाता है। यह अध्यापन के सन्दर्भ में छात्रों की अपनी उपलब्धि से सम्बन्ध रखता है।

(6) **दक्षता मूल्यांकन**—यह छात्रों के भाषा अधिगम सम्बन्धी संयोजित अनुभव से सम्बद्ध रहता है। इसमें परीक्षण का सन्दर्भ कक्षा में दिये गये पाठ सम्बन्धी निर्देश नहीं होता। इसका सन्दर्भ शिक्षार्थी के भाषाई-कौशल में दक्षता का वह

अनुपात होता है जिसके माध्यम से वह दी गयी परिस्थिति विशेष में भाषा का सक्षम या अक्षम रीति से उपयोग करता है।

अभ्यास सामग्री

भाषा अधिगम प्रक्रिया में जिन त्रुटियों की सम्भावना होती है उन त्रुटिपूर्ण संरचनाओं में शिक्षार्थी को अधिक से अधिक प्रयोग कराना चाहिए। इससे त्रुटियों का निदान और उपचार भी सम्भव होगा और सीखने की गति में भी तीव्रता आयेगी। इन लक्ष्यों की प्राप्ति में अभ्यासों की भूमिका महत्वपूर्ण होती है। अभिरचना अभ्यास इसी दृष्टि से निर्मित किये जाते हैं कि शिक्षार्थी लक्ष्य भाषा को उसके परिवेश में प्रयोग में ला सके। प्रयोग के अवसर भाषा के विभिन्न प्रकार्यों को ध्यान में रख कर विभिन्न प्रकार के अभिरचना अभ्यासों द्वारा सिद्ध किये जाते हैं। ऐसा करने से अध्येता के मन में भाषा के शुद्ध रूपों का दृढ़ीकरण होता है और त्रुटिपूर्ण रूपों की जगह शुद्ध रूप के प्रयोग की ओर वह आगे बढ़ता है। इस प्रकार शिक्षण प्रक्रिया के अन्तर्गत आने वाली कठिनाइयों/त्रुटियों को साँचा अभ्यास द्वारा दूर करने तथा भाषा अधिगम को अधिक से अधिक त्रुटिहीन बनाने का प्रयास किया जाता है। अभिरचना अभ्यास के कई प्रकार हैं जिन्हें अध्यापक कक्षा में पढ़ाते समय उपयोग में ले आता है। इस अभ्यास के पीछे दो तथ्य काम करते हैं—एक तो लक्ष्यभाषा की संरचनात्मक व्यवस्था और दूसरी अधिगम (Learning) प्रक्रिया। इन अभ्यासों द्वारा दो कार्यों की सिद्धि होती है—एक तो प्रत्यक्ष अभ्यास और दूसरा अध्येता में संरचनात्मक व्यवस्था की समझ का विकास। ये अभ्यास शिक्षार्थी में अभिरचना को आदत के रूप में ढालते हैं। संरचनात्मक व्यवस्था की समझ उसे यह बताती है कि वह क्या सीख रहा है। भाषा-शिक्षण प्रक्रिया में साँचा अभ्यास या अभिरचना अभ्यास (Pattern Practice) के दो वर्ग बनाये गये हैं—(1) पुनरावृत्ति अभ्यास, (2) सन्दर्भ परक अभ्यास। पुनरावृत्ति अभ्यास यान्त्रिक रीति से अभिरचना का ड्रिल कराता है। इसे करते समय छात्र यह नहीं जान पाते कि वे किसका अभ्यास कर रहे हैं लेकिन अध्यापक इन अभ्यासों के माध्यम से उनकी त्रुटियों का निदान करता चलता है। सन्दर्भ परक अभ्यास में इसे नियन्त्रित किया जाता है जिसमें छात्र अभिरचना को समझ कर उनका अभ्यास करते हैं। इन दोनों वर्गों में अभिरचना अभ्यास से सम्बन्धित सामग्री का थोड़ा-सा विवरण नीचे दिया जा रहा है जिससे भाषा-अधिगम में अभ्यास सामग्री के महत्व की समझ के साथ-साथ हम यह भी देख सकेंगे कि त्रुटियों के निदान में या त्रुटियों को आने ही न देने में ये अभ्यास बहुत ही उपयोगी सिद्ध होते हैं। उदाहरण श्रीवास्तव 1992 'भाषा-शिक्षण' : वाणी प्रकाशन से—

(1) पुनरावृत्ति अभ्यास

सामूहिक पुनरावृत्ति अभ्यास–

अध्यापक	:	मोहन को किताब चाहिए।
छात्र	:	(सामूहिक रूप से) मोहन को किताब चाहिए।

सरल प्रतिस्थापन अभ्यास–

अध्यापक	:	मोहन को किताब चाहिए।
छात्र	:	(सामूहिक रूप से) मोहन को किताब चाहिए।
अध्यापक	:	सोहन
छात्र (1)	:	सोहन को किताब चाहिए।
अध्यापक	:	शीला
छात्र (2)	:	शीला को किताब चाहिए।

रूप सिद्धि अभ्यास–

अध्यापक	:	मोहन को किताब चाहिए।
छात्र	:	(सामूहिक रूप से) मोहन को किताब चाहिए।
अध्यापक	:	मोहन लड़का है।
छात्र	:	(सामूहिक रूप से) मोहन लड़का है।
अध्यापक	:	लड़के को किताब चाहिए।
छात्र	:	(सामूहिक रूप से) लड़के को किताब चाहिए।
अध्यापक	:	बेटा
छात्र (1)	:	बेटे को किताब चाहिए।

बहुविध प्रतिस्थापन अभ्यास–

अभिरचना	:	क्या तुम...रहे हो ?
अध्यापक	:	पढ़ना (किताब की ओर संकेत देते हुए)
छात्र	:	क्या तुम किताब पढ़ रहे हो ?

योजक अभ्यास–

अध्यापक	:	मुझको बाज़ार जाना है।
छात्र	:	मुझको बाज़ार जाना है।
अध्यापक	:	शाम को
छात्र	:	मुझे शाम को बाज़ार जाना है।

सामान्य रूपान्तरण अभ्यास–

अध्यापक	:	मोहन किताब पढ़ता है।
	:	क्या मोहन ने किताब पढ़ी?

अध्यापक : मोहन चिट्ठी लिखता है।
छात्र : क्या मोहन ने चिट्ठी लिखी।

(2) **सन्दर्भपरक अभ्यास**

(क) इसमें स्थितियाँ प्रमुख होती हैं–

अध्यापक : किताब कहाँ है?
छात्र : किताब मेज़ पर है।
अध्यापक : पेंसिल कहाँ है?
छात्र : पेंसिल डिब्बे में है।

(ख) छात्र दो वर्गों में बाँट दिये जाते हैं–

अध्यापक : किताब?
छात्र (1) : किताब कहाँ है?
छात्र (2) : किताब मेज़ पर है।

(ग) प्रश्नोत्तर सरल वार्तालाप में बदल जाता है–

अध्यापक : (चित्र दिखाकर) क्या आदमी मिठाई बेच रहा है?
छात्र : हाँ, वह मिठाई बेच रहा है।
अध्यापक : क्या वह फल बेच रहा है?
छात्र : नहीं, वह फल नहीं बेच रहा है।

दृश्य-श्रव्य सामग्री

अन्य भाषा-शिक्षण के व्यापक आयाम ने अध्येता और शिक्षक के दायित्व को भी गम्भीर बनाया है। अब विदेशी भाषा-अध्येता कुछ पूर्व निश्चित लक्ष्यों की प्राप्ति के उद्देश्य से किसी विदेशी भाषा की ओर प्रवृत्त होते हैं। अतः उनका मार्ग तभी प्रशस्त हो सकता है जब वे शीघ्रता से विदेशी भाषा में दक्षता प्राप्त करें और उनका प्रयोग करते हुए अपने लक्ष्य की ओर अग्रसर हो सकें। दक्षता की प्राप्ति में शीघ्रता दृश्य-श्रव्य उपकरणों की सहायता से निश्चय ही लाई जा सकती है। भाषा-शिक्षण के क्षेत्र में कार्य कर रहे प्रमुख विद्वानों (लेडो, डाले, पिट कॉर्डर) को इस बात में कोई सन्देह नहीं है कि दृश्य-श्रव्य तकनीक विदेशी भाषा-शिक्षण को अधिक सफल, रोचक और गतिशील बनाती है और इस बात में भी कि इन उपकरणों के प्रयोग से भाषा-शिक्षण का अस्तित्व भी खतरे में नहीं पड़ता। अतः यह सोचना-मानना भ्रामक है कि तकनीकी उपकरण भाषा-शिक्षक का स्थान ले सकते हैं और यह भी कि केवल इन उपकरणों के माध्यम से शिक्षक-अध्येता के शारीरिक-बौद्धिक प्रयत्न के बिना विदेशी भाषा-शिक्षण और अधिगम के लक्ष्य प्राप्त किये जा सकते हैं। यह अवश्य

है कि ये उपकरण भाषा-शिक्षक के कार्य को प्रभावशाली और फलप्रद बना सकते हैं तथा भाषा के सामाजिक-सांस्कृतिक पक्षों को प्रामाणिक रूप में दर्शाने में जो मात्र कक्षा में दिये गये विवरणों से साफ नहीं हो पाते हैं। इन दोनों धरातलों पर दृश्य-श्रव्य उपकरण भाषा-पाठ्यक्रमों में सहायक की भूमिका निभा सकते हैं, निभाते हैं।

यह तो हम सभी जानते हैं कि अन्य भाषा-शिक्षण में अन्य शिक्षण-प्रक्रियाओं ने क्रमशः व्याकरण-अनुवाद विधि का स्थान ले लिया। अन्य भाषा-शिक्षण की ये सभी प्रक्रियाएँ वास्तविक भाषा-व्यवहार पर केन्द्रित हैं, यह भी सर्वविदित तथ्य है। अन्य भाषा-शिक्षण के प्रारंभिक स्तर पर उच्चरित भाषा के वास्तविक व्यवहार पर बल दिया जाता है। कई शिक्षण प्रक्रियाएँ विद्युत मशीनी (electro-mechanical) उपकरणों (Aids) का भी उपयोग करती हैं। ये उपकरण ग्रामोफोन-टेपरिकार्डर से लेकर भाषा-प्रयोगशाला, दृश्य-श्रव्य तकनीक और शिक्षण-मशीन तक विस्तृत होते चलते हैं। अन्य भाषा अधिगम के दो उद्देश्य हैं–(1) सम्प्रेषणपरक क्षमता अर्थात मूलभूत भाषा कौशलों का अर्जन तथा (2) सूचना-पक्ष की प्राप्ति अर्थात अन्य समाज की संस्कृति और जीवन का ज्ञान। इन दोनों उद्देश्यों की प्राप्ति में दृश्य-श्रव्य उपकरण और विशेष रूप से वीडियो अति उपयोगी और सफल सिद्ध हो सकते हैं। परम्परागत कक्षा में इन उद्देश्यों की प्राप्ति इतनी सफल नहीं होती। अन्य भाषा में और उसके उपयुक्त (appropriate) व्यवहार में निबद्ध विचार, मूल्य, विश्वास, अंग-संचालन आदि वीडियो के माध्यम से प्रस्तुत करना आज अन्य भाषा-शिक्षण का प्रमुख अंग बन चुका है।

भाषा-शिक्षण में परिवर्तन की सम्भावना अनिवार्य है और विचारों, आधुनिक विकासों और नयी माँगों के अनुरूप इसमें परिवर्तन की सम्भावना का मार्ग निर्मित होता रहा है। जब ये परिवर्तन पाठ्यक्रम, पाठ्य-सामग्री की सम्प्रेषणीयता, परीक्षण और अध्यापक के माध्यम से आते हैं तो इनकी उपादेयता असंदिग्ध होती है। ये नयी तकनीकें भी इस प्रकार के परिवर्तन का रूप हैं। निश्चित ही ये तकनीकें भाषा-शिक्षक के लिए चुनौतियाँ हैं।

वीडियो के लिए सामग्री भाषा-शिक्षक द्वारा बनाई जाती है। निश्चय ही यह सामग्री विविधतापूर्ण होती है क्योंकि यह उन दरारों को भरती है जो मूल कक्षा में छूट गये थे। भाषा-शिक्षक अपने कक्षा के अनुभव को वीडियो द्वारा संचालित कर अपने व अध्येता के उस लक्ष्य की प्राप्ति कर सकता है जो दैनंदिन या वास्तविक भाषा प्रयोग और उसके बोधन से सम्बद्ध है। इस क्षेत्र में इस प्रकार के पाठ्यक्रम लिखना निश्चित ही एक विशेषीकृत कार्य है, जो श्रम साध्य भी है समय साध्य भी। फिल्मों में उपयुक्त अंशों का संकलन, पटकथा-लेखन, वार्तालाप निर्माण, साक्षात्कार, परिचर्चा, व्याख्यान आदि कई ऐसे पक्ष हैं जो वीडियो पर लाये जा सकते हैं, लाये

जा रहे हैं। लेकिन वीडियो भाषा-शिक्षक का स्थानापन्न कभी नहीं हो सकता और न ही यह भाषा-अधिगम का समतुल्य ही है। यह भाषा-शिक्षण का एक सशक्त साधन है। बहु-जनसंचार भाषा-शिक्षण उपकरणों जैसे रेडियो, टी.वी., टेपरिकार्डर, पाठ्यपुस्तक आदि की तुलना में वीडियो में अनन्त सम्भावनाएँ हैं।

यह प्रयोग अध्येताओं में आत्मविश्वास, समझ और मनोरंजन पैदा कर भाषा-शिक्षण को तो अपूर्व गति प्रदान कर ही रहा है साथ ही भाषा-समाज, उसकी जीवन-पद्धति, उसके रीति-रिवाज तथा उसके लोक-विश्वासों को दृश्य रूप में अध्येता के सामने लाने में भी समर्थ है।

रेडियो या टेलीविज़न एकतरफा संचार माध्यम है, जिनमें परस्पर सम्पर्क की गुंजाइश नहीं है। भाषा सम्प्रेषण की वस्तु है और परस्परता इसमें सबसे आवश्यक गुण है। आजकल प्रौद्योगिकी के क्षेत्र में विकास के कारण हम टेलीकान्फ्रेंसिंग का उपयोग करते हैं जो कक्षा का सक्रिय वातावरण उपस्थित कर देता है। कम्प्यूटर की विकसित तकनीकों के कारण अब मल्टीमीडिया कार्यक्रम बहुत सहज हो चले हैं। इनसे हम भाषा को वास्तविक सन्दर्भ में देख सकते हैं और इसमें कक्षा से भी अधिक परस्परता (interactivity) आ सकती है। टेलीकान्फ्रेंसिंग और कम्प्यूटर के जोड़ से हम अपने कक्ष में ही वास्तविक कक्षा (virtual classroom) का वातावरण निर्मित कर सकते हैं।

अनुप्रयुक्त भाषाविज्ञान और भाषा-शिक्षण

आज सामाजिक विज्ञान तथा मानविकी के क्षेत्र के सभी विद्वान इस तथ्य को स्वीकार कर चुके हैं कि भाषाविज्ञान, मानवविज्ञानों में सर्वाधिक व्यापक एवं विकसित शास्त्र है। पाइगेट (1986) के अनुसार भाषाविज्ञान अन्य समाज विज्ञानों की तुलना में कई दृष्टियों से विकसित है : अपनी सैद्धान्तिक पृष्ठभूमि एवं संरचनात्मक विश्लेषण की वैज्ञानिकता की दृष्टि से, अपने कार्य एवं प्रयोजन की दृष्टि से तथा अन्य शास्त्रों से अपने अटूट सम्बन्ध की दृष्टि से। मोल्टन के विचार भाषाविज्ञान की इस अद्यतन स्थिति को और भी सार्थक शब्दों में हमारे सामने रखते हैं–''आज भाषाविज्ञान ने अपने आप को मानविकी विषयों में सबसे वैज्ञानिक विषय के रूप में तथा वैज्ञानिक विषयों में सर्वाधिक मानव-केन्द्रित विषय के रूप में स्थापित कर लिया है।''[1] भाषाविज्ञान की इस व्यापकता एवं वैज्ञानिकता के पीछे निश्चित ही उसकी अध्ययन वस्तु 'भाषा' की भूमिका भी कम महत्वपूर्ण नहीं है। मानव-अभिरचना (human-patterning) में भाषा का स्थान इतना केन्द्रीय है कि आज मनुष्य को 'होमो लोगन' अर्थात 'बातचीत करने वाले प्राणी' के रूप में परिभाषित किया जा रहा है, 'बोलने वाले प्राणी' के रूप में नहीं। यह भेद स्वतः भाषा के प्रति एवं भाषाविज्ञान के प्रति एक बदलते और विकासमान दृष्टिकोण की ओर संकेत करता है। इतना ही नहीं, यह दृष्टिकोण और भी आगे जाता हुआ दिखाई देता है। तभी तो समाज-नृत्तत्वशास्त्र (Social anthropology) जैसे ज्ञान-क्षेत्र को आज ऐसे मानव के अध्ययन का विज्ञान माना जा रहा है जो 'लिखने वाला पशु' (writing animal) है। आज मनुष्य को मात्र बातचीत करने वाले नहीं बल्कि लिखने वाले प्राणी के रूप में परिभाषित करने की आवश्यकता भी इसलिए पड़ी है क्योंकि मनुष्य भाषा की समस्त सम्भावनाओं के विकास और उनके वैज्ञानिक अध्ययन से अपने को जोड़ता है। इस सन्दर्भ में चाम्स्की (1965) का यह कथन भी विचारणीय है कि "कई ऐसे प्रश्न हो सकते हैं जो हमें भाषा-अध्ययन की ओर प्रेरित करते हैं। मैं व्यक्तिगत रूप से मूलतः

1 . Most Scientific of the humanities and most humanistic of the sciences.

उन प्रश्नों से प्रभावित हूँ जो भाषा के माध्यम से 'और कुछ' सीखने की सम्भावना के द्वार खोलते हैं। वह 'और कुछ' क्या है? इसकी खोज मानव-मस्तिष्क में अन्तर्निहित भाषिक-क्षमता पर भी प्रकाश डालने में समर्थ होती है। भाषा की इसी सम्भावनायुक्त प्रकृति और इसके अनुरूप भाषाविज्ञान की अद्यतन भूमिका को हैलिडे (1973) इन शब्दों में व्यक्त करते हैं—सम्भावनाओं की खोज की दृष्टि से भाषा अनेक सम्भावनाओं का पुंज है। सामाजिक जीव के रूप में व्यक्ति के भीतर ही ये सम्भावनाएँ भाषा व्यवहार के परिवर्त (Variant) के रूप में उपलब्ध रहती है। इन परिवर्तों के समग्र समुच्चय (Total set) के लिए सांस्कृतिक सन्दर्भ (Context of situation) इन्हीं के भीतर से स्वतः निःसृत होते हैं। सम्भवतः इसीलिए आधुनिक भाषाविज्ञान इस मत को दृढ़ता से प्रतिपादित करता है कि 'भाषा' जो करती है इसी कारण 'वह वैसी होती है, जैसी वह है।"[1]

ये विचार अन्ततः इस बात की स्वीकार्यता में अपनी परिणति पाते हैं कि भाषाविज्ञान मात्र अपने अध्ययन की वैज्ञानिकता अथवा अपनी वैज्ञानिक विश्लेषण प्रक्रिया के कारण ही विश्वव्यापी ज्ञान-क्षेत्र के रूप में मान्य एवं लोकप्रिय नहीं बना है। बल्कि अपने प्रभावशाली अनुप्रयोग (application) के कारण भी उसकी मान्यता और लोकप्रियता में वृद्धि हुई है। अनुप्रयोग से जुड़कर भाषा-सम्बन्धी उसके अध्ययन एवं शोध का रेंज बहुत बढ़ गया है। भाषावैज्ञानिक सिद्धान्तों के व्यावहारिक (practical) अनुप्रयोग के भी एकाधिक प्रकार एवं आयाम हैं जो अपने में वैविध्यपूर्ण और उपयोगी हैं। हमने अभी यह तथ्य सामने रखा था कि मानव जीवन की अभिरचना में भाषा का स्थान सर्वोपरि होता है, अब इसके साथ यह तथ्य भी जोड़ दें कि कई मानव-विज्ञानों में भाषाविज्ञान की भूमिका महत्वपूर्ण होती है। ये दोनों तथ्य इस बात को प्रमाणित करते हैं कि मानव-जीवन में भाषाविज्ञान शैक्षणिक (academic) और व्यावहारिक (social) इन दोनों दायित्वों को पूरी सफलता के साथ निभाता है। इस प्रकार अनुप्रयुक्त भाषाविज्ञान सामाजिक दृष्टि से अर्थवान एक शैक्षिक गतिविधि के रूप में हमारे समक्ष उभरता है। वह भाषावैज्ञानिक को चुनौती देता है कि वह अपने भाषा सम्बन्धी ज्ञान एवं कौशल का उपयोग उन अन्तर्निहित ढाँचों (Implicit patterns) को सामने लाने के लिए करें जिन्हें वक्ता/लेखक निर्मित करता है तथा इन्हें भाषा के रूप में सामान्य और विशिष्ट प्रयोक्ता के लाभार्थ प्रस्तुत करें।

अब यह प्रश्न उठता है कि अनुप्रयुक्त भाषाविज्ञान क्या यह चुनौती केवल भाषावैज्ञानिकों को देता है या भाषावैज्ञानिक ज्ञान की आवश्यकता केवल भाषावैज्ञानिकों को है? इसमें सन्देह नहीं कि स्वयं भाषावैज्ञानिकों को भाषाविज्ञान की सर्वाधिक आवश्यकता है लेकिन मूल रूप में इस ज्ञान की आवश्यकता देशी और विदेशी

1. Language is as it is because of what it has to do.

भाषा शिक्षकों, साहित्य अध्येताओं को और उन लोगों को भी है जो मानसिक विकृतियों के निदान के क्षेत्र में कार्य कर रहे हैं। इसके साथ ही भाषाविज्ञान की आवश्यकता उन्हें भी है जो अनुवाद विज्ञान, कोशविज्ञान, साक्षरता अभियान, लेखन व्यवस्था के विकास आदि कार्यों से जुड़े हैं। इतना ही नहीं, वर्तनी-सुधार, भाषा-नीति, कम्प्यूटर तकनीक से सम्बन्धित लोग भी भाषाविज्ञान के ज्ञान के अभाव में अपने लक्ष्य तक पहुँचने में कठिनाई का अनुभव करते हैं। यह अवश्य है कि भाषावैज्ञानिक का दायित्व इन भिन्न क्षेत्रों में कार्य करने वालों से अधिक है। उसके ऊपर यह दायित्व भी होता है कि वह भाषाविज्ञान को निरन्तर प्रौढ़ बनाता चले तथा 'भाषा सामान्य' एवं 'भाषा विशेष' के परिणामों को इस प्रकार उपलब्ध कराता चले कि जो लोग भाषा-शिक्षण, भाषा नियोजन, भाषा कला, भाषा प्रयोग आदि क्षेत्रों में कार्य कर रहे हैं, उन्हें यह ज्ञान हो सके कि उन्हें भाषा-अध्ययन की भिन्न तकनीकें तथा भाषा संरचना सम्बन्धी परिणाम उपलब्ध हैं जिनका उपयोग वे अपने कार्य एवं अध्ययन में निःसंकोच होकर कर सकते हैं। भाषाविज्ञान के इन्हीं व्यापक धरातलों की उपलब्धता से ही यह सम्भव हुआ है कि भाषा ने मनुष्य और समाज से सम्बन्धित अध्ययन में केन्द्रीय स्थान प्राप्त कर लिया है। इस स्थान पर पहुँच कर ही आज भाषाविज्ञान मिथकों, वर्जित भाषा व्यवहारों, रिश्ते-नातों की भूमिकाओं और विवाह सम्बन्धों के परिप्रेक्ष्य में भाषा अध्ययन का फ्रेमवर्क प्रदान करने वाले एक शास्त्र के रूप में अपने को स्थापित करने में भी समर्थ हुआ है। आज भाषाविज्ञान का प्रभाव इतना व्यापक हो चुका है कि अर्थशास्त्री भी अब भाषावैज्ञानिक संकल्पनाओं का उपयोग अपनी विभिन्न परिकल्पनाओं (constructs) की व्याख्या के लिए करने लगे हैं।

भाषाविज्ञान की प्रकृति, उसके उद्देश्यों और उसके कार्यों को श्रीवास्तव (1980) ने विवेचित किया है जिसे संक्षेप में इस रूप में रखा जा सकता है–

(क) भाषाविज्ञान भाषा की आन्तरिक प्रकृति पर प्रकाश डालता है।

(ख) उसका मूल उद्देश्य भाषा सम्बन्धी सिद्धान्त का विवेचन और प्रतिपादन है।

(ग) सिद्धान्तों के औचित्य और उसकी सार्थकता की सिद्धि के लिए ही वह भाषा सम्बन्धी तथ्यों का संकलन और विश्लेषण करता है।

(घ) भाषावैज्ञानिक सिद्धान्त यह बताता है कि 'भाषा क्या' है।

(च) वह हमें भाषा सम्बन्धी सैद्धान्तिक और व्यावहारिक अन्तर्दृष्टि देने में समर्थ है।

(छ) भाषाविज्ञान की विषयवस्तु 'भाषा' है और अध्ययन प्रणाली वैज्ञानिक।

भाषा की आन्तरिक प्रकृति का तात्पर्य है उसकी संरचनात्मक व्यवस्था। भाषा की संरचनात्मक व्यवस्था भाषिक इकाइयों का नियमबद्ध एवं क्रमबद्ध समुच्चय होती

है। इसलिए भाषाविज्ञान भाषा को एक संश्लिष्ट व्यवस्था मानता है जिसमें विभिन्न इकाइयों या उपव्यवस्थाओं का समंजन होता है। भाषा व्यवस्था की पाँच इकाइयाँ या उपव्यवस्थाएँ हैं। इनके आधार पर हम भाषा की संरचनात्मक इकाइयों या उसके अंगों को भी देख सकते हैं और भाषाविज्ञान के विषय क्षेत्र को भी–

इकाइयाँ	विषय क्षेत्र
स्वन	स्वन विज्ञान
स्वनिम	स्वनिम विज्ञान
रूप	रूप विज्ञान
वाक्य	वाक्य विज्ञान
अर्थ	अर्थ विज्ञान

श्रीवास्तव (1992) ने इन उपव्यवस्थाओं को दो वर्गों में रखकर विवेचित किया है–'केन्द्रीय और परिधीय'। केन्द्रीय उपवर्ग की संरचनात्मक उपव्यवस्था का सीधा सम्बन्ध भाषिक संसार और उसकी रूपात्मक प्रकृति से रहता है। इस उपव्यवस्था के अध्ययन क्षेत्र को सूक्ष्म या केन्द्रीय भाषाविज्ञान (micro-linguistics) कहा गया है जिसके अन्तर्गत स्वनविज्ञान, रूप विज्ञान और वाक्यविज्ञान आते हैं। परिधीय उपवर्ग में संरचनात्मक उपव्यवस्था का सम्बन्ध द्विमुखी होता है--एक ओर भाषेतर संसार से और दूसरी ओर केन्द्रीय उपव्यवस्था के साथ जिसके अन्तर्गत स्वनविज्ञान और अर्थविज्ञान आते हैं। संरचनात्मक भाषाविज्ञान स्वनविज्ञान को पूर्वपिक्षी भाषाविज्ञान (pre-linguistics) और अर्थविज्ञान को इतर विषयी भाषाविज्ञान (Meta-linguistics) के रूप में देखता है।

भाषाविज्ञान ने अपने क्षेत्र को स्वायत्त बना लिया है और ज्ञान के अन्य क्षेत्रों के अन्तस्सम्बन्धों के आधार पर उसकी कुछ अन्य शाखाएँ भी विकसित हुई हैं–यथा, समाज भाषाविज्ञान, मनोविज्ञान, नृत्तत्व भाषाविज्ञान आदि। जैसा कि हमने अभी चर्चा की, आज ज्ञान-विज्ञान के विभिन्न क्षेत्रों में भाषावैज्ञानिक सिद्धान्त का अनुप्रयोग हो रहा है। भाषा-शिक्षण, अनुवाद, शैलीविज्ञान, कोशविज्ञान आदि आज अनुप्रयुक्त भाषाविज्ञान के क्षेत्र के रूप में विकसित हैं। अनुप्रयुक्त भाषाविज्ञान का क्षेत्र इस तथ्य पर प्रकाश डालता है कि 'भाषा से हम क्या काम ले सकते हैं।'

हमारा भाषा व्यवहार केवल हमारी जैविक, सामाजिक और व्यक्तिगत प्रकृति के विविध पक्ष का ही साक्ष्य नहीं होता बल्कि हमारे अपेक्षाकृत अमूर्त क्षेत्रों का भी साक्ष्य होता है जैसे, दर्शन, तर्क आदि। इसीलिए जो लोग विभिन्न विषयों के व्यापक अध्ययन क्षेत्र से सम्बन्धित हैं वे भी भाषा का उपयोग अपनी अध्ययन-सामग्री के एक अंग के रूप में करते हैं। इन विषय/अध्ययन क्षेत्रों में कुछ वे भी हैं जिन्हें हम 'विज्ञान' के अन्तर्गत वर्गीकृत करते हैं और कुछ वे जो 'विज्ञानेतर' हैं। विज्ञान और

विज्ञानेतर के बीच का यह यादृच्छिक विरोधाभास अब अधिकाधिक अनुपयुक्त दिखाई देने लगा है—'इस विरोधाभास को उतनी तेज़ी से नहीं तोड़ा गया है जितना कि भाषा अध्ययन के क्षेत्र में।' भाषावैज्ञानिक अध्ययन के प्रति आकर्षण का एक कारण यह भी है कि यह 'विज्ञान और कला' के बीच की दूरी को पाटता है या उन्हें कम तो अवश्य करता ही है। वे विषय जो भाषा की ओर थोड़ा-बहुत ध्यान देते हैं उनमें मनोविज्ञान, तर्कशास्त्र, संचार अभियांत्रिकी, कम्प्यूटर विज्ञान, समाज विज्ञान, नृतत्वशास्त्र, शिक्षा तथा साहित्यालोचन आदि प्रमुख हैं।

'विज्ञान' और 'कला' की अनिवार्य एकता पर यहाँ बल देने का अर्थ वैज्ञानिक और विज्ञानेतर अवधारणाओं के बीच के भेद को नकारना नहीं है। 'वैज्ञानिक' का एक पारिभाष्य अर्थ है, जिसके आधार पर यह निर्धारित किया जा सकता है कि भाषा या किसी भी अध्ययन वस्तु का अध्ययन वैज्ञानिक है या नहीं। यह बात वस्तुतः महत्वपूर्ण भी है। सम्भवतः इसीलिए आज भाषाविज्ञान को इस रूप में देखने पर बल दिया जा रहा है कि वह 'भाषा कैसे काम करती है' यह देखने और परिभाषित करने का एक वैज्ञानिक माध्यम है। अर्थात भाषाविज्ञान, भाषा का वैज्ञानिक अध्ययन करने वाला शास्त्र है और यह अति व्यापक है। यह बात साहित्य के भाषावैज्ञानिक अध्ययन के सन्दर्भ में परखी जा सकती है। भाषावैज्ञानिक पद्धातियाँ जितनी ही वैज्ञानिक और वस्तुवादी बनती गयी उतना ही वे भाषा के साहित्यिक प्रयोग पर प्रकाश डालने में भी समर्थ होती चली गयी। भाषाविज्ञान की इस वैज्ञानिकता और भाषा की सम्भावनाओं का उपयोग भिन्न ज्ञान-क्षेत्र के लोग अपनी आवश्यकता के अनुसार करते हैं। उदाहरण के लिए व्यावहारिक और सामाजिक विज्ञानों में भाषा एक प्रमुख प्रमाण का कार्य करती है जिनमें भाषा-व्यवहार के विभिन्न स्तर आँके और विवेचित किये जा सकते हैं। संचार अभियांत्रिकी में भाषा वह है जिसका प्रेषण (transmission) किया जाता है। यदि प्रेषण को उत्तम (efficient) बनाना है तथा कमखर्च तकनीकी विकसित करनी है तो भाषा के सभी गुणधर्मों या इनमें से कुछ को पहले समझना अनिवार्य होगा। दर्शनशास्त्र और तर्कशास्त्र में भाषाई तथ्य कुछ विद्वानों के लिए आंशिक रूप में और कुछ के लिए मुख्य रूप में महत्वपूर्ण होते हैं क्योंकि ये खोजी जा रही संकल्पनाओं के लिए एक फ्रेमवर्क या कम-से-कम एक सादृश्य (analogy) प्रदान करते हैं। साहित्यालोचन में अध्ययन का लक्ष्य भाषा के विशिष्ट प्रयोगों की विभिन्न रीतियों एवं उनके विशिष्ट प्रभावों को रेखांकित करना है।

इन क्षेत्रों में कार्य करने वाले भाषा के भिन्न अंगों का अध्ययन करते हैं। अर्थात वे भाषा का अध्ययन भिन्न प्रयोजनों के लिए करते हैं। संचार इंजीनियर की रुचि सन्देश के गुणधर्म (properties) में उस सीमा तक होती है कि इस ज्ञान द्वारा वह सन्देश के प्रेषण की गुणवत्ता को बढ़ा सके। तर्कशास्त्री की दृष्टि संकल्पनाओं की

व्यवस्था और उन शब्दार्थ सम्बन्धों पर होती है जिन्हें बिना भाषा सन्दर्भ के विवेचित नहीं किया जा सकता। साहित्यालोचक मूल्य-निर्णय के उस पक्ष पर कार्य करता है जिसे अभी तक भाषेतर (non-linguistics) धरातल पर ही देखा जाता रहा है।

यह ध्यान दे कि इनमें से कोई भी भाषा का अध्ययन उसके उस परम्परागत अर्थ में नहीं करता कि 'भाषा क्या है', यह कार्य पूर्णतः भाषावैज्ञानिक का है। ये सभी भाषा पर प्रकाश डालते हैं और भाषा का प्रयोग भी करते हैं पर 'किसी और' को उद्घाटित करने या साधने के लिए। अर्थात इनका मूल उद्देश्य यह देखना और पता लगाना है कि भाषा/भाषाएँ कैसे काम करती हैं या हम उससे/उनसे क्या काम ले सकते हैं। इस प्रयोजनीयता के कारण ही भाषा को प्रकार्य से सम्बद्ध रूप (form of activity) माना गया है। विशेष रूप से मानव समाज में यह प्रकार्यों (functions) से ही बँधी होती हैं जिसमें अपनी अभिरचनाएँ बनाने के गुण निहित हैं। अतः 'भाषा क्या काम करती है' का अध्ययन करने का अर्थ है उन अभिरचनाओं को और उनके भेदों (itoms) का अध्ययन करना जो भाषा में निहित हैं, यह देखना कि कैसे लोग इनका प्रयोग करते हैं और यह पता लगाना कि कैसे ये भिन्न समय पर, विभिन्न स्थानों पर और विभिन्न लोगों के समूह में कार्य करती हैं। इस प्रकार यह अध्ययन 'शुद्ध' एवं 'अनुप्रयुक्त' भाषाविज्ञान के बीच के भेद के साथ-साथ इन दोनों की उपादेयता भी सिद्ध करता चलता है। 'भाषा कैसे काम करती है' सम्बन्धी अध्ययन अनुप्रयुक्त भाषाविज्ञान के अन्तर्गत आता है क्योंकि यह भाषाविज्ञान का निश्चित एवं स्पष्ट अनुप्रयोग है और जो अक्सर भाषा अध्ययन की उस सीमा से बाहर भी जाता है जो भाषाविज्ञान ने भाषा के लिए निर्धारित किये हैं।

अतः यह भी कहा जा सकता है कि भाषा के वैज्ञानिक अध्ययन का आधुनिक भाषाविज्ञान द्वारा प्रदत्त तात्पर्य है–'भाषा कैसे काम करती है' के सिद्धान्त का निर्माण तथा इनके माध्यम से भाषा-विवेचन की पद्धतियों की व्युत्पत्ति। अब भाषा का वैज्ञानिक अध्ययन केवल इसलिए उपयोगी नहीं है कि यह 'शुद्ध मात्र' अध्ययन करता है। अनुप्रयोग की अपनी क्षमता के कारण इनका महत्व और उपयोगिता है। यह दृष्टि बीसवीं शताब्दी में उभरती दिखाई देती है। अन्यथा भाषाविज्ञान के बाहर के क्षेत्रों में कार्य करने वाले भाषा के विषय में जो कुछ कहते रहे हैं वह अवैज्ञानिक भी था और व्यावहारिक धरातल पर अनुपयोगी भी। विभिन्न ज्ञान क्षेत्रों के बीच सहयोग की इस कमी के कई कारण थे। कोई भी व्यक्ति अपने को उन सभी विषयों का विशेषज्ञ नहीं बना सकता जो उसके अपने ज्ञान-क्षेत्र से कहीं-न-कहीं जुड़ते हैं। उदाहरण के लिए एक मनोवैज्ञानिक से यह अपेक्षा नहीं की जा सकती कि वह भाषाविज्ञान को उसके आदर्श रूप में अपनाए क्योंकि भाषाविज्ञान, मनोविज्ञान की परिधि से जुड़े हुए अनेक विषयों में से मात्र एक विषय है। इस बात की सम्भावना

से भी इनकार नहीं किया जा सकता कि मनोवैज्ञानिक यह जानता ही न हो कि कोई ऐसा भी विज्ञान है जिसके पास भाषा को सिद्ध करने के सिद्धान्त और पद्धतियाँ हैं तथा जिनका अनुप्रयोग वह अपने प्रयोजनों के लिए कर सकता है। यदि वह इस तथ्य से परिचित भी है तो सम्भवतः इन दोनों को सहसम्बद्ध कर पाना उसके लिए अधिकतर कठिन ही सिद्ध होता है। ऐसे विषय जिनकी परिधि पर भाषा अवस्थित है या जो भाषाविज्ञान से जुड़ सकते हैं अपने अध्येता से निश्चित ही यह अपेक्षा रखते हैं कि उन्हें यह जानकारी हो कि ऐसे औजार (tools) उपलब्ध हैं जिनका अनुप्रयोग वे कर सकते हैं। यह विचार कि भाषावैज्ञानिक अध्ययन की वस्तु भाषा है और भाषाविज्ञान की सम्बद्धता अन्य शास्त्रों से भी है, कोई नया विचार नहीं है। लेकिन यह बात निकट भविष्य में ही सामने आयी है और अधिकाधिक लोगों तक पहुँची है कि कोई ऐसा विषय भी है जिसका मूलभूत प्रयोजन इस प्रकार के अध्ययनों को अपने भीतर समेटना है। जैसा कि प्रत्येक शास्त्र के विषय में होता रहा है, भाषाविज्ञान के विस्तार में भी प्रचार और सहयोग की भावना तभी बढ़ी है जब यह पता चला कि इसका अनुप्रयोग सम्भव है। जब तक 'भाषा' का अध्ययन 'शुद्ध' विज्ञान के आधार पर होता रहा और जब तक यह स्पष्ट नहीं था कि इसके सिद्धान्त किसी विशेष अनुप्रयोग में कैसे लाये जा सकते हैं तब तक इसके साथ प्रचार एवं लोकप्रियता का पक्ष बहुत ही कम जुड़ा था। अचानक यह स्पष्ट होते ही कि कुछ ऐसे निश्चित क्षेत्र हैं जिनमें भाषावैज्ञानिक सिद्धान्तों का अनुप्रयोग सम्भव है और जिसके द्वारा विषय क्षेत्र को व्यावहारिक बनाया जा सकता है, भाषापरक शोध एवं भाषा-शिक्षण के क्षेत्र में क्रांतिकारी परिवर्तन आया।

इतनी चर्चा के बाद अनुप्रयुक्त भाषाविज्ञान के विषय में जिज्ञासा और प्रश्नों का उठना स्वाभाविक है कि अनुप्रयुक्त भाषाविज्ञान 'क्या' है? कोई 'क्या' अनुप्रयोग करता है जब वह भाषाविज्ञान का अनुप्रयोग करता है? भाषा-विज्ञान का अनुप्रयोग कब होता है? आदि।

भाषाविज्ञान, या कहें आधुनिक भाषाविज्ञान के क्षेत्र में 'अनुप्रयुक्त भाषाविज्ञान' की संकल्पना चौथे दशक में सामने आती है। इसी समय यह एक ज्ञान-क्षेत्र (discipline) के रूप में उभरी। इसके इस रूप में उभरने का एक कारण वह प्रयास था जिसमें आधुनिक भाषाविज्ञान के व्यावहारिक अनुप्रयोग का प्रयत्न किया गया और दूसरा कारण वह मान्यता थी कि भाषाविज्ञान एक अनुप्रयुक्त विज्ञान हो सकता है और यह भिन्न ज्ञान-क्षेत्रों को एक साथ ला सकता है। श्रीवास्तव (1980) के विचारों के परिप्रेक्ष्य में अनुप्रयुक्त भाषाविज्ञान की प्रकृति, स्वरूप और प्रयोजन को इस प्रकार देखा जा सकता है–

(क) अनुप्रयुक्त भाषाविज्ञान उपभोक्ता-सापेक्ष (consumer-oriented) होता है।

(ख) यह उपभोक्ता की आवश्यकताओं द्वारा नियन्त्रित लक्ष्य का परिणाम होता है।

(ग) इसका क्षेत्र भाषा के उपभोक्ताओं की आवश्यकताओं द्वारा निर्धारित लक्ष्य के सन्दर्भ में भाषा-सम्बन्धी सिद्धान्तों के अनुप्रयोग का क्षेत्र है।

(घ) इसका क्षेत्र इस तथ्य पर प्रकाश डालता है कि 'भाषा से हम क्या काम ले सकते हैं।'

(च) यह अपने सिद्धान्त और प्रणाली के आधार पर भाषा से सम्बन्धित ज्ञान के अन्य क्षेत्रों के अध्ययन-विश्लेषण के लिए संक्रियात्मक (operational) दक्षता का रास्ता खोलता है।

इन बिन्दुओं में ही अन्य प्रश्नों के उत्तर भी छिपे हुए हैं। जब कोई भाषाविज्ञान का अनुप्रयोग करता है तो जिसका अनुप्रयोग होता है वह एक भाषा सिद्धान्त भी हो सकता है और/या किसी भाषा का विवरण भी। यदि भाषा सिद्धान्त का अनुप्रयोग किया जा रहा है तो निश्चित ही परिणाम उस सिद्धान्त के स्वरूप पर निर्भर करेंगे या उससे प्रभावित होंगे। हमें भाषा अध्ययन की ऐसी अनेक दिशाएँ मिलती हैं जहाँ एक सिद्धान्त दूसरे सिद्धान्त से अलग दिखाई देता है। इसी प्रकार हमें कई ऐसे भाषा सिद्धान्त भी मिलते हैं जो परस्पर विरोधाभासी हैं। वास्तव में ऐसे ही कुछ विरोधाभासी सिद्धान्त 'भाषा-सम्प्रदाय' के रूप में उभरते हैं। यदि हम भिन्न सम्प्रदायों या व्यक्तियों द्वारा प्रतिपादित सिद्धान्तों का परीक्षण करें तो यह पाते हैं कि इनमें से बहुत ही कम ऐसे हैं जिनका कभी किसी क्षेत्र में अनुप्रयोग हुआ हो। हम यह भी पाते हैं कि जिन सिद्धान्तों का अनुप्रयोग हुआ है उनमें से कई अपेक्षाकृत अनुप्रयोग योग्य सिद्धान्त नहीं है। किसी ज्ञान क्षेत्र में किसी भाषा सिद्धान्त का अनुप्रयोग न होने या अपेक्षाकृत कम महत्वपूर्ण सिद्धान्त का अनुप्रयोग होने का अर्थ महत्वपूर्ण सिद्धान्त की कमजोरी नहीं है, उसके अनुप्रयोग के रेंज की सीमा है। रेंज की सीमा वाले सिद्धान्त चाहे जितने भी महत्वपूर्ण क्यों न हों, उनका अनुप्रयोग हो ही नहीं सकता। इसी तरह कम महत्वपूर्ण सिद्धान्त अपनी सीमाओं से मुक्त नहीं हो सकते। कुछ अति महत्वाकांक्षी अभ्यावर्तक (Inclusive) और प्रासंगिक सिद्धान्तों का अनुप्रयोग भी नहीं हुआ है लेकिन इन्हें अनुप्रयोग के लिए अयोग्य घोषित नहीं किया जा सकता।

यदि भाषा विवरण का अनुप्रयोग किया जा रहा है तो वह भाषा की इकाइयों यथा, ध्वनि, शब्दावली, व्याकरण में से किसी एक या सभी को सम्मिलित कर सकता है। भाषा विवरण की प्रकृति की भिन्नता भी परिणामों को प्रभावित करती है। समान सिद्धान्त पर आधारित भाषा विवरण भिन्न-भिन्न होते हैं। सम्भवतः यही कारण है कि विवरण के प्रकारों की संख्या सिद्धान्तों के प्रकारों की संख्या से अधिक होती है। भिन्न विवरण अपने प्रयोजन, विस्तार और प्रस्तुतीकरण में भी भिन्न होते हैं। कुछ

विवरणों का लक्ष्य सीमित (conzine) होना होता है तो कुछ का विस्तृत (extensive) होना। कुछ भाषा का विश्लेषण उसे खंडित करते हुए करते हैं तो कुछ जोड़ते हुए या समायोजित करते हुए। कुछ भाषा विवरणों में विश्लेषण इस तरह किया जाता है जैसे विवरणित भाषा का कोई परिचय ही उसके अध्येता को न हो, तो कुछ इस तरह करते हैं जैसे पहले से ही पाठक को काफी-कुछ मालूम हो। कुछ विवरण भाषा को व्याकरण और स्वनिम विज्ञान इन दो स्तरों पर प्रस्तुत करते हैं तो कुछ लगभग सभी चौदह स्तरों पर। हमें यहाँ ध्यान रखना चाहिए कि किसी विवरण के स्तरों की संख्या उसके भाषाई रेंज का द्योतक नहीं होती। एक त्रि-स्तरीय विवरण का क्षेत्र (Scope) उस आठ स्तरीय विवरण से अधिक हो सकता है जो अपने विवरण में शब्दावली, अर्थ और सन्दर्भ को स्थान नहीं देता। कुछ विवरण लिखित सामग्री पर आधारित होते हैं तो कुछ एक शहर तक ही सीमित हो सकते हैं। कुछ विवरणों का निर्माण एक व्यक्ति के कुछ सप्ताहों के वाक्-व्यवहार पर आधारित हो सकता है तो कुछ विवरण अनेक लेखकों की शताब्दियों में लिखी गयी रचनाओं को केन्द्र में रखकर भाषा-विश्लेषण कर सकते हैं। अतः भाषाविज्ञान का अनुप्रयोग करने वाले की समस्या केवल यह नहीं है कि वह भाषाविज्ञान का अनुप्रयोग करे या नहीं, बल्कि यह है कि वह 'किसके' और 'किस प्रकार के' भाषाविज्ञान का अनुप्रयोग करे।

इस विवेचना द्वारा परोक्षतः हमें यह संकेत भी मिलता है कि अनुप्रयुक्त भाषाविज्ञान या भाषाविज्ञान का अनुप्रयोग तब प्रारम्भ होता है जब किसी भाषा सिद्धान्त या भाषा विवरण का उपयोग एक ऐसे उद्देश्य/प्रयोजन के लिए किया जाता है जो भाषाविज्ञान के बाहर है। इस दृष्टि से ही अनुप्रयुक्त भाषावैज्ञानिक सिद्धान्तों का उपभोक्ता होता है और अनुप्रयुक्त भाषाविज्ञान उपभोक्ता सापेक्ष। अतः अनुप्रयुक्त भाषाविज्ञान की यह परिभाषा (सपोर्टा 1960) सर्वथा उचित है—"अनुप्रयुक्त भाषाविज्ञान, भाषाविज्ञान की वह शाखा है जिसका मुख्य लक्ष्य भाषावैज्ञानिक सिद्धान्तों एवं प्रणाली के अनुप्रयोग द्वारा उन भाषाई समस्याओं का पता लगाना और उनका समाधान ढूँढ़ना है जो भाषा से इतर विषय क्षेत्रों के अनुभव से सम्बद्ध होती हैं।" अतः भाषा-विवरण के लिए प्रयुक्त भाषा सिद्धान्तों को अपने में भाषाविज्ञान का अनुप्रयोग नहीं माना जा सकता। यदि किसी भाषा या पाठ का विवरण इस उद्देश्य से दिया जाता है कि उसके माध्यम से भाषा या भाषाविशेष के दिषय में अधिकाधिक जानकारी मिल सके तब इसे भाषावैज्ञानिक सिद्धान्त का उपयोग कहा जायेगा, उसका अनुप्रयोग नहीं।

अभी हाल तक यह माना जाता था कि भाषाविज्ञान का किसी भी रूप में अनुप्रयोग सम्भव नहीं है। यह मान्यता भी दृढ़ थी कि एक विषय के रूप में भाषाविज्ञान अपनी ही सीमा में सिमटा हुआ ज्ञान क्षेत्र है। अब यह स्थिति बदली

ही नहीं है बल्कि अनुमानों के एकदम विपरीत भी चली गयी है क्योंकि अब यह सिद्ध हो चुका है कि भाषाविज्ञान के विशिष्ट (Specific) एवं व्यावहारिक अनुप्रयोग हैं जो मानव-समुदाय के बड़े भाग को प्रभावित करते हैं। भाषा सम्बन्धी नये तथ्य सामने लाये जा सकते हैं और नया संश्लेषण (Synthesis) निर्मित किया जा सकता है। सैद्धान्तिक अध्ययन के लिए अनुप्रयोग फीडबैक का काम करते हैं क्योंकि सिद्धान्त की परख निरन्तर उन विचारों के आधार पर होती रहती है जो अनुप्रयोग के दौरान सामने आते हैं। यह एक सच्चाई है कि यदि किसी भी सिद्धान्त को स्थिर होने का अवसर दिया जाय तो धीरे-धीरे उसकी उपादेयता भी समाप्त होने लगती है। इसलिए स्थिर होने पर कई सिद्धान्त अनुप्रयोग की ओर मुड़ते हैं और सामान्य रुचि के रूप में मान्यता प्राप्त करते हैं। अनुप्रयोग के पहले कोई सिद्धान्त अल्पसंख्यक लोगों की ही रुचि का विषय होता है। सिद्धान्तों के कुछ अनुप्रयोग तो विशेषज्ञता से बंधे क्रिया-कलापों में भी स्थान पाने लगे हैं।

विभिन्न क्षेत्रों के अनुप्रयोग ने यह सिद्ध कर दिया है कि भाषाविज्ञान में अनुप्रयोग की क्षमता है। अनुप्रयोग, सिद्धान्त को कुछ-न-कुछ प्रदान करता है, अतः अनुप्रयोग के आयामों को दृढ़ करने के लिए 'शुद्ध' भाषाविज्ञान सम्बन्धी शोध एवं अध्ययन को रोकने की नहीं बल्कि उसे और विकसित करने तथा बहुउपयोगी बनाने की आवश्यकता है। यहाँ हमें यह नहीं भुलाना चाहिए कि अपने अनुप्रयुक्त पक्ष में भाषाविज्ञान की उपादेयता सिद्ध करने में उन विद्वानों की अन्तर्दृष्टि एवं गम्भीर कार्य का योगदान सर्वोपरि है जो ज्ञान के विस्तार के लिए कटिबद्ध थे। भाषावैज्ञानिक सिद्धान्त अन्य वैज्ञानिक सिद्धान्तों के ही समान हैं जो उन अनुप्रयोगों से जुड़ जाते हैं जिन्हें वे लोग कभी नहीं देख पाये जिन्होंने इन सिद्धान्तों की खोज की।

श्रीवास्तव (1980, 1982) ने व्यवहार और प्रयोग की दृष्टि से अनुप्रयुक्त भाषाविज्ञान के दो सन्दर्भ निर्धारित किये हैं—सीमित सन्दर्भ और व्यापक सन्दर्भ अपने सीमित सन्दर्भ में अनुप्रयुक्त भाषाविज्ञान का विषय क्षेत्र भाषा-शिक्षण तक सीमित रहता है। व्यापक सन्दर्भ में वह अपने विषय की सीमा का विस्तार करते हुए शैलीविज्ञान, कोशविज्ञान, भाषानियोजन, वाक्-चिकित्सा विज्ञान आदि को भी अपनी परिधि के भीतर समेट लेता है। यहीं श्रीवास्तव ने भाषावैज्ञानिक सिद्धान्त के तीन सन्दर्भों की चर्चा की है। 1. भाषा-शिक्षण का सन्दर्भ, 2. ज्ञान क्षेत्र का सन्दर्भ और 3. विधा विशेष का सन्दर्भ।

भाषा-शिक्षण का सन्दर्भ अनुप्रयुक्त भाषाविज्ञान का सर्वाधिक प्रचलित सन्दर्भ है। इस सन्दर्भ या क्षेत्र में भाषाविज्ञान की देन ने अपना अलग इतिहास ही बना लिया है। मातृभाषा और अन्य भाषा-शिक्षण, शैक्षिक व्याकरण और शिक्षण सामग्री, शिक्षण प्रणाली और शिक्षण तकनीक आदि सभी में भाषावैज्ञानिक अन्तर्दृष्टि ने

अपनी अनिवार्यता सिद्ध कर ली है।

ज्ञान क्षेत्र का सन्दर्भ भाषाविज्ञान और उसके सिद्धान्त का अनुप्रयोग, ज्ञान के किसी अन्य क्षेत्र को स्पष्ट करने के लिए करता है। विधा विशेष का सन्दर्भ अनुप्रयुक्त भाषाविज्ञान को विशेष विधाओं से जोड़ता है। इसके अन्तर्गत शैलीविज्ञान, अनुवाद विज्ञान, कोशविज्ञान आदि आते हैं। भाषावैज्ञानिक सिद्धान्त एवं प्रणाली का अनुप्रयोग इन विधाओं को एक निश्चित सैद्धान्तिक सन्दर्भ देता है और इनके अध्ययन विश्लेषण के लिए एक सुनिश्चित वैज्ञानिक तकनीक का विकास करता है।

अब हम इन तीनों सन्दर्भों के अन्तर्गत क्रमशः भाषा-शिक्षण, समाज भाषाविज्ञान और शैलीविज्ञान की पृष्ठभूमि में भाषाविज्ञान की भूमिका और उपादेयता पर चर्चा भाषाविज्ञान की एक विषय क्षेत्र में स्वायत्तता भी सिद्ध करती है तथा ज्ञान के अन्य क्षेत्रों के साथ उसकी सम्बद्धता पर भी प्रकाश पड़ता है।

भाषाओं के शिक्षण का क्षेत्र भाषाविज्ञान के उन अनुप्रयोगात्मक क्षेत्रों में से एक है जिनके साथ सर्वाधिक लोग सम्बद्ध हैं, चाहे वह मातृभाषा-शिक्षण हो या अन्य भाषा (द्वितीय/विदेशी) शिक्षण। यदि भाषावैज्ञानिक सिद्धान्तों का प्रयोग भाषाओं के बेहतर विवरण प्रस्तुत करने के लिए किया जा सकता है, और हमने देखा कि किया जा सकता है तो इन सिद्धान्तों का योगदान भी हर उस परिस्थिति में सम्भव है जिसमें भाषा सिखाई जा रही है।

भाषा-शिक्षण में भाषाविज्ञान की भूमिका भाषा शिक्षकों को यह बताना नहीं है कि वे भाषा किस तरह पढ़ाएँ। भाषा शिक्षक अपने क्षेत्र का उतना ही विशेषज्ञ होता है जितना कि कोई भाषावैज्ञानिक अपने क्षेत्र का। भाषा शिक्षक, भाषाविज्ञान नहीं पढ़ाता वह एक ऐसी चीज़ (भाषा) पढ़ाता है जो भाषावैज्ञानिक अध्ययन की 'अध्ययन वस्तु' है और जिसका विवेचन भाषावैज्ञानिक प्रणाली द्वारा भी सम्भव हो पाता है। भाषा शिक्षक के लिए भाषावैज्ञानिक सिद्धान्तों पर आधारित अच्छे से अच्छे भाषाविवरण की उपलब्धता अनिवार्य है। इसे उपलब्ध कराना, यही भाषाविज्ञान का भाषा-शिक्षण के लिए प्रमुख योगदान हो सकता है। किसी भी भाषा का कैसा भी विवरण अनिवार्यतः भाषाविज्ञान से ही सम्बद्ध रहता है। यह सम्बद्धता भाषा को एक निश्चित अभिवृत्ति (attitude) प्रदान करती है, यह निश्चित मत भी देती है कि 'भाषा कैसे काम करती है' और यह भी कि भाषा को किस तरह देखना चाहिए। अध्येय भाषा के सन्दर्भ में भाषा शिक्षक जब भी 'संरचना' या 'क्रिया' शब्द का प्रयोग करता है तो वास्तव में वह भाषाविज्ञान का अनुप्रयोग ही कर रहा होता है। अतः भाषा-शिक्षण का क्षेत्र सिद्धान्त और अनुप्रयोग के बीच किसी के अस्तित्व को स्वीकार नहीं करता क्योंकि उसकी यह मान्यता है कि भाषा-शिक्षण की जो पद्धतियाँ अपने अनुप्रयोग में अति उपयोगी सिद्ध हुई हैं वे अपने सिद्धान्त में भी सर्वाधिक 'वैज्ञानिक

और शक्तिशाली' हैं।

भाषा शिक्षक अनुप्रयुक्त भाषावैज्ञानिक सिद्धान्तों का उपभोक्ता होता है, जहाँ वह भाषा-प्रकृति के विषय में प्रदत्त विवरणों का प्रयोग भाषा-शिक्षण कार्यक्रम की योजना बनाने के लिए करता है। वह स्वयं इन सिद्धान्तों का सर्जक या निर्माता नहीं होता, यह कार्य सिद्धान्तवादियों का होता है। फिर भी भाषा शिक्षक को अनिवार्य रूप से एक समीक्षक उपभोक्ता होना चाहिए अर्थात उसे यह निश्चित करने में समर्थ होना चाहिए कि उसके प्रयोजन की दृष्टि से कौन-सा सैद्धान्तिक दृष्टिकोण (approach) प्रासंगिक है और कौन-सा नहीं। इस निर्णय के लिए उसका केवल भाषा के बहुआयामी संभावित सिद्धान्तों से परिचित होना ही पर्याप्त नहीं है, उसे यह भी जानना चाहिए कि ये सिद्धान्त भाषा की किन विशेषताओं को स्पष्ट करने का प्रयास कर रहे हैं, ऐसा करने के लिए वे किन विधियों को अपना रहे हैं तथा इन सिद्धान्तों को पीछे कौन-सी दार्शनिक धारणाएँ निहित हैं।

इस तथ्य की स्वीकृति के बाद कि भाषाविज्ञान का 'शुद्ध' के साथ-साथ अनुप्रयुक्त पक्ष भी है भाषाविज्ञान के कई शोध एवं शिक्षा परक आयाम खुले और इसकी पूरी सम्भावना है कि आगे भी इनमें वृद्धि और विकास होता चलेगा। इस विकास के कारण भाषा के वे विवरण भाषा-शिक्षण के सन्दर्भ में अपर्याप्त सिद्ध होने लगे जो परम्परागत विवरण के असम्बद्ध वर्गों में बँधे हुए थे। यह निश्चित है कि भाषाविज्ञान द्वारा प्रदत्त विवरण भाषा-शिक्षण की पाठ्य पुस्तकें नहीं बन सकते। भाषाविज्ञान यह बताने में तो समर्थ है कि किसी भाषा का कौन-सा विवरण बेहतर है या फिर वह बेहतर विवरण प्रस्तुत भी कर सकता है। लेकिन वह यह नहीं बता सकता कि 'भाषा कैसे पढ़ाई जानी चाहिए' यह कार्य भाषा शिक्षकों का है या फिर उनका है जो भाषा शिक्षकों को प्रशिक्षित करते हैं। पाठ्यपुस्तकें भाषावैज्ञानिकों द्वारा प्रदत्त विवरणों पर आधारित हो सकती हैं लेकिन पाठ्यपुरतक लेखन अपने में एक विशेषीकृत क्षेत्र है। यह उसी तरह का काम नहीं जैसे कि किसी भाषा का विवरण देना। इसमें सन्देह नहीं कि पाठ्यपुस्तक लेखक को भाषा के प्रति एक जागरूक दृष्टि रखने की और उन भाषावैज्ञानिक सिद्धान्तों की मूलभूत जानकारी रखने की आवश्यकता होती है जो भाषा के 'अच्छे विवरण' को रेखांकित करते हैं अन्यथा वह उन शैक्षिक (pedagogoical) विधियों के सर्वोत्तम उपयोग को साधने में पूरी तरह असफल हो जायेगा जिन्हें वह पाठ्यपुस्तकों में समाहित करना चाहता है या जिनका अनुप्रयोग करना चाहता है। इसी प्रकार भाषा शिक्षक, पाठ्यपुस्तक एवं शिक्षण-सामग्री लेखक के लिए भाषा वैज्ञानिक अनुप्रयोग प्रत्यक्ष : अथवा परोक्षतः अभीष्ट ही नहीं, अनिवार्य भी है।

वास्तव में यह उस विषय की पृष्ठभूमि है जिसे हम अनुप्रयुक्त भाषाविज्ञान के नाम से अभिहित करते आ रहे हैं। यह संकल्पना भाषाओं के शिक्षण से सम्बन्धित

सम्पूर्ण शोध एवं प्रशिक्षण क्षेत्र को अपने भीतर समेटे रखती है। इसका यह क्षेत्र मात्र सामान्य भाषाविज्ञान तक ही सीमित नहीं होता। सामान्य भाषाविज्ञान भाषा के उन अनेक क्रिया-कलापों को अपने भीतर नहीं समेटता जो वास्तव में भाषावैज्ञानिक अनुप्रयोग का परिणाम हैं यथा समाज भाषाविज्ञान और शैलीविज्ञान, जबकि भाषा-शिक्षण इन्हें ही अपने भीतर नहीं समेटता बल्कि उन विषयों के कुछ अंश को भी महत्व देता है जो भाषा-शिक्षण के सन्दर्भ में उपयोगी और प्रासंगिक है, जैसे, मनोविज्ञान और शिक्षा सिद्धान्त के कुछ पक्ष।

भाषा-शिक्षण के क्षेत्र में अनुप्रयुक्त भाषाविज्ञान का लक्ष्य भाषाविज्ञान के विशेषज्ञों का निर्माण करना नहीं है। उसका कार्य उन विषयों पर उनके उन पक्षों को एक दृढ़ धरातल प्रदान करना है जो कक्षा की पृष्ठभूमि में कार्य करते हैं। उसका कार्य भाषावैज्ञानिक को भी इस दृष्टि से सक्षम बनाना है कि वह भाषा-विवरणों एवं पाठ्यपुस्तकों का मूल्यांकन कर सके, यदि आवश्यक हो तो स्वयं भी शिक्षण-सामग्री तैयार कर सके, किसी भाषा पाठ्यक्रम को नियोजित कर सके और चला सके, अपने शिक्षार्थियों की अभिवृत्ति का परीक्षण कर सके तथा इन सबकी पृष्ठभूमि के रूप में गहराई से यह समझ सके कि भाषा काम कैसे करती है। इसीलिए भाषा के नये विवरण लिखे या प्रस्तुत किये जाने के पहले भाषा शिक्षक के लिए भाषाविज्ञान का थोड़ा-बहुत ज्ञान अपेक्षित एवं उपयोगी होता है। ऐसा होने पर ही वह पाठ्यपुस्तकों या भाषा-शिक्षण सम्बन्धी अन्य सामग्री का मूल्यांकन करने में समर्थ हो सकेगा।

भाषा-शिक्षण में भाषाविज्ञान के अनुप्रयोग का प्रमुख योगदान अध्येय भाषा का सर्वोचित विवरण उपलब्ध कराना है, चाहे वह शिक्षार्थी की अपनी मातृभाषा का हो या किसी विदेशी भाषा का। अन्य भाषा-शिक्षण में इस योगदान की एक सम्भावना और भी है—अन्य भाषा की मातृभाषा से तुलना। विवरण और तुलना इन दोनों अनुप्रयोगों से सम्बद्ध विषय अपनी प्रकृति में विवरणात्मक और तुलनात्मक होते हैं अतः इन्हें विवरणात्मक एवं तुलनात्मक भाषाविज्ञान भी कहा गया है। भाषा-शिक्षण के सन्दर्भ में समाज भाषाविज्ञान को विवरणात्मक भाषाविज्ञान नहीं, अनुप्रयोग (applicable) माना जाता रहा है। इसीलिए मातृभाषा और विदेशी भाषा-शिक्षण में भी इसे काफ़ी समय तक प्रासंगिक नहीं समझा गया। अब यह स्पष्ट हो गया है कि कोई भी भाषा विवरण समाज-सन्दर्भित हुए बिना अधूरा है। क्योंकि किसी भी भाषा का समाज-व्यवहृत विवरण इस दृष्टि से ही विशिष्ट बनता कि है वह सामाजिक विकल्प/विकल्पों (alternats) से किस सीमा तक सम्बद्ध है। इन विकल्पों की पहचान करने या इन्हें पारिभाषित करने के लिए निश्चित ही समाज भाषाविज्ञान की आवश्यकता पड़ती है।

यदि हम यह स्वीकार करते हैं कि मातृभाषा अथवा विदेशी भाषा-शिक्षण का

उद्देश्य शैक्षिक धरातल पर अभिकल्पित है अर्थात यदि हम इन्हें शिक्षार्थी द्वारा आन्तरिक और बाह्य जगत को समझने में सहयोगी मानते हैं तो हमें सामाजिक विकल्पों के अध्ययन एवं उनके उपयुक्त प्रयोगों को भाषा-शिक्षण पाठ्यक्रमों में अनिवार्य रूप से स्थान देना ही होगा। इसी प्रकार यदि हम 'साहित्य' की संकल्पना को अर्थवान मानते हैं या साहित्य को भाषाई क्रियाकलाप स्वीकार करते हैं तो हमें भाषा-शिक्षण के सन्दर्भ में शैलीविज्ञान को उचित स्थान देना होगा, शैलीविज्ञान, जो साहित्य को भाषाबद्ध मानता है और भाषा के साहित्यिक प्रयोग के अध्ययन-विश्लेषण की तकनीक भी प्रदान करता है। इसके लिए आवश्यक है कि भाषा-शिक्षण का क्षेत्र साहित्य भाषा का शोधन करे और उसे समग्र रूप में देखे। शैलीवैज्ञानिक पद्धति की उपलब्धता ने यह प्रमाणित कर दिया है कि किसी विशिष्ट साहित्यिक कृति की भाषा के विषय में सार्थक टिप्पणी कर पाना सम्भव है। इस बात में भी अब कोई सन्देह नहीं रह गया है कि साहित्यिक भाषा के प्रति हमारा विश्लेषणात्मक रुझान हमारे सम्पूर्ण अनुभवों की पृष्ठभूमि को भी गहरे स्तर पर उभारने में सहायक होता है। इसीलिए अब हम किसी आधुनिक उपन्यास की भाषा की तुलना किसी दूसरे आधुनिक उपन्यास की भाषा से ही नहीं बल्कि खेलकूद के 'आँखों देखा हाल' की भाषा से भी कर सकते हैं। अतः भाषा-शिक्षण के सन्दर्भ में अब भाषा को स्थिर या एकरूप मानकर चलने की परिपाटी को उचित नहीं माना जा रहा है।

भाषा-शिक्षण के सन्दर्भ में अनुप्रयुक्त भाषाविज्ञान की भूमिका को लेकर कुछ भ्रांतियाँ भी हैं जिनका निराकरण यहाँ आवश्यक है। भाषा-शिक्षण का क्षेत्र इस प्रश्न को बार-बार उठाता रहा है कि भाषावैज्ञानिक को किस बिन्दु पर भाषा-शिक्षण के क्षेत्र में प्रवेश करना चाहिए? इस प्रश्न के समाधान की खोज में भाषावैज्ञानिक पर यह आरोप भी लगाया गया है कि वे भाषा-शिक्षण की प्रक्रिया में कक्षा में भाषाविज्ञान के शिक्षण की वकालत करते हैं। पहले तो यह प्रश्न ही निरर्थक लगता है कि किस बिन्दु पर भाषावैज्ञानिक की भूमिका भाषा-शिक्षण में प्रारम्भ होगी क्योंकि भाषाविज्ञान की सार्थकता को भाषा-शिक्षण के प्रत्येक चरण पर स्वीकार ही नहीं कर लिया गया है बल्कि भाषा-शिक्षण और अनुप्रयुक्त भाषाविज्ञान को सहधर्मी और पर्यायवाची संकल्पनाओं के रूप में भी पहचाना जा चुका है। भाषा की कक्षा में भाषाविज्ञान के शिक्षण पर भाषावैज्ञानिक बल देते हैं, यह आरोप भी सही नहीं है क्योंकि ऐसी स्थिति है ही नहीं। वास्तव में भाषाविज्ञान का स्थान कक्षा अध्यापन की पृष्ठभूमि में है, उस प्रशिक्षण में है जिसे शिक्षक अपनी नौकरी के लिए प्राप्त करता है, पाठ्यचर्चा के निर्माण में है जिसके आधार पर शिक्षण-कार्यक्रम संगठित होता है और सभी प्रकार की शिक्षण सामग्री निर्माण में है जिसका उपयोग शिक्षक कक्षा में करता है। यही वे बिन्दु हैं जिन पर भाषाविज्ञान, भाषा-शिक्षण को प्रभावित करता है।

अनुप्रयुक्त भाषाविज्ञान को भाषा अधिगम के रूप में देखने का प्रयास भी उचित नहीं है। इस सन्दर्भ में अधिगम की सीमा को भाषाविज्ञान की सीमा मानने वाले विचारों की भी कमी नहीं है। भाषा-शिक्षण में सीमाकरण (Limitation) की प्रक्रिया विश्लेषण और शिक्षण के लिए अनिवार्य है। यह इसलिए कि 'सम्पूर्ण-भाषा' न तो शिक्षण योग्य होती है और न ही उपयुक्त। भाषा-शिक्षण में सीमाकरण की प्रक्रिया के दो अंग स्पष्ट देखे जा सकते हैं–किसी विशिष्ट बोली या प्रयुक्ति में उपलब्ध भाषा-रूपों की सीमा निर्धारित करना तथा बोली या प्रयुक्ति के भीतर से ही उन मदों का चयन जिन्हें पढ़ाया जाना है। भाषा-शिक्षण में इस प्रक्रिया को भाषा के सभी स्तरों पर शिक्षणीयता (teachability) तथा कक्षा की आवश्यकताओं (needs) के अनुरूप अपनाया जाता है। वास्तव में भाषा-शिक्षण के मदों की खोज की प्रक्रिया ही 'सीमाकरण की प्रक्रिया' है जिसके लिए भाषावैज्ञानिक अनुप्रयोग अपेक्षित होता है।

यह तो हम जानते हैं कि यदि किसी भाषा को जीवित रहना है तो लोगों द्वारा उसका सीखा जाना आवश्यक है। लेकिन किसी भाषा को सीखने का तात्पर्य यह नहीं कि भाषा अध्येता को भाषाविश्लेषण की पद्धतियों से भी परिचित कराया जाये। क्योंकि किसी भाषा की अधिगम प्रक्रिया उसकी विश्लेषण प्रक्रिया से सर्वथा भिन्न होती है। इस बात की पुष्टि इस तथ्य से भी होती है कि वे लोग जो कभी स्कूल नहीं गये, भाषा को भाषिक तत्त्वों (parts of speech) जैसे वर्गों में बाँट कर देखने में तो असमर्थ होते हैं लेकिन अपनी मातृभाषा पूरी क्षमता के साथ धाराप्रवाह बोल लेते हैं। इतिहास इस बात का गवाह है कि विदेशी भाषाएँ, बिना भाषा विश्लेषण सम्बन्धी जानकारी के साधी जाती रही हैं। यह स्पष्ट हो चुका है कि भाषावैज्ञानिक विश्लेषण की विधियों का निर्माण भाषावैज्ञानिक करता है लेकिन वह दावा नहीं कर सकता कि अमुकविधि/विधियाँ भाषा अधिगम के लिए सर्वाधिक उपयुक्त हैं क्योंकि भाषाविज्ञान का लक्ष्य भाषा है, भाषा अधिगम नहीं। यह अवश्य है कि अधिगम प्रक्रिया और शिक्षण सामग्री को सहज और वैज्ञानिक बनाने में भाषावैज्ञानिक सिद्धान्तों का अनुप्रयोग हर चरण पर किया जाता है।

हमने यह चर्चा पहले भी की है कि भिन्न भाषावैज्ञानिक विवरण समान नहीं होते और यह भी कि भाषा-विवरण भाषावैज्ञानिक ही प्रस्तुत करता है। अतः आज व्यापक रूप से यह स्वीकार कर लिया गया है कि भाषा व्याकरण, ध्वन्यात्मक विवरण, शब्दकोश लिखने के लिए भाषावैज्ञानिक ही सबसे योग्य व्यक्ति है। सम्भवतः इसीलिए यह भी माना जाने लगा है कि यदि वह ये सब कार्य कर सकता है तो वह भाषा-शिक्षण नीति बनाने के भी योग्य है। और यह भी कि जो व्यक्ति किसी भाषा के रूपों का गहरा विवरण दे सकता है, वह उसे पढ़ा भी सकता है। निश्चित ही ये अनुमान ठीक नहीं हैं। ऐसे अनेक प्रतिभाशाली भाषा शिक्षक हुए हैं जिन्हें

भाषाविज्ञान का कोई ज्ञान नहीं था लेकिन जो उसके अनुप्रयोग से परिचित थे। भाषा शिक्षक की तरह ही भाषावैज्ञानिक की पद्धतियाँ भी भाषा-शिक्षण प्रक्रिया में सर्वाधिक एवं सर्वदा प्रभावशाली नहीं होतीं। आज भाषा-शिक्षण में अनुप्रयुक्त भाषाविज्ञान की व्यापक स्वीकृति इस तथ्य के कारण है कि कई भाषावैज्ञानिक भाषाविज्ञान के अनुप्रयोग की ओर अधिक रुझान रखते हैं न कि भाषा-शिक्षण की समस्याओं को सुलझाने की ओर।

आज भाषा-शिक्षण के क्षेत्र में भाषावैज्ञानिक की क्षमता इस बात से आँकी जाती है कि वह शिक्षार्थी की मातृभाषा और सीखी जाने वाली भाषा की तुलना करते हुए किस सीमा तक त्रुटियों का अनुमान लगा सकता है। इस भेदपरक (differential) विवरण को कभी-कभी भ्रमवश हम 'व्यतिरेकी भाषाविज्ञान' कहते हैं जबकि इस शब्द या संकल्पना का यह अर्थ भी है–'एक ही भाषा का विश्लेषण जो मूलतः इसकी इकाइयों के परस्पर व्यतिरेकी अध्ययन पर आधारित हो।' फिर उन त्रुटियों का अनुमान लगाने का क्या अर्थ है जिन्हें हम पहले ही सुन चुके हैं? कोई भी व्यक्ति जो भाषा पढ़ा चुका है अपने अनुभव से यह जानता है कि उसके शिक्षार्थी कौन-सी गलतियाँ करते हैं या कर सकते हैं। इन पक्षों पर गम्भीरता से विचार न करने के कारण कई भ्रान्त धारणाएँ फैली हुई हैं। इसीलिए अनुप्रयुक्त भाषाविज्ञान के एक सिद्धान्त के रूप में यह स्थापित किया गया है कि भाषा अध्येता की सभी त्रुटियाँ उसकी मातृभाषा के प्रभाव के कारण ही होती हैं। यह गलत है। अन्य भाषा की इकाईगत अनेक त्रुटियाँ ऐसी होती है जिनके समकक्ष मातृभाषा में कोई इकाई होती ही नहीं। वास्तव में ये गलतियाँ अन्य भाषा के ही उन क्षेत्रों का विस्तार होती हैं जहाँ मातृभाषा की इकाइयाँ आती ही नहीं।

अतः किसी भाषा अथवा मातृभाषा और अन्य भाषा का तुलनात्मक विश्लेषण करना भाषा शिक्षक की सबसे आवश्यक अर्हता नहीं मानी जा सकती। व्यावहारिक भाषाविज्ञान में सामान्य और आवश्यक प्रशिक्षण उसे यह देखने में समर्थ बना सकता है कि जिन भाषाओं के साथ वह सम्बद्ध है। उसमें क्या समान और क्या असमान है, इस ज्ञान और प्रशिक्षण से उसे उस भाषा के विवरणों को समझने, उनका मूल्यांकन करने तथा उनका प्रयोग करने में भी मदद मिल सकती है जिसे वह आदर्श रूप में पढ़ाना चाहता है। इस प्रकार के प्रशिक्षण द्वारा शिक्षक के लिए उस अपेक्षित स्थिति में पहुँच पाना भी सम्भव होता है जहाँ वह सभी भाषावैज्ञानिक तथ्यों का विश्लेषण करते हुए उनका अनुप्रयोग भाषा-शिक्षण में कर सके। इस धरातल पर विश्लेषण में भाषा के छोटे-छोटे विवरणों से लेकर उसमें अन्तर्भुक्त समाज-सांस्कृतिक तथ्य तक आ सकते हैं। अतः यह आवश्यक है कि भ्रांतियों के प्रति सचेत और सजग रहते हुए भाषावैज्ञानिक अनुप्रयोग को व्यापक तथा प्रत्यक्ष भूमिका के साथ-साथ उसकी

अप्रत्यक्ष भूमिकाओं को भी देखा-परखा जाये।

औपचारिक भाषा-शिक्षण के आद्य इतिहास में अनुप्रयुक्त भाषाविज्ञान का कोई-न-कोई आधार अवश्य रहा है। भाषा शिक्षक भी भाषा विश्लेषण का अनुप्रयोग अपने भाषा-शिक्षण में हमेशा करता है। यह अवश्य है कि भाषाविज्ञान का अनुप्रयोग भाषा अधिगम के 'भाषा अंश' में होता है जबकि उसके 'अधिगम अंश' में मनोविज्ञान का अनुप्रयोग होता है। अतः यह स्पष्ट है कि भाषा अधिगम में मनोवैज्ञानिक सिद्धान्तों के अनुप्रयोग तथा भाषिक अनुप्रयोग की समान भूमिका होती है। भाषा-शिक्षण अपने प्रयोजन एवं उद्देश्य के अनुरूप इन दोनों अनुप्रयोगों में से एक दूसरे को महत्व देता रहता है। भाषा-शिक्षण एवं सामग्री निर्माण प्रक्रिया में भाषाविज्ञान एवं मनोविज्ञान के इस भूमिकापरक परिवर्तन (shift) को एक मोड़ के रूप में देखा गया है। आज अनुप्रयुक्त भाषाविज्ञान इस भूमिका या मोड़ को भिन्न प्रकार से प्रस्तुत करने की स्थिति में भी पहुँच गया है। वह यह दावा करता है कि भाषा-शिक्षण में भाषिक विश्लेषण की ही प्रमुखता है और होनी चाहिए। और यह भी कि अनुप्रयुक्त भाषाविज्ञान भाषा-शिक्षण की सभी समस्याओं का समाधान कर सकता है क्योंकि अधिगम का पक्ष भी उसकी शाखा मनोभाषाविज्ञान द्वारा पूरी दक्षता के साथ साधा और नियंत्रित किया जा सकता है।

ज्ञान क्षेत्र के सन्दर्भ में भाषाविज्ञान और उसके सिद्धान्त का अनुप्रयोग ज्ञान के किसी अन्य क्षेत्र को स्पष्ट करने के लिए किया जाता है। इस सन्दर्भ के अन्तर्गत समाज भाषाविज्ञान भाषाविज्ञान की सबसे प्रभावशाली शाखा है। आधुनिक भाषाविज्ञान तो यह भी स्वीकार कर चुका है कि समाज भाषाविज्ञान ही वास्तविक भाषाविज्ञान है। अनुप्रयुक्त भाषाविज्ञान की प्रभुतासम्पन्न (dominant) शाखा के रूप में इसकी स्वीकार्यता के कई कारण हैं। एक तो यह कि वह भाषा को उसकी 'सम्पूर्णता' (totality) में देखने पर बल देता है। इसके अध्ययन क्षेत्र के भीतर भाषासमुदाय एकल रूप में भी और परस्पर सम्पर्क (contact) के सन्दर्भ में भी समेटे जाते हैं। इस प्रकार समाज भाषावैज्ञानिक अध्ययन भाषा के विकल्पों (Uriants) और भाषा-प्रयोक्ता की अभिवृत्ति (attitudes) से भी स्वतः जुड़ जाता है। यह भी कहा जा सकता है कि आज समाज भाषाविज्ञान का केन्द्र भाषा-प्रयोक्ता और वे भाषा प्रयोग हैं, जो प्रयोक्ता करता है।

समाज भाषाविज्ञान यह मानता है कि भाषा और समाज के बीच गहरा और अटूट सम्बन्ध है। दोनों का सीधा सम्बन्ध मनुष्य से होता है, अतः दोनों एक-दूसरे के लिए सन्दर्भ बन जाते हैं। भाषा हम कहाँ सीखते हैं? कहाँ इसका प्रयोग करते हैं? इन दोनों प्रश्नों का उत्तर एक ही होगा–समाज में। इसीलिए भाषा को सीखने में 'परिवेश' को समाज भाषाविज्ञान सर्वाधिक महत्व देता है–समाज भाषाविज्ञान

दृष्टि से परिवेश का अर्थ है—'जिस समाज में हम रहते हैं उसकी व्यवस्था, उसके मूल्य, उसकी संस्कृति और उसके लोग।' इन सभी के अनुरूप या कहें अपनी सामाजिक संरचना (social structure) के अनुरूप भाषा अपना आकार ग्रहण करती है। यहाँ तक कि किसी भाषा की व्यावहारिक संरचना को देखकर हम उस भाषा समाज की संरचना का अनुमान भी कर सकते हैं। भाषा और समाज के अन्तःसम्बन्धों की गहराई को प्रमाणित करने के लिए समाज भाषाविज्ञान इन दोनों की परिभाषा को आधार बनाता है। सामान्यतः समाज की परिभाषा इन शब्दों में दी जाती है—'समाज ऐसे लोगों का समूह हैं जो किसी निश्चित उद्देश्य या उद्देश्यों की पूर्ति के लिए मिलजुल कर रहते है।' भाषा का प्रयोग करते हुए उच्चरित या लिखित माध्यम से अपनी बात संप्रेषित करना भी समूह के लोगों का एक उद्देश्य होता है। भाषा की परिभाषा है—'जिसके माध्यम से किसी भाषा-समाज के सदस्य आपस में विचार-विनिमय करते हैं' अतः भाषा की परिभाषा में समाज और समाज की परिभाषा में भाषा का सन्दर्भ अनिवार्य रूप में जुड़ा हुआ है। इसीलिए समाज भाषाविज्ञान भाषा का अध्ययन करते समय भाषा के व्याकरणिक नियमों पर नहीं, समाज में भाषा प्रयोग के नियमों की जानकारी पर बल देता है।

किसी भी भाषा के दो पक्ष होते हैं। पहले पक्ष को सस्यूर (1966) ने 'लांग' (langue) और चॉम्स्की (1965) ने भाषा क्षमता (Language competence) कहा है। इसी प्रकार दूसरे पक्ष को सस्यूर ने पॉरोल (Parole) और चॉम्स्की ने भाषा-व्यवहार (Language performance) की संज्ञा दी है। पहले पक्ष का सम्बन्ध भाषा की बनावट या संरचना के साथ रहता है और दूसरे का उसके प्रयोजन और प्रकार्य के साथ। भाषा और समाज के सम्बन्धों के अध्ययन के दो प्रमुख आधार हैं जहाँ भाषावैज्ञानिक अनुप्रयोग दो भिन्न प्रकार के परिणामों की ओर अग्रसर होता है। भाषावैज्ञानिक सिद्धान्तों का अनुप्रयोग जब भाषा की प्रकृति और उसके अपने प्रयोजन को समझने के लिए किया जाता है तब उसे 'समाज भाषाविज्ञान' कहा जाता है। समाज भाषाविज्ञान यह मानता है कि सामाजिक तथ्य भाषा में अन्तर्भुक्त रहते हैं क्योंकि सामाजिक संरचना भाषासंरचना या भाषाव्यवहार को निर्धारित और नियंत्रित करती है। इसीलिए समाज में वक्ता-श्रोता की आयु, क्षेत्र, सामाजिक वर्ग आदि भेद भाषा प्रयोग में भी भेद लाते हैं। इन भेदों में शब्दों का चयन, वाक्यों का चयन आदि सभी सामाजिक नियमों से बँधे होते हैं। सम्भवतः इसीलिए समाज भाषाविज्ञान को आज भाषाविज्ञान के पर्याय के रूप में देखा जा रहा है। लेबॉब (1972) इसे पूरी दृढ़ता के साथ स्वीकार भी करते हैं कि 'समाज' और 'भाषा की समन्वित पीठिका पर ही भाषा सम्बन्धी ज्ञान की सही प्रकृति निर्धारित की जा सकती है।' इसके विपरीत जब भाषावैज्ञानिक सिद्धान्तों का अनुप्रयोग समाज की संरचना

और उसकी प्रकृति को समझने के लिए किया जाता है तो उसे 'भाषा का समाजशास्त्र' नाम दिया जाता है। भाषा और समाज के सम्बन्धों को 'भाषा का समाजशास्त्र' इस दृष्टि से देखता है कि भाषाई संरचना सामाजिक संरचना या सामाजिक व्यवहार को निर्धारित और नियंत्रित करती है। यह सन्दर्भ भाषा के माध्यम से समाज और व्यक्ति समूह के सामाजिक व्यवहार का अध्ययन करता है। वास्तव में ये दोनों पक्ष भाषाविज्ञान और समाजशास्त्र के संधिस्थल पर ही स्थित हैं और दोनों भाषावैज्ञानिक अनुप्रयोग से सम्बद्ध हैं। इस प्रकार भाषा और समाज के सम्बन्धों को देखते समय समाज भाषाविज्ञान का मूल लक्ष्य होता है भाषा की संरचना की बेहतर समझ विकसित करना और यह भी कि सम्प्रेषण-क्रिया में भाषाएँ कैसे काम करती हैं। अर्थात समाज भाषाविज्ञान समाजकेन्द्रित भाषा-अध्ययन है जहाँ हम समाज के अध्ययन के माध्यम से भाषा की प्रवृत्ति और प्रकार्य के विषय में अधिकाधिक जानने का प्रयास करते हैं। भाषा और समाज के सम्बन्धों को देखते समय 'भाषा का समाजशास्त्र' का लक्ष्य भी समाज भाषाविज्ञान के समतुल्य ही होता है। इसका लक्ष्य होता है भाषा-अध्ययन के माध्यम से सामाजिक संरचना की बेहतर समझ विकसित करना। अर्थात भाषिक अभिलक्षण (features) कैसे कुछ सामाजिक व्यवस्थाओं की पहचान में सहायक बनते हैं इसका अध्ययन विश्लेषण। इस प्रकार भाषा का समाजशास्त्र, समाज का भाषाकेन्द्रित अध्ययन है।

भाषा केवल व्याकरणिक संरचना से बँधी नहीं होती। जब समाज में भाषा का व्यवहार होता है तो वह व्याकरणिक बँधनों को तोड़ती भी है। अतः जब हम भाषा का अध्ययन भाषा-व्यवहार के सन्दर्भ में करते हैं तो भाषा के सामाजिक सन्दर्भ को अनिवार्यतः मान्यता मिल जाती है। भाषा का व्यवहार समाज में होता है और समाज अनेक स्तरों में बँटा होता है। इसलिए अपने व्यवहार में भाषा विभिन्न रूप ग्रहण करती है। अर्थात सामाजिक स्तर भेद के कारण भाषास्तर भेद निर्मित होता है। हम जिस समाज में रहते हैं उसके नियमों एवं मान्यताओं के अनुरूप ही भाषा का प्रयोग करते हैं। यदि हम ऐसा करते हैं तभी हमारा भाषा प्रयोग उपयुक्त (appropriate) और सटीक माना जाता है। प्रत्येक भाषा-समाज बाहरी दुनिया को अपने ढंग से देखता और उसे भाषा में संगठित करता है। इस प्रकार श्रोता के साथ वक्ता के पारस्परिक सम्बन्धों तथा भाषा प्रयोग के प्रयोजन की भिन्नता भी भाषा-व्यवहार को वैविध्यपूर्ण बनाती है। इसीलिए आधुनिक भाषा-विज्ञान यह मानता है कि किसी भाषा का व्याकरण लिखना आसान कार्य नहीं है क्योंकि सामान्यतः जो व्याकरण लिखा जाता है वह व्यावहारिक भाषा व्याकरण नहीं होता। इसके लिए सामान्य भाषाविवरण और भाषावैज्ञानिक सिद्धान्तों का अनुप्रयोग करते हुए समाज में वास्तव में प्रयुक्त भाषा रूपों पर दृष्टिपात करना होगा।

आधुनिक भाषाविज्ञान ने यह स्थापित कर दिया है कि भाषा न तो मात्र शब्दों का समूह है और न ही शुद्ध व्याकरण की व्यवस्था। श्रीवास्तव के शब्दों में 'किसी भाषा का शब्दकोश या व्याकरणिक व्यवस्था उसके ढाँचे का तो काम कर सकता है पर उस भाषा का पर्याय नहीं बन सकता।' इसका तात्पर्य यह है कि भाषा की व्याकरणिकता भाषा को आंशिक रूप में ही विवेचित कर पाती है क्योंकि भाषा का मूल प्रयोजन और सन्दर्भ सम्प्रेषण व्यापार है जहाँ वह अपनी संरचनात्मक सीमाओं का अतिक्रमण भी करती है।

इसीलिए किसी भाषा-समुदाय के सदस्यों के लिए भाषा के नियमों का ज्ञान उतना महत्वपूर्ण नहीं होता जितना कि भाषा प्रयोग के नियमों का ज्ञान। वास्तव में भाषा-प्रयोक्ता में भाषा सम्बन्धी जो ज्ञान होता है वह समाज में भाषाप्रयोग और कार्यों को सम्पादित करने वाले नियमों का ज्ञान होता है। इन कार्यों को निश्चित ही वह ध्वनियों, शब्दों, वाक्यों जैसी व्याकरणिक इकाइयों के माध्यम से पूरा करता है लेकिन ऐसा वह केवल उन कुछ विशिष्ट ध्वनियों, शब्दों तथा वाक्यों के माध्यम से ही नहीं करता जो व्याकरण की पुस्तकों में दी रहती हैं बल्कि ऐसी संरचनाओं के माध्यम से भी करता है जिनके प्रयोग के नियमों की जानकारी किसी भी व्याकरण की पुस्तक में नहीं दी जाती। ऐसा इसलिए होता है कि 'समाज का जीवन इकहरा नहीं हुआ करता और न ही व्यक्ति की सामाजिक भूमिकाएँ एक-आयामी हुआ करती हैं। एक भाषाई समाज इन विभिन्न प्रयोजनधर्मी भूमिकाओं को शैली-भेद के आधार पर साधता है जबकि बहुभाषिक समाज अपनी प्रकृति के अनुसार अपने भाषाई कोश के विभिन्न घटकों द्वारा।'

भाषा प्रयोग के इन नियमों को समाज के सदस्य आपस में समान रूप से बाँटते हैं। इसी 'ज्ञान' के आधार पर सम्प्रेषण सम्भव होता है। अतः चॉम्स्की जैसे कुछ भाषावैज्ञानिकों की तरह यह मानकर चलना ठीक नहीं होगा कि भाषा व्यवहार भाषा का स्खलित रूप है और भाषा-अध्ययन के लिए अविवेच्य वस्तु। समाज का भाषा-प्रयोग सदैव वैविध्यपूर्ण होता है क्योंकि वक्ता, श्रोता, परिस्थिति और सन्दर्भ के अनुसार वह बदलता रहता है। इसीलिए आधुनिक भाषाविज्ञान अब भाषा को भाषा क्षमता से जोड़कर 'एकरूपी' (homogeneous) नहीं बल्कि भाषा व्यवहार से जोड़कर 'विषमरूपी' (heterogeneous) स्वीकार करता है। 'वैविध्य' का अर्थ मनमाना भाषा प्रयोग नहीं है। समाज में भाषा वैविध्य के प्रयोग की भी सीमाएँ होती हैं जिनका निर्धारण और नियन्त्रण समाज स्वयं करता है। वास्तव में ये निर्धारण-नियन्त्रण भी भाषा प्रयोग के समाज संदर्भित नियम हैं। इसीलिए भाषा के समाज संदर्भित नियमों के अन्वेषण से सम्बद्ध भाषावैज्ञानिक यह मानते हैं कि 'भाषा' शब्दकोश में दिये शब्दों के अर्थ और व्याकरण द्वारा निर्धारित नियमों का अतिक्रमण करने में

सक्षम है। अतिक्रमण करने की उसकी यह क्षमता केवल साहित्य के क्षेत्र में ही देखने को नहीं मिलती। इसका परिचय हमें सामान्य भाषा प्रयोग के उन सन्दर्भों में भी मिलता है, जहाँ व्यक्ति को सामाजिक-सांस्कृतिक मूल्यों को व्यंजित करना पड़ता है। वास्तव में अपने भाषा-प्रयोग के समय भाषा प्रयोक्ता को कई प्रकार के चयन करने पड़ते हैं। 'हम क्या कहते हैं' यह तो भाषा प्रयोग में महत्वपूर्ण होता है पर उतना ही महत्वपूर्ण यह भी होता है कि हम कोई बात 'कैसे कहते हैं'। भाषा एक संस्थागत यथार्थ है कोई अमूर्त संकल्पना नहीं। समाज का प्रत्येक मनुष्य संस्थागत भूमिकाओं का पुंज होता है। समाज में उसे कई भूमिकाएँ निभानी पड़ती हैं। और जब तक कि वह इन भूमिकाओं और इन्हें निभाने की उपयुक्त रीति (mode) नहीं जानता तब तक सम्प्रेषण के खेल का माहिर खिलाड़ी नहीं बन सकता।

यही कारण है कि समाज भाषाविज्ञान लोगों को उनके द्वारा प्रयुक्तभाषा/भाषाओं के आधार पर समूहीकृत करता है। अतः 'भाषा-समुदाय' और उससे सम्बद्ध भाषाई कोश, कोड आधात्री जैसी संकल्पनाएँ यहाँ काफ़ी उपयोगी सिद्ध हुई हैं। भाषा समुदाय की अवधारणा का लक्ष्य प्रयोक्ता की भाषा-सम्बन्धी अभिवृत्ति का पता लगाना है। अभिवृत्ति की जानकारी के आधार पर ही यह भी पता चलता है कि वे भाषा का प्रयोग किस प्रकार करते हैं। भाषा समुदाय के सन्दर्भ में समाज भाषाविज्ञान कुछ अहम प्रश्नों पर विचार करता है—जब एक भाषा समुदाय दूसरे भाषा समुदाय को प्रभावित करता है तो क्या होता है? किसी भाषा समुदाय की भाषा के कौन-से भेद (Urities) समुदाय में उपलब्ध होते हैं आदि। इन दोनों प्रश्नों के उत्तर भाषावैज्ञानिक अनुप्रयोग द्वारा ही प्राप्त होते हैं। पहला प्रश्न भाषा सम्पर्क, द्विभाषिकता, कोड-मिश्रण और कोड-परिवर्तन, भाषा अनुरक्षण और भाषा परिवर्तन जैसे अनेक अध्ययन क्षेत्रों को सामने लाता है तथा भाषा और समाज के सम्बन्धों पर बहुआयामी चिन्तन करता है। दूसरा प्रश्न भाषा के उपवर्गों को परखने का वैज्ञानिक आधार प्रदान करता है। यहाँ भाषा भेद और प्रयोग सापेक्ष भाषा-भेद प्रयोक्ता सापेक्ष भाषा भेद बोलियों/शैलियों (dialectsèstyles) के अध्ययन की ओर मुड़ता है। प्रयोग पर आधारित विकल्पन (Vriation) को प्रयुक्ति (Register) कहा गया है। अपनी भाषा तथा उसके समस्त भेदों के प्रति उस भाषा के प्रयोक्ता वर्ग की क्या अभिवृत्ति होती है, यह भी अब आधुनिक भाषाविज्ञान के लिए महत्वपूर्ण हो गया है।

एक ही व्यक्ति विभिन्न प्रसंगों तथा एक ही प्रसंग (Reference) के विविध सन्दर्भों (contexts) में एक-दूसरे से कुछ भिन्न तरह की भाषा का प्रयोग करता है। समाज भाषाविज्ञान प्रसंग-सन्दर्भों से नियंत्रित इन्हीं भाषारूपों को 'शैली' की संज्ञा देता है। कोई भी भाषा शैलीमुक्त नहीं होती। समाज में भाषा का प्रयोग शैलीमुक्त होकर किया ही नहीं जा सकता। भाषा के सामाजिक प्रयोग में शैली वास्तव में भाषा

'प्रकार्य' (Function) होती है। अर्थात विभिन्न प्रकार्यों के लिए हम जितने भी वाक्यों का प्रयोग करते हैं उन्हें भाषावैज्ञानिक दृष्टि के साथ-साथ शैलीवैज्ञानिक दृष्टि से भी देखा जा सकता है। भाषा (भाषाई संरचना) और शैली (भाषाई संरचना) के बीच का भेद प्रसंग होता है। सामान्य वाक्य बिना प्रसंग या सन्दर्भ के मात्र एक भाषाई संरचना है, यही भाषाई संरचना सन्दर्भ के साथ जुड़कर 'शैली' बनती है। बोली भी भाषा का एक भेद (variety) है जिसकी पहचान भी प्रयोग के आधार पर ही सम्भव होती है। भाषा समुदाय के विभिन्न मानव समूह (Groups) विभिन्न बोलियाँ बोलते हैं। किसी भी भाषा के भेदों की पहचान अनेक आयामों पर सम्भव हैं जिन्हें प्रयोग के आधार पर अलग-अलग किया जा सकता है। जैसे-जैसे भाषा प्रकार्य में भेद आता है वैसे-वैसे भाषा में भी भेद आता है। अर्थात भाषा भिन्न परिस्थितियों, प्रसंगों, सन्दर्भों, प्रयोजन में भिन्न रूपाकार ग्रहण करती है। 'सम्पर्क' के सन्दर्भ में भाषाविज्ञान के तीन मूल विषय हैं–भाषा, बोलियाँ और प्रयुक्तियाँ। इसीलिए आधुनिक भाषाविज्ञान ने भाषा की अभिव्यक्ति क्षमता में पूर्ण विश्वास व्यक्त करते हुए यह स्थापित किया है कि कोई भी भाषा उन दायित्वों को पूरी क्षमता से निभा सकती है जो भाषा समुदाय उसे सौंपता है। अतः हमें यह मानकर चलना चाहिए कि आदिम (Primitive) भाषा जैसी कोई चीज़ नहीं है। इस प्रकार समाज भाषाविज्ञान भाषा को मानव संदर्भित करने का प्रयत्न करता है और उसके प्रति व्यापक दृष्टिकोण अपनाता है।

विधा विशेष का सन्दर्भ अनुप्रयुक्त भाषाविज्ञान को विशेष विधाओं से जोड़ता है। इसके अन्तर्गत शैलीविज्ञान, अनुवाद विज्ञान, कोशविज्ञान, भाषा नियोजन आदि को स्थान दिया गया है। भाषावैज्ञानिक सिद्धान्त का अनुप्रयोग होने के कारण अनुप्रयुक्त भाषाविज्ञान का लक्ष्य संक्रियात्मक होता है। शैलीविज्ञान जैसे क्षेत्रों में भाषावैज्ञानिक सिद्धान्तों का अनुप्रयोग अनिवार्य हो जाता है। यह अनुप्रयोग इन विधाओं को एक निश्चित सैद्धान्तिक सन्दर्भ भी देता है और इनके अध्ययन-विश्लेषण के लिए एक सुनिश्चित वैज्ञानिक तकनीक का विकास भी करता है। सम्भवतः इसीलिए शैलीविज्ञान के प्रति सामान्य धारणा यही है कि वह साहित्यिक कृति के अध्ययन विश्लेषण की भाषावादी आलोचना दृष्टि है। लेकिन शैलीविज्ञान का अध्ययन क्षेत्र मात्र सृजनात्मक साहित्य या साहित्यिक कृति तक ही सीमित न होकर व्यापक है। यह तो स्पष्ट है और स्वीकार्य भी कि साहित्य व सृजन का आधार भाषावैज्ञानिक अध्ययन की आधार सामग्री 'भाषा' ही बनती है परन्तु भाषाविज्ञान अपने को केवल साहित्य अध्ययन तक ही सीमित नहीं रखता अथवा उसकी उपयोगिता मात्र साहित्य अध्ययन के लिए ही सिद्ध नहीं की जा सकती। अनुप्रयुक्त भाषाविज्ञान की कई ऐसी शाखाएँ हैं जो भाषा के प्रत्येक रूप का अध्ययन उन रूपों

के निर्माण में निहित नियमों के अध्ययन के साथ करती हैं, वे नियम जो भाषा के वास्तविक प्रयोगों को निर्देशित-नियंत्रित करते हैं। इसमें समाज भाषाविज्ञान, भाषा-शिक्षण आदि के साथ शैलीविज्ञान की भी केन्द्रीय भूमिका होती है। व्यापक सन्दर्भ में शैलीविज्ञान के दो स्वरूप देखे जा सकते हैं—1. भाषा शैलीविज्ञान और 2. साहित्य शैलीविज्ञान।

आधुनिक भाषाविज्ञान के व्यापक दृष्टिकोण को स्थापित करने में भाषाविकल्पन अथवा शैली की संकल्पना का योगदान सर्वोपरि है। विभिन्न सन्दर्भों में प्रयुक्त विभिन्न भाषा रूपों को 'शैली' कहा जा सकता है। कोई भी व्यक्ति हमेशा एक ही शैली का प्रयोग नहीं करता। शैली परिवर्तन का मूल कारण सामाजिक सन्दर्भ और विषय होते हैं। शैली को देखने का यह सन्दर्भ भाषा शैलीविज्ञान के पक्ष से सम्बद्ध है। यह पक्ष मानता है कि शैली परिवर्तन इस बात पर निर्भर करता है कि भाषा का प्रयोग करते समय भाषाप्रयोक्ता उस पर कितना ध्यान दे रहा है अर्थात उपयुक्त शैली-चयन के प्रति वह कितना सजग और सचेत है। इसीलिए समाज में भाषा प्रयोग के समय शैली चयन एक अनिवार्यता के रूप में हमारे सामने आता है। शैली को हम औपचारिक भी बना सकते हैं और अनौपचारिक भी। किसी भी भाषा के सन्दर्भ में कुछ बातें भाषा शैली की धारणा को समान स्तर पर व्यक्त करती हैं। जैसे हम किसी की बातचीत थोड़ी देर सुनकर ही उसके बारे में कुछ जानकारियाँ प्राप्त करने में समर्थ हो जाते हैं—वह किस शहर या भौगोलिक क्षेत्र का रहने वाला है, उसका शैक्षिक स्तर क्या है। उसकी किसी प्रसंग में कितनी जानकारी है, उसका व्यवसाय क्या है और वह जो दिख रहा है वास्तव में वह 'वह' है या नहीं, आदि। अंग्रेज़ी, फ्रेंच आदि भाषाओं के सन्दर्भ में इस प्रकार के भाषा शैलीवैज्ञानिक अध्ययन पर्याप्त मात्रा में उपलब्ध हैं। प्रयोक्ता से सम्बन्धित उपर्युक्त जानकारियाँ भाषावैज्ञानिक अनुप्रयोग द्वारा ही प्राप्त होती हैं। क्योंकि उसके द्वारा प्रयुक्त शैली में भाषा सम्बन्धी कुछ तत्त्व मौजूद रहते हैं और कुछ का उसमें अभाव रहता है। संरचनावादी भाषावैज्ञानिक भाषा-शैली के प्रति वर्णनात्मक दृष्टिकोण अपनाते हुए दिखाई देते हैं। इस बात पर निश्चित रूप से बल देना ही है कि भाषा-चयन या भाषा-विकल्पन भाषा के भीतर ही सदैव एक शक्ति के रूप में रहते हैं। भाषा शक्ति की इस उपलब्धता को भाषा प्रयोक्ता अपनी आवश्यकता एवं प्रयोजन के अनुसार साधता और विभिन्न रूपों में इनका इस्तेमाल करता है। इन चर्चाओं में एक ओर भाषाविकल्पन को भाषा की शक्ति और चयन की सम्भावना से युक्त माना गया है तो दूसरी ओर शैलीविज्ञान की विषयवस्तु के रूप में इन्हें प्रभाव उत्पन्न करने की सामर्थ्य से युक्त तथा बल प्रदान करने वाले तत्त्वों से समन्वित माना गया है। इस प्रकार सामाजिक सन्दर्भ में वैशिष्ट्य से नियंत्रित और सोद्देश्य भाषाविकल्पन को 'शैली' तथा उसके वैज्ञानिक

अध्ययन को (भाषा) शैलीविज्ञान कहा जा सकता है। अपने इस पक्ष पर भी शैलीविज्ञान, भाषाविज्ञान का अनुप्रयुक्त रूप है। समाज भाषाविज्ञान पर की गयी चर्चा ने यह स्पष्ट कर दिया है कि भाषा व्यवहार की मूल प्रक्रिया चयन है जो केवल भाषा संरचना के नियमों के अनुसार नहीं, प्रयोग के नियमों के अनुसार होता है। अतः भाषा शैलीविज्ञान भाषा-अध्येता को यह भान कराता है कि वास्तविक सम्प्रेषण-स्थिति में भाषा-प्रयोग के क्या नियम हैं तथा वे भाषा सम्बन्धी नियम से कहाँ, कितने और क्यों भिन्न हैं। यही कारण है कि शैलीविज्ञान भाषा का अध्ययन होते हुए भी भाषाविज्ञान का अन्तरंग न होकर उसका अनुप्रयोगात्मक रूप है। जब वह भाषाविकल्पनों का प्रयोग करता है तो उसके लिए अध्ययन सामग्री की संरचना के नियमों की जानकारी साधन के रूप में कार्य करती है जबकि उसका साध्य होता है यह जानकारी प्रदान कराना कि उपलब्ध विकल्पों में से चुनी गयी इकाई तथा उसके चयन का सन्दर्भगत औचित्य क्या है?

इस प्रकार भाषा शैलीवैज्ञानिक अध्ययन-विश्लेषण शैलीविज्ञान का व्यापक क्षेत्र है। इसकी परिधि में 'पाठ और व्यवहार' में अन्तर्भुक्त भाषा-विकल्पनों का अध्ययन आता है, जिसमें शैलीविज्ञान अन्तर्भाषिक (Inter lingual) विकल्पनों का वैज्ञानिक अध्ययन बनता है। ये विकल्पन व्यवहार-केन्द्रित, सन्दर्भ-केन्द्रित और व्यवस्थापरक ढंग से संगठित होते हैं। शैलीविज्ञान के इस व्यापक पक्ष ने विकल्पन की धारणा को भाषा-प्रयोग के एक सिद्धान्त के रूप में स्वीकार किया है। इसीलिए यहाँ 'शैली' की संकल्पना भी भाषा प्रयोग तथा भाषा-सम्प्रेषण के सामान्य और सहज गुण के रूप में विस्तार पाती है। इसीलिए अभिव्यक्ति के प्रसंग और उद्देश्य के अनुरूप चुने गये अथवा विचलित भाषागत उपकरणों को उस प्रसंग के 'शैलीगत चिह्न' कहा जा सकता है।

आधुनिक भाषाविज्ञान की अनुप्रयुक्त भाषा शाखा के रूप में अध्ययन-विश्लेषण के इन स्तरों पर शैलीविज्ञान पिछले कुछ वर्षों में ही इतनी तेज़ी से आगे बढ़ गया है कि भाषाविज्ञान को भी अपने अध्ययन-क्षेत्र का काफ़ी विस्तार करना पड़ा है। इस विस्तार के फलस्वरूप ही समाज भाषाविज्ञान, व्यावहारिक भाषाविज्ञान तथा अन्य अनेक संकल्पनाएँ सामने आयी और यह मत स्थापित हुआ कि भाषा का सामान्य रूप बोल-चाल की भाषा होती है और कविता/साहित्य को भाषाशैली की विशिष्ट सामान्य बोल-चाल की भाषा की संरचना के अतिक्रम (deviation) के रूप में ही देखना चाहिए। यह चर्चा यहाँ इसलिए आवश्यक है कि सामान्य भाषा को साहित्य की भाषा नहीं माना जा सकता क्योंकि सामान्य भाषा के शब्द/प्रयोग काव्यार्थ को उद्‌घाटित करने की क्षमता भी अपने में भरे रहते हैं। इस भेद को पहचान पाने के कारण ही अब यह बात भी क्रमशः स्पष्ट होती जा रही है कि भाषा के माध्यम से ही 'काव्यात्मकता' का पता लगाया जा सकता है और भाषा के अध्ययन का प्रत्येक

क्षेत्र भाषाविज्ञान के अन्तर्गत है। जैसा कि हमने देखा कि आधुनिक भाषाविज्ञान, भाषा और बोली, व्यक्ति के वाक्-प्रयोग, समाज की भाषा, बोलचाल की भाषा और तकनीकी भाषा सभी को समान रूप से अपने अध्ययन क्षेत्र में समेटे हुए है। अतः साहित्य की भाषा से भी अब उसे दूर नहीं रखा जा सकता। कविता भाषा है अर्थात कविता का क्षेत्र पूर्णतः भाषा-क्षेत्र की अपनी सीमा के भीतर है अतः इसकी आलोचना सम्भव है।

इसमें सन्देह नहीं कि रूपवादी दृष्टि को ध्यान में रखकर रूपवादी आलोचना ने आधुनिक आलोचकों को मार्ग दिखाया। रूसी रूपवादी विचारधारा और बाद के प्राग स्कूल में प्रकार्यात्मक सिद्धान्त को रोमन याकोब्सन ने स्थिरता प्रदान की जिसने बाद में अमरीकी शैलीवैज्ञानिक दृष्टि के साथ एक नया मोड़ लिया। याकोब्सन के अनुसार 'काव्यात्मक' कार्यफलन को भाषा के अन्य विभिन्न कार्यफलनों के सन्दर्भ में विवेचित करके ही समझा जा सकता है। इसी सन्दर्भ में उन्होंने भाषा को सम्प्रेषण (Communication) का साधन मानते हुए यह स्पष्ट किया कि भाषा के विभिन्न कार्यफलन सम्प्रेषण के सन्दर्भ में निर्धारित हो सकते हैं—वक्ता/लेखक, श्रोता/पाठक, सन्देश, कोड और सन्दर्भ। ये छः उपादान सम्प्रेष्य भाषा की प्रकृति को निर्धारित करने में सहयोग देते हैं। यहाँ यह ध्यान देने की बात है कि अधिकांश रचना 'सन्देश' पर बल देती है। पर इससे भाषा के संकेतार्थ या यथार्थपरक रूप की सत्ता नष्ट नहीं होती और न ही अन्य उपादान ही निष्क्रिय होते हैं, बल्कि कविता का विशिष्ट अर्थ 'सन्देश' की आन्तरिक संघटना के परिणामस्वरूप उद्घाटित होता है। इसीलिए शैलीवैज्ञानिक आलोचना की दृष्टि में काव्यार्थ को काव्य संरचना के भीतर से ही प्राप्त करना चाहिए।

अनुप्रयुक्त भाषाविज्ञान ने भाषाविज्ञान को व्यापक स्वीकृति प्रदान कराने के साथ ही भाषा के प्रति उस सीमित दृष्टिकोण को भी तोड़ा है जो भाषा को 'आदर्श' एकरूप सन्दर्भ में ही अध्ययन-वस्तु स्वीकार करती थी। अनुप्रयुक्त भाषाविज्ञान का लक्ष्य ही है भाषा, प्रयोग और प्रयोक्ता को सम्प्रेषणपरक धरातल पर देखना। इस स्तर पर भाषा को एक औपचारिक व्यवस्था मानकर उसे 'स्वायत्तता' के नियम के तहत देखने-परखने पर बल देने की अब कोई आवश्यकता नहीं है। क्योंकि भाषा की प्रकृति का सम्बन्ध एक ओर उन मांगों से होता है जो उसका प्रयोक्ता उससे करता है और दूसरी ओर उन प्रकार्यों से जिन्हें उसे पूरा करना होता है। अतः भाषा को 'भाषा प्रयोग' के सन्दर्भ में देखना ही वास्तव में मानव जीवन में उसकी उपादेयता, आवश्यकता एवं सन्दर्भ के व्यापक आयाम पर देखना है। भाषा अध्ययन की अनुप्रयोगात्मक दृष्टि भाषा अध्ययन को उपभोक्ता सापेक्ष बनाते हुए यह भी स्पष्ट करती चलती है कि भाषा का प्रयोग भिन्न प्रकार की अनेक आवश्यकताओं की पूर्ति के लिए भाषा प्रयोक्ता करता है। भाषा संरचना, सन्दर्भ और प्रयोजन आदि से जुड़कर

ही यह अध्ययन क्षेत्र अनुप्रयोगात्मक बनता है। इसीलिए पिछले कुछ वर्षों में दर्शन शास्त्री, मनोवैज्ञानिक नृत्तत्वशास्त्री, साहित्य समीक्षक तथा अन्य कई ज्ञान-क्षेत्रों के विद्वान भाषावैज्ञानिक सिद्धान्तों एवं पद्धतियों की ओर आकर्षित हुए हैं।

भाषा-प्रयोग तथा भाषा-प्रयोजन से सम्बद्ध अनुप्रयुक्त भाषाविज्ञान के समस्त क्षेत्र भाषा-विकल्पन एवं भाषा-चयन की प्रक्रिया को महत्व देते हैं। अनुप्रयुक्त भाषाविज्ञान यह स्वीकार करता है कि सन्दर्भ से अनुशासित होने के कारण भाषाविकल्पन सन्दर्भाश्रित होता है। भाषाविकल्पन का तात्पर्य है (1) भाषा प्रयोग का विशिष्ट ढंग, (2) प्रयुक्त भाषा के भाषाई कोश से प्रयोक्ता द्वारा किसी कोड का चयन, (3) भाषा समुदाय के भाषाई कोश से किसी कोड को चुनने का कारण और (4) भाषा के स्तरीकृत रूप। भाषाविकल्पन को सदैव भाषा के सामान्य नियमों के परिप्रेक्ष्य में ही पहचाना जाता है। इसीलिए अनुप्रयुक्त भाषाविज्ञान का सन्दर्भ तुलनात्मक भी है और अनुप्रयोगात्मक भी। वह इसलिए कि अनुप्रयुक्त भाषाविज्ञान भाषा-संरचना और प्रसंग (context) की अभिव्यक्ति के घटकों के बीच यथोचित रीति से सहसम्बन्ध स्थापित करता है और ऐसा करने में भाषावैज्ञानिक सिद्धान्त उसकी सहायता करते हैं।

भाषा अध्ययन की अनुप्रयुक्त दिशा भाषा की व्यापकता को भी प्रकट करती है और भाषा के विविध प्रकार्यों को भी कि—भाषा का प्रमुख प्रकार्य कथ्य कही अभिव्यक्ति अर्थात वक्ता के आन्तरिक और बाह्य अनुभवों को व्यक्त करना है। इसका दूसरा प्रकार्य सामाजिक सम्बन्धों को उनकी सामाजिक भूमिकाओं के सन्दर्भ में स्थापित और अनुरक्षित करना है जो सम्प्रेषण से सम्बद्ध होते हैं। भाषा का तीसरा प्रकार्य भाषा संरचना तथा उन परिस्थितिजन्य घटकों के बीच सम्बन्ध स्थापन है जिसमें उसका प्रयोग होता है। भाषा के ये सभी प्रकार्य भाषा-संरचना में प्रतिबिंबित होते हैं। इस प्रकार अनुप्रयुक्त भाषाविज्ञान भाषा को व्यवस्थाओं की व्यवस्था के रूप में देखते हुए भाषा के अध्ययन, विश्लेषण और अनुप्रयोग को वाक्यों की अपनी सीमा के बाहर ले जाता है और अकाव्यात्मक (casual) तथा काव्यात्मक (non-casual) दोनों प्रकार के वाक्यों का विश्लेषण करता है। भाषावैज्ञानिक सिद्धान्तों एवं प्रणालियों का अनुप्रयोग इन सिद्धान्तों-प्रणालियों की परख तथा इनके सुधारात्मक विकास में भी सार्थक भूमिका निभाता है। इन बृहत्तर सन्दर्भों ने 'भाषा अध्ययन' को तो बहुमुखी बनाया ही, भाषा-शिक्षण, विशेषकर अन्य भाषा-शिक्षण को भी बहुआयामी बनाने में मदद की। सिखाई जाने वाली भाषा के व्यावहारिक व्याकरण, शैक्षिक व्याकरण, सन्दर्भ व्याकरण के लेखन की जो अनिवार्यता आज पूरी दुनिया में अन्य भाषा-शिक्षण के परिप्रेक्ष्य में स्वीकार की गयी है उसके पीछे अनुप्रयुक्त भाषाविज्ञान की भूमिका और समभागिता का ही हाथ है।

द्वितीय भाषा-शिक्षण के कुछ अपरिहार्य पक्ष*

अन्य भाषा-शिक्षण को अपने आधुनिक सन्दर्भों में अधिक-से-अधिक प्रभावशाली बनाया जा सके, यह इस आलेख का प्रमुख उद्देश्य है। एकभाषी और बहुभाषी समाज में भाषा के प्रकार्यों का अपना व्यावहारिक महत्व है। द्वितीय भाषा के प्रकार्यों का पहचानने, उन्हें निर्धारित करने तथा इनके अनुरूप शिक्षण सामग्री के संवर्ग बनाने से द्वितीय भाषा-शिक्षण की सार्थकता बढ़ेगी। इस दृष्टि से यह आलेख भारतीय सन्दर्भ में अंग्रेज़ी भाषा-शिक्षण की स्थिति पर प्रकाश डालता है। भाषा एक सामाजिक वस्तु है, अतः द्वितीय भाषा शिक्षार्थी की अभिप्रेरणा को समझते हुए 'आगम' और 'ग्रहण-सामर्थ्य' के भेद को स्पष्ट करने तथा भावपरक और तथ्यपरक भाषा के सन्दर्भ में द्वितीय भाषा की क्षमता को रेखांकित करने पर भी आलेख बल देता है। मातृभाषा निश्चित ही मनुष्य के समाजीकरण का मूलाधार है, पर द्वितीय भाषा भी सभी भूमिकाओं एवं व्यक्तित्व के विकास में महत्वपूर्ण बनाती है तभी तो कोई व्यक्ति मात्र द्विभाषिक नहीं द्वि-सांस्कृतिक भी बनता है। इस प्रकार द्वितीय भाषा-शिक्षण का सम्बन्ध भाषा के समाज सांस्कृतिक पक्ष से भी स्वतः आ जुड़ता है, जो शिक्षार्थी के अनुभव जगत को विस्तीर्ण करता है और द्वितीय भाषा के लिए उसे परिचित बनाता है।

1. संप्रति 'द्वितीय भाषा-शिक्षण' के सन्दर्भ में भाषावैज्ञानिकों और भाषा शिक्षकों ने दो परस्पर सम्बद्ध बिन्दुओं की ओर हमारा ध्यान आकर्षित किया है–
   (i) द्वितीय भाषा-शिक्षण कार्यक्रम को प्रभावशाली बनाने के लिए हमारे मस्तिष्क में वे प्रकार्य सर्वथा स्पष्ट होने चाहिए जिन्हें हम द्वितीय भाषा को प्रदत्त करना चाहते हैं। साथ ही हमें इन प्रकायों को बड़ी ही सावधानी और सूक्ष्मता से पारिभाषित भी करना चाहिए। क्योंकि कुछ प्रकार्य ऐसे होते हैं जो केवल भाषा$_1$ (प्रथम भाषा) द्वारा ही सम्पन्न होते हैं तो कुछ मात्र भाषा$_2$ (द्वितीय भाषा) द्वारा। इनके अतिरिक्त कुछ प्रकार्य ऐसे भी होते हैं जिन्हें सम्पन्न करने के लिए हमें भाषा$_1$ या भाषा$_2$ में से किसी एक का

* प्रो. एस.के. वर्मा के साथ सह-लेखन।

चयन करना पड़ता है। हमारा यह चयन कई समाज मनोवैज्ञानिक घटकों द्वारा नियंत्रित या बाधित होता है, जैसे—गतिशीलता (मोबिलिटी), स्तर-भेद (स्टेटस मार्किंग), सुरक्षा-तन्त्र (डिफेंस-मैकेनिज्म), वर्जना के निर्विषयीकरण की शक्ति (टैबू न्यूट्रलाइजिंग) इत्यादि। यह हमेशा देखा गया है कि कोई बहुभाषी एक भाषा के स्थान पर किसी दूसरी भाषा का चयन ठीक उसी प्रकार और लगभग उन्हीं कारणों से करता है जिस तरह और जिन कारणों से कोई एकभाषी अपनी मातृभाषा के विभिन्न व्यावहारिक विकल्पों में से किसी एक का चयन करता है। अतः द्वितीय स्थिति में एक भाषा के स्थान पर किसी दूसरी भाषा का चयन उतना ही सार्थक (सिगनीफिकेंट) है जितना भाषाई दृष्टि से किसी समरूपी (होमोजेनस) समाज द्वारा कोशीय विकल्पों में से किसी एक का चयन करना।

हमारा यह मानना है कि भाषा-प्रकार्य की स्थिति इससे भी कहीं अधिक जटिल है। इस जटिलता के कई कारण हैं जिनका सीधा सम्बन्ध भाषा प्रयोग एवं उसके सन्दर्भ से है। द्विभाषिक और बहुभाषिक व्यक्ति 'कोड-क' से 'कोड-ख' के बीच या 'कोड-ख' से 'कोड-क' के बीच कोड परिवर्तन (कोड 'स्विचिंग') की प्रक्रिया अपनाता है। ऐसा वह विषय-क्षेत्र, सामाजिक-सांस्कृतिक परिवेश तथा वार्तालाप में संलग्न प्रतिभागियों के वैषम्य या वैविध्य को दृष्टि में रखकर करता है। इस प्रकार वह कोडों की एक शृंखला को जन्म देता है। ध्यान दें कि इस शृंखला का प्रत्येक बिन्दु एक 'कोड' होता है और प्रत्येक कोड के अन्तर्गत प्रयुक्तिगत अथवा शैलीगत विकल्पों के 'नेटवर्क' समाहित रहते हैं। इससे यह प्रमाणित होता है कि किसी द्विभाषिक का 'कोड चयन' सन्दर्भ-नियंत्रित होता है (वर्मा, 1976, पृ. 155-156)

(ii) दूसरा बिन्दु भाषा$_2$ के शिक्षण में अपनाई जाने वाली पद्धति एवं शिक्षण-सामग्री से सम्बन्धित है। भाषा$_2$ के शिक्षण में इन दोनों का विशेष स्थान और महत्व रहता है। लेकिन द्वितीय भाषा-शिक्षण के सन्दर्भ में भाषा-शिक्षण पद्धति का महत्व सर्वोपरि है, क्योंकि भाषा-शिक्षण के समय उसकी सर्वोत्तम पद्धति ही भाषा शिक्षक, भाषा अध्येता और शिक्षण-सामग्री के बीच एक अवधारक त्रि-मार्गी प्रतिक्रिया के रूप में उभरती है तथा इन तीनों को भाषा के जीवन्त सन्दर्भों में उभारती भी है।

2. इसलिए किसी भी भाषा-कार्यक्रम को निर्धारित करते समय इन बातों पर विशेष ध्यान देना चाहिए—(क) उस भाषिक-सामग्री का सतर्क चयन, जिसका शिक्षण करना है, (ख) चुनी गयी सामग्री का मदों (आइटम्स) के क्रमित समुच्चय (ऑरडर्ड सेट) के रूप में संगठन, जिसे पाठ्यविवरण (सिलेबस) कहा जाता है तथा (ग) इन मदों का शिक्षार्थी के लिए उचित सन्दर्भ या सन्दर्भों में प्रस्तुतीकरण। इनमें

भी जो पढ़ाया जाना है उसके संवर्ग (कैटेगरीज) बनाने को प्राथमिकता देनी चाहिए, क्योंकि ये संवर्ग ही शिक्षार्थी को अध्येय भाषा के उन सम्प्रेषणपरक प्रकार्यों तक ले जा सकते हैं जिनकी प्राप्ति के लिए शिक्षार्थी किसी भाषा को सीखने आता है। संवर्गों की यह प्राथमिकता बहुभाषिक और बहुसांस्कृतिक सन्दर्भों में और भी महत्वपूर्ण हो जाती है। इन सन्दर्भों में हमें इस बात का भी स्पष्ट भान होना चाहिए कि भिन्न-भिन्न भाषाएँ किन भूमिकाओं का निर्वाह कर पाने में समर्थ और सक्षम हैं अथवा कौन-सा संवर्ग किन प्रकार्यों को साध सकेगा। भाषाओं की भूमिकाओं और प्रकार्यों को समझने में फिशमैन (1966) की 'द्विभाषिक प्रभावित संविन्यास' (बाईलिंगुअल डॉमिनेंस कनयुगरेशन) की अवधारणा का परीक्षण सहायक सिद्ध हो सकता है। यह परीक्षण कौशलों (श्रवण, उच्चारण, वाचन, लेखन), भूमिकाओं (बोधन, उत्पादन, अस्फुट वाक्), औपचारिकता के स्तरों (प्रगाढ़, सहज, औपचारिक) तथा प्रयोग-क्षेत्र (कला, अधिकार, घर, व्यापार) आदि पर केन्द्रित होना चाहिए। यह तो साफ दिखाई देता है कि कोई भी बहुभाषी उन सभी भाषाओं के प्रकार्य क्षेत्र बड़ी सहजता से निर्धारित कर लेता है जिनका प्रयोग वह समाज में अपनी विविध भूमिकाओं के निर्वाह के लिए करता है। अतः भाषाओं की भूमिकाओं तथा उनके संवर्गों के प्रकार्य की स्पष्टता हमें अपनी शिक्षण सम्बन्धी कार्य नीति (स्ट्रेटेजीज) को निर्धारित करने में निश्चित ही सहायक होगी और तभी हम द्वितीय भाषा-शिक्षण के उन अपेक्षित लक्ष्य उद्देश्यों की प्राप्ति में भी सफल हो सकेंगे जिनकी ओर पिट कार्डर ने संकेत किया है 'भाषा' शिक्षण का उद्देश्य अथवा लक्ष्य है शिक्षार्थी में ऐसा ज्ञान और कौशल विकसित करना जो उसे अन्य भाषा समुदाय में कुछ निर्धारित भूमिकाओं के निर्वाह में सक्षम बना सके, उसे लक्ष्य भाषा के प्रयोक्ता के रूप में बदल सके तथा उसमें सम्प्रेषणपरक क्षमता उत्पन्न कर सके (1973, पृ. 197)। भारत में जर्मन, रूसी आदि विदेशी भाषाओं का शिक्षण इसी लक्ष्य की पूर्ति के लिए किया जाता है कि शिक्षार्थी इन भाषा-समुदायों में कुछ निश्चित परिस्थितियों में अपेक्षित भूमिकाओं का सफल निर्वाह कर सके। परन्तु यहाँ यह ध्यान रखना जरूरी है कि भारत में द्वितीय भाषा के रूप में अंग्रेज़ी भाषा-शिक्षण के लक्ष्य एवं उद्देश्य सर्वथा भिन्न हैं, जिसका कारण इसकी दुहरी भूमिका है। एक ओर कुछ थोड़े से अंग्रेज़ी अध्येताओं के लिए अंग्रेज़ी भाषा सीखने का तात्पर्य है कि वे एक विदेशी समाज में अपने भाषा व्यवहार को विकसित करते हुए अंग्रेज़ी भाषी राष्ट्रों से सम्पर्क स्थापित कर सकें। दूसरी ओर अधिकांश अंग्रेज़ी भाषा अध्येता का लक्ष्य अंग्रेज़ी में उन भाषाई कौशलों को साधना होता है जिनकी मदद से वे भारत के विभिन्न भाषा-समुदायों से अपने को जोड़ते हुए अखिल भारतीय स्तर के क्रियाकलापों में हिस्सा ले सकें तथा अंग्रेज़ी भाषा की पुस्तकों में उपलब्ध अधुनातन ज्ञान का लाभ उठा सकें। इसके साथ ही

अंग्रेज़ी भाषा में सर्जनात्मक लेखन करने वाले भारतीय लेखक अंग्रेज़ी भाषा का प्रयोग भारतीय संस्कृति की संवाहिका भाषा के रूप में करते हैं। इसके माध्यम से वे क्रियाकलापों के उस 'नेटवर्क' को अभिव्यक्ति देना चाहते हैं जो सांस्कृतिक धरातल पर पूर्व-निर्धारित और पूर्णतः भारतीय हैं (वर्मा, 1973, पृ. 3)। इन विशिष्ट प्रकार्यों के कारण ही 'भारतीय अंग्रेज़ी' को 'अ-देशीय' (नॉन-नेटिव) भाषा के रूप में स्वीकारते हुए उसे द्वितीय भाषा अंग्रेज़ी के एक भेद के रूप में देखा जाता है जबकि इसी प्रकार 'भारतीय जर्मन' या 'भारतीय रूसी' की चर्चा नहीं की जाती। यह माना जाता है कि कोई भी द्विभाषिक दूसरी भाषा सीखते समय समानधर्मी अर्थ (शेयर्ड मीनिंग) या विश्व दृष्टि (वर्ल्ड-व्यू) की दो व्यवस्थाओं का आभ्यन्तरीकरण अनिवार्यतः करता चलता है। भारत में अंग्रेज़ी के साथ वाले द्विभाषिक के कुछ अभिहित लक्ष्य (मार्क्ड फीचर्स) इस आभ्यन्तरीकरण के अच्छे उदाहरण हैं। तभी तो भारत में सर्जनात्मक साहित्य की माध्यम भाषा उनके भीतर से स्वतःस्फूर्त होती है और वे उसका प्रयोग 'अपनी' संस्कृति की अभिव्यक्ति भाषा के एक विकल्प के रूप में करते हैं। इतना ही नहीं, इन रचनाकारों का यह भी मानना है कि अंग्रेज़ी को भारतीय जीवन की रंगत और भारतीय समाज के मुहावरों को अपनाते और आत्मसात करते हुए ही प्रयुक्त होना चाहिए। इस प्रकार ये रचनाकार 'भारतीयता' की अवधारणा के प्रति सजग हैं और इसीलिए उस भाषा (ब्रिटिश इंग्लिश) के प्रयोग के अनावश्यक तनाव से भी बचना चाहते हैं, जिसके परिवेश में वे जन्मे नहीं हैं। इन रचनाकारों की ही भाँति अंग्रेज़ी भाषा के सामान्य नगरीय और शिक्षित प्रयोक्ता भी इस भाषा (भारतीय अंग्रेज़ी) के प्रति निष्ठावान हैं और भारतीय रंग तथा गंध के साथ इसे एक 'भारतीय भाषा' के रूप में उभारने में गौरव का अनुभव करते हैं (वर्मा, 1978, पृ. 12)। ऐसी परिस्थितियों को दृष्टि में रखकर ही कैटफर्ड ने 'मातृभाषा' के रूप में अंग्रेज़ी भाषा तथा 'गौण भाषा के रूप में अंग्रेज़ी भाषा' का भेद स्पष्ट करते हुए कहा था ''गौण भाषा के रूप में अंग्रेज़ी भाषा-शिक्षण को एक ऐसी प्रक्रिया के रूप में देखना चाहिए जो अंग्रेज़ी का प्रयोग करने वाले द्विभाषिक पैदा करे...इस प्रक्रिया की समस्याएँ और सिद्धान्त मातृभाषा के रूप में अंग्रेज़ी शिक्षण की समस्याओं और सिद्धान्त से नितान्त भिन्न होंगे (1964, पृ. 138)।'' भारत में द्वितीय भाषा के रूप में अंग्रेज़ी भाषा-शिक्षण की स्थिति को देखने से कैटफर्ड की संकल्पना काफ़ी स्पष्ट हो जाती है। हमें यह साफ दिखाई देता है कि भारत के जो क्षेत्र महानगरीय नहीं हैं वहाँ अंग्रेज़ी भाषा के साथ बच्चों का सम्पर्क स्कूल तक ही सीमित होता है। प्राइड और होम्स ने जो तथ्य तंजानिया के ग्रामीण क्षेत्र के सन्दर्भ में अंग्रेज़ी भाषा को लेकर उद्घाटित किये हैं वे भारत के कस्बाई क्षेत्रों के सन्दर्भ में भी खरे उतरते हैं। भारतीय सन्दर्भ में यदि हम विभिन्न अंग्रेज़ी अध्यापकों में व्याप्त भाषाई क्षमता सम्बन्धी

विभेदों को अनदेखा भी कर दें तो भी हम यह पाएँगे कि बच्चों की अंग्रेज़ी भाषा में प्रवीणता सीमित ही होती है। इसका मूल कारण यह है कि अंग्रेज़ी भाषा संदर्भित उनके अनुभव कुछ गिने-चुने प्रयोग-क्षेत्रों, भूमिकाओं-सम्बन्धों तथा वाक्-प्रकार्यों तक सीमित रहते हैं। इसीलिए अंग्रेज़ी भाषा में उनकी सम्प्रेषणपरक क्षमता बहुत ही कम सामाजिक परिस्थितियों को साध पाती है (प्राइड और होम्स, 1972, पृ. 10)। यहाँ इस तथ्य पर भी ध्यान देना चाहिए कि 'स्कूल की प्रयुक्ति' को सामान्यतः अंग्रेज़ी भाषा का एक प्रतिष्ठित भेद माना जाता है, इसे ही भविष्य के लिए एक श्रेष्ठ 'प्रारूप' के रूप में स्वीकार किया जाता है तथा अन्य प्रयुक्तियों (और बोलियों को भी) को इसके विचलित भेद (डेविएंट वेराइटी) के रूप में देखा जाता है।

अतः द्वितीय भाषा-शिक्षण और द्विभाषिकता, इन दोनों सन्दर्भों में भाषा-प्रकार्य के महत्व एवं उसकी भूमिकाओं के अभिप्राय का स्पष्ट आकलन आवश्यक है। इसीलिए अब हम प्रकार्य के अभिप्राय को संपूरक प्रकार्य, पूरक प्रकार्य, सहायक प्रकार्य और सम प्रकार्य की दृष्टि से देखेंगे जो हमें क्रमशः अस्थिर द्विभाषिकता (विदेशी भाषा-शिक्षण), स्थिर द्विभाषिकता (द्वितीय भाषा-शिक्षण), निष्क्रिय द्विभाषिकता (द्वितीय भाषा या भाषा का पुस्तकालीय भाषा के रूप में शिक्षण) और समद्विभाषिकता (दो भाषाओं में मातृभाषा भाषी जैसी दक्षता) की ओर ले जाते हैं। सैद्धान्तिक धरातल पर तो ये प्रकार्य एकदम ठीक दीखते हैं लेकिन किसी भी देश के लिए द्वितीय भाषा-शिक्षण के कार्यक्रम निर्धारित करते समय सबसे पहले उस देश की आवश्यकताओं तथा वहाँ उपलब्ध संसाधनों की ओर ध्यान देना चाहिए। इसके बाद ही भाषा$_2$ की भूमिका एवं प्रकार्य का निर्धारण भाषा$_1$ की भूमिका एवं प्रकार्य को देखते हुए करने की ओर प्रवृत्त होना चाहिए। इस सन्दर्भ में हम दो प्रश्नों के प्रति उत्तरदायी होते हैं—(क) वे कौन-सी स्थितियाँ और विषय हैं जो भाषा$_2$ के प्रयोग को अनिवार्य बना सकते हैं ? और (ख) इनका प्रयोग किन स्तरों पर किया जायेगा? इस ओर भी ध्यान दें कि इन दोनों प्रश्नों के उत्तर क्षेत्र के अनुसार बदल जायँगे।

अतः शिक्षण अधिगम कार्यक्रमों को बनाते समय शिक्षार्थी के मूलभूत गुणधर्मों पर अवश्य दृष्टि रखनी चाहिए। द्वितीय भाषा का या कहें किसी भी भाषा का अधिगम 'आगम-निर्गम' जैसी सामान्य प्रक्रिया नहीं है। यहाँ हमारे सामने आँकड़ा-संसाधन मशीन नहीं, एक जीता-जागता शिक्षार्थी होता है। इसलिए एक शिक्षार्थी कभी भी किसी समाजस्वीकृत भाषा की अभिरचनाओं का निष्क्रिय ग्राहक हो ही नहीं सकता। इसीलिए शिक्षण के समय जिन भाषिक तत्त्वों के साथ हम उसका सामना कराते हैं उनके साथ वह पूरी सक्रियता के साथ जूझता ही नहीं बल्कि उनका निस्पंदन (फिल्टर) भी करता है, और पुनःसंगठन भी। इस प्रकार उसका अनुकरण 'फोटो' की भाँति 'पुनः प्रस्तुति' नहीं होता, एक 'चित्र' की तरह का

'कलात्मक पुनः सृजन' होता है (वर्मा, 1974, पृ. 10)। इसीलिए द्वितीय भाषा अधिगम की पूरी प्रक्रिया को एक ऐसी प्रक्रिया के रूप में देखना चाहिए जो 'अन्तरभाषाओं' (इंट्रालैंग्वेजेज़) अथवा 'लघु व्याकरणों अथवा विलक्षण बोलियों' (ईडियोसिंक्रेटिक डायलेक्ट्स) की एक पूरी शृंखला निर्मित कर देती है। द्वितीय भाषा अधिगम में 'आगम' (इनपुट) की स्थिति जटिल होती है क्योंकि यह भाषा$_2$ की नयी व्यवस्था तथा पहले से ही आभ्यन्तरित भाषा$_1$ की व्यवस्था दोनों से जुड़ा होता है। साथ ही अधिगम व्यवस्था भी अपने में गत्यात्मक होती है। गत्यात्मक इसलिए कि यह शिक्षार्थी और शिक्षक के बीच होने वाली एक ऐसी प्रक्रिया है जो विभिन्न परिस्थितियों में विविध प्रकार की शिक्षण-सामग्री का उपयोग करते हुए घटित होती है। इस तथ्य के परिप्रेक्ष्य में 'आगम' के अभिप्राय का पुनः परीक्षण होना चाहिए तथा आगम (इनपुट) और ग्रहण-सामर्थ्य (इनटेक) को अलगाने वाली एक स्पष्ट सीमारेखा खींचकर इनके अन्तर को स्पष्ट करना चाहिए। द्वितीय भाषा-शिक्षण के सन्दर्भ में यह एक तर्कातीत तथ्य है कि शिक्षार्थी तुरन्त नहीं सीख लेता। अतः प्रारंभिक स्तर पर जब हम उसे किसी दूसरी भाषा के निकट ले आते हैं तो पाठ्यविवरण में जो स्वीकृत है, वही सीखना-सिखाना चाहिए। इसके दो संभावित कारण हैं—(क) द्वितीय भाषा-शिक्षण के लिए जो सामग्री प्रस्तुत की जाती है या जो पद्धति अपनाई जाती है उन दोनों की प्रकृति किसी-न-किसी धरातल पर दोषपूर्ण रह ही जाती है। शिक्षण सामग्री पद्धति की यह सीमा ही शिक्षार्थी के लिए 'सभी कुछ' प्राप्त कर पाने को असम्भव बना देती है या (ख) सामग्री पर्याप्त हो तो भी कभी-कभी अधिगम युक्ति (लर्निंग डिवाइस) की स्थिति ऐसी बन जाती है कि शिक्षार्थी पूरी तरह भीतर नहीं आ पाता। इन सीमाओं के कारण ही पिट कॉर्डर ने द्वितीय भाषा-शिक्षण सम्बन्धी शोध की दिशा का निर्धारण इन शब्दों में किया है "द्वितीय भाषा-शिक्षण की प्रक्रिया से सम्बन्धित शोध का प्रमुख कार्य 'प्रस्तुत की जाने वाली सामग्री' तथा 'शिक्षार्थी के व्याकरण' के बीच के सम्बन्धों की खोज होना चाहिए।" (1973, पृ. सं. 38)।

3. कुछ महत्वपूर्ण प्रश्न और भी हैं—द्वितीय भाषा या विदेशी भाषा सीखने के पीछे क्या अभिप्रेरणा होती है? बहुभाषिक सन्दर्भ में भाषा-चयन के नियन्त्रक अवयव कौन-कौन से हैं? इनके साथ ही कुछ परस्पर सम्बद्ध प्रश्न स्वतः उभरते हैं, जैसे कोई व्यक्ति किसी विशेष सन्दर्भ में अंग्रेज़ी क्यों सीखना चाहता है? ऐसे लोग इसे सीखने के लिए क्या करते हैं? सीखने के बाद वे इसका प्रयोग किन परिस्थितियों में करते हैं? उनका अंग्रेज़ी भाषा का ज्ञान उनके अन्य भाषाओं के ज्ञान तथा प्रयोग को कितना और कैसे प्रभावित करता है?

इन प्रश्नों की तह तक पहुँचने के लिए एक उदाहरण का सहारा लें तो इनके

उत्तर तक पहुँचना आसान हो जायेगा। हिन्दी भाषा-समुदाय के सदस्य विभिन्न स्थितियों में अपनी भूमिकाओं के सफल निर्वाह के लिए बोलचाल की हिन्दी, मानक हिन्दी और अंग्रेज़ी भाषा का प्रयोग करते हैं। जैसा कि पहले भी चर्चा की गयी कि भाषा-प्रयोग सामान्यतः विशिष्ट परिस्थितियों से बँधा होता है : एक भाषा स्कूल के लिए उपयुक्त हो सकती है, दूसरी घर-परिवार के लिए तो तीसरी व्यापार के लिए। इसके साथ ही कोई द्विभाषी या द्विबोली–भाषी कोड परिवर्तन को वाक्युक्ति (वर्बल स्ट्रेटेजी) के रूप में अपना कर बड़ी ही सहजता से एक कोड से दूसरे कोड की ओर आता जाता रहता है। ऐसा करके वह अपने भाषा-प्रयोग को विभिन्न परिस्थितियों के अनुकूल बना कर साध पाने में समर्थ बनता है। इसीलिए उसकी कोड-परिवर्तन की यह क्षमता उसकी भूमिका परिवर्तन की क्षमता को भी नियंत्रित किये रहती है। अपनी पुस्तक 'द्विभाषिकता' के क्षेत्र एवं उद्देश्य की चर्चा करते हुए माइकेल वेस्ट ने स्पष्ट किया है कि ''मनुष्य को दो प्रकार की भाषाओं की दरकार होती है : जब वह अपनी किसी 'प्यारी' और 'आत्मीय' वस्तु को अभिव्यक्त करना चाहता है तब उसे घर-जीवन की भाषा, रसोई और आरामगाह की भाषा, मातृभूमि के गीत गाने की भाषा चाहिए, अर्थात भावात्मक भाषा; जो अनभिव्यक्त साहचर्यों की भाषा होती है। साथ ही उसे तथ्यपरक भाषा भी चाहिए, अर्थात ज्ञान, सटीक तर्कों और वैज्ञानिक सत्यों की भाषा; जिसमें शब्द आधुनिकीकृत हो जाते हैं और उनके अर्थ स्थिर...। संसार की छोटी-छोटी भाषाएँ उसकी पहली दरकार को तो पूरा करती हैं लेकिन समय के साथ चल पाने की असमर्थता के कारण ये भाषाएँ उसकी दूसरी दरकार को पूरा नहीं कर पातीं और इसीलिए वे जटिल अभिव्यक्तियों, वैविध्यपूर्ण सामाजिक प्रकार्यों तथा आधुनिक या अन्तर्राष्ट्रीय सम्प्रेषण व्यापार के लिए अपर्याप्त एवं सीमित हो जाती हैं।'' माइकेल वेस्ट के विचारों के पहले घटक को स्वीकारने में किसी को कोई आपत्ति नहीं हो सकती कि मानव-जीवन में भावपरक एवं तथ्यपरक दोनों प्रकार की भाषा की आवश्यकता होती है। लेकिन विचारों के दूसरे घटक में व्यक्त 'अपर्याप्तता' की अवधारणा की संकुचित दृष्टि को स्वीकार पाना कठिन है। क्योंकि यह अवधारणा एक समाज-राजनैतिक मिथक है जिसे केवल इसलिए गढ़ा गया है कि एकजुट एवं जागरूक सामान्य जन को तथाकथित ज्ञान और शक्ति के मंदिरों में प्रवेश से वंचित रखा जा सके। कोई भी भाषा अपने में असक्षम, असमर्थ या अपघटित नहीं होती। अतः एक सुलझे हुए भाषा-नियोजक और शिक्षाविद् के रूप में यह याद रखना चाहिए कि जो शिक्षार्थी अपनी ही भाषा के प्रति शर्मिंदगी महसूस करने को बाध्य किया जाता है या जो अपनी भाषा आदत के प्रति शर्मसार बनाया जाता है उसका एक 'पूर्ण मानव' के रूप में विकास असम्भव ही है। किसी को भी विशेषकर एक बच्चे को अपनी ही भाषा के प्रति हीन भावना से भरना उतना ही अक्षम्य अपराध

माना जाना चाहिए जितना कि किसी को उसकी त्वचा के रंग के कारण हीन घोषित करना। अतः द्वितीय भाषा-शिक्षण और भाषा-प्रकार्यों के सन्दर्भ में किसी भाषा की अक्षमता अथवा हीनता की चर्चा आज निरर्थक ही मानी जानी चाहिए; कहना यह है कि हर भाषा किसी भी भाव-सन्दर्भ को व्यक्त कर पाने में पूरी तरह सक्षम होती है।

4. इस प्रश्न पर अभी तक चर्चा नहीं हुई कि द्वितीय भाषा-शिक्षण को किस आयु और किस स्तर से प्रारम्भ किया जाये? भारत में और कई अन्य बहुभाषिक देशों में भी हाल ही में यह निर्णय लिया गया है कि स्कूल-स्तर पर विदेशी भाषा के प्रयोग को कम किया जाये। निश्चित ही इस प्रकार के निर्णय के पीछे मूलतः वे मान्यताएँ हैं जिनके विचार में शिक्षार्थी के भीतर राष्ट्रीय एवं जातीय जागरूकता की भावना और राष्ट्रीय अस्मिता की पहचान तभी सर्वोत्तम ढंग से विकसित हो सकती है जब स्कूलों में माध्यम-भाषा के रूप में अपनी परम्परागत भाषाओं को स्थान दिया जायेगा, न कि बाहर से आयातित किसी तथाकथित व्यापक सम्प्रेषण की भाषा को। यह विचार इस तथ्य को रेखांकित करता है कि आज पूरे विश्व में दूसरी भाषाओं के शिक्षण की दिशा में एक ओर देशीकरण (वर्नाक्युलराइजेशन) की प्रवृत्ति का जोर बढ़ा है तो दूसरी ओर विश्व-भाषाएँ सीखने की प्रवृत्ति ने भी एक आंदोलन का रूप ले लिया है। ऐसी स्थिति में अब यह आवश्यक हो गया है कि द्वितीय भाषा-शिक्षण के ऐसे प्रभावी कार्यक्रम तैयार किये जायँ जिनके माध्यम से देशीय भाषाओं के अनुरक्षण और विकास पर बिना कोई विपरीत प्रभाव डाले किसी भी विश्व-भाषा में दक्षता प्राप्त कराई जा सके।

5. द्वितीय भाषा से जुड़े इन प्रश्नों के साथ ही अल्पसंख्यक भाषा-भाषियों के लिए भाषा$_2$ के शिक्षण के प्रश्नों पर विचार करना भी आधुनिक-विश्व में भाषा-समुदायों की स्थिति को देखते हुए अब अनिवार्य हो गया है। जीवन के विभिन्न स्तरों पर समाजीकरण की प्रक्रिया में भाषा का महत्वपूर्ण स्थान होता है, यह स्वीकारोक्ति कोई नयी नहीं। एक सामाजिक जीव के रूप में बालक की विकास-प्रक्रिया में मातृभाषा की केन्द्रीय भूमिका होती है, इसमें भी कोई सन्देह नहीं। मातृभाषा ही उसके लिए वह सरणि बनती है जिसके सहारे उसे जीवन-यापन के ढंगों की अभिरचनाओं का भान हो पाता है और फिर इसी सुदृढ़ नींव पर वह समाज के सदस्य के रूप में अपनी पहचान निर्मित करता है। विभिन्न सामाजिक समुदायों या समूहों, परिवार, पड़ोस आदि के मेलजोल से संगठित समाज में वह केवल विचार-विनियम ही नहीं करता बल्कि विभिन्न संस्कृतियों, रीतियों, विचारों, मूल्यों और विश्वासों को भी अपनाता चलता है। इस प्रकार मातृभाषा में प्रभावशाली प्रशिक्षण ही उसके लिए मानव जाति में व्याप्त प्रदूषणों के विरुद्ध एक सुरक्षा-पंक्ति निर्मित करता है। लेकिन यह भी सच है कि मातृभाषा से इतर कोई दूसरी भाषा सीखकर शिक्षार्थी बहुभाषी एवं बहुसांस्कृतिक

सन्दर्भों में विभिन्न भूमिकाओं के उपयुक्त निर्वाह में सक्षम बनता है। इसके अतिरिक्त अन्य भाषा में प्रभावशाली प्रशिक्षण द्वारा किसी द्विभाषिक की एक भाषा केन्द्रित संस्कृति की सीमाएँ टूटती हैं, उसके समक्ष सम्प्रेषण का एक अन्य गवाक्ष खुलता है और उसकी अपनी एक अलग पहचान बनती है। कोई द्विभाषिक अपने बीच की या अपने आस-पास की भाषाओं के बीच की खाई को ही नहीं पाटता बल्कि सांस्कृतिक दूरियों को भी कम करता है। इसीलिए यह माना जाता है कि अपने वास्तविक अर्थ में द्विभाषिक होना द्वि-सांस्कृतिक होना या अपने को एक जटिल सांस्कृतिक नेटवर्क से सम्बद्ध करना भी है। किसी भी द्विभाषिक की सम्प्रेषणपरक भाषा प्रयोग की सफलता सर्वाधिक इस बात पर निर्भर करती है कि वैयक्तिक और व्यावसायिक सम्बन्ध-क्षेत्रों में प्रवेश के समय भाषाई प्रयोगों को कई-कई बार और भिन्न-भिन्न प्रकार से साधने की उनकी क्षमता कितनी है। वास्तव में देखा जाये तो मातृभाषा दोनों को सीखने की प्रक्रिया अपने को अभिव्यक्त करने और भाषा की बहुप्रकार्यात्मक तथा बहुस्तरीय अर्थीय-व्यवस्था को सीखने की प्रक्रिया है।

द्वितीय भाषा अधिगम की प्रक्रिया मातृभाषा अधिगम की प्रक्रिया से इस दृष्टि से विशिष्ट है कि यह दो प्रकार के सम्बन्धों के नेटवर्क को सीखने की प्रक्रिया है—भाषिक और समाज-सांस्कृतिक। उदाहरण के लिए एक हिन्दी मातृभाषा भाषी को द्वितीय भाषा के रूप में तेलुगु सीखने की प्रक्रिया में सम्बन्धों के नेटवर्क की कोटियों को पुनः परिभाषित करना पड़ता है। 'वह' और 'आप' के सन्दर्भ में ही उसे आठ मदों (आइटम्स) के नेटवर्क में से चयन करना पड़ता है। इस प्रकार हिन्दी से तेलुगु में उसका कोड-परिवर्तन भी कोड-परिवर्तन की सामान्य स्थिति नहीं बल्कि संस्कृति परिवर्तन की और कोड-संस्कृति के एक नेटवर्क सम्बन्धों से दूसरे नेटवर्क सम्बन्धों में परिवर्तन की स्थिति होती है। इसी तरह हिन्दी से अंग्रेज़ी कोड परिवर्तन की अपनी विशिष्टताएँ हैं—इस कोड-परिवर्तन का तात्पर्य उन विचारों, भावों, दर्शन को एक विदेशी भाषा के माध्यम से अभिव्यक्त करने का प्रयास है जिनकी जड़ें भारतीय संस्कृति में बैठी हुई हैं। इन जड़ों की पहचान हमें 'माई डियर जीजा जी', 'माई डियर भाई साहब', 'रेसपेक्टेड भैया' जैसी अभिव्यक्तियों के माध्यम से सहज ही हो जाती है। हमारे सांस्कृतिक मूल्य ही हमें यह अनुमति नहीं देते कि हम इन अभिव्यक्तियों का रंगहीन, भावहीन, निर्विशिष्ट (अनमार्क्ड) और तटस्थ रूप का साधारणीकरण कर दें और 'माई डियर ब्रदर' का प्रयोग करें। इस प्रकार हम देख सकते हैं कि भाषा का समाज-सांस्कृतिक अर्थ भाषा की आन्तरिक संरचना से भी जुड़ा होता है और उसके उस सामाजिक सन्दर्भ से भी जिसमें भाषा व्यवहृत होती है। हैलिडे के शब्दों में "अर्थ भाषा की व्याकरणिक अभिरचनाओं के माध्यम से व्यक्त होता है लेकिन वह स्वयं में अभिव्यक्ति या प्रतिफलन है—व्यवहार के विकल्पों का।

इन विकल्पों में से कई का व्यापक समाज-सांस्कृतिक अर्थ होता है।" (1973, पृ. 8) सम्भवतः इसीलिए गिगलिओली (1979, पृ.16) ने अर्थ के नियतन (इंडेक्सिकिलिटी) के दो स्तरों की ओर संकेत किया है—(क) अर्थ, जो पूरी तरह सन्दर्भ-युक्त हो और अर्थ, (ख) जो पूरी तरह सन्दर्भ से बाहर हो।

हमने देखा कि द्विभाषिक बनना एक जटिल प्रक्रिया है। इसके दो मूल कारण हैं। एक तो इसके द्वारा शिक्षार्थी एक अतिरिक्त भाषा का अर्जन उस परिवेश में करता है जिसमें वह बोली जाती है और दूसरे उस संस्कृति से उसका सामना होता है जिससे भाषा-प्रयोग के समय वह बच नहीं सकता। इन कारणों को उस प्रक्रिया के एक अंग के रूप में भी देखा जा सकता है जिसे 'रेडॉमेस्टिकेशन' कहा गया है, अर्थात उस संस्कृति में प्रवेश करना या उसे अपने लिए कम विदेशी बनाना (डीएलिनेशन) जिसके लिए शिक्षार्थी अभी तक 'विदेशी' था (लार्सन और स्माले, 1972, पृ.10)। वास्तव में यह एक नयी प्रतीकात्मक अन्तःक्रिया से जुड़े अनुभव का प्रारम्भ है। पील और लैंबर्ट (1962) ने यह माना है कि द्विभाषिक बच्चे 'दो संस्कृतियों के माध्यम से एक व्यापक अनुभव-जगत से सम्बद्ध हो जाते हैं।' यह सम्बद्धता ही उन्हें वे सुविधाएँ प्रदान करती हैं जो एक भाषी बच्चे को नहीं मिल पातीं। बौद्धिक धरातल पर भी दो भाषा व्यवस्थाओं में गुँथा अनुभव द्विभाषिक बच्चों में मानसिक लचीलापन उत्पन्न करता है, संकल्पनाओं की रचना में उन्हें बेहतर बनाता है—और उनकी मानसिक क्षमताओं को पृथकीकृत समुच्चय के रूप में उभारता है। द्वितीय भाषा-शिक्षण का दायित्व गम्भीर है और लक्ष्य गहरा, अतः इससे सम्बद्ध गतिविधियों, कार्यक्रमों और पद्धतियों के निर्धारण के समय इन चर्चित पक्षों को प्राथमिकता देनी चाहिए।

सन्दर्भ

Catford, JC (1964), 'The Teaching of English as a Foreign Language' in The Teaching of English ed. By Quirk and Smith, OUP, LLL Series, London, Oxford University Press.

Fishman, JA (1966), 'The Implications of Bilingualism for Language Teaching and Language Learing' in A. Voldman (ed.) : Trends in Language Teaching.

Giglioli, PP (1979), Language and Social Context, Penguin, Harmondsworth, ed. England.

Halliday, MAK (1973), Explorations in the Functions of Language, Edward Arnold, London.

Larson, DN and WA , Samlley (1972), Becoming Bilingual, William Carey Library, California, USA

Peal, Elizabeth & WE Lambert (1962), 'The Relation of Bilingualism to Intelligence' Psychological Monographs, LXXVI, No. 27 (whole Issue No.

546)
Pit Corder, S (1973), Introducing Applied Linguistics, Penguin, Harmondsworth, England.
Pit Corder, S (1973a), The Elicitation of Interlanguage Errata ed. By Jan Pit Corder, S (1973a), The Elicitation of Interlanguage Errata ed. By Jan svarivik, CWK Gleerup/Lund/Sweden
Pride, JB & J Holmes, Sociolinguistics, Penguin, Harmondsworth, English. (1972) eds.
Verma, SK (1973), 'The systemicness of India English' ITL 22, Leuven.
Verma, SK (1974), Introductions to English Language Teaching, Vol. I, Linguistics, OUP, New Delhi, 1974.
Verma, SK (1976), 'Code-Switching : Hindi-English' Lingua 38
Verma, SK (1978), 'Swadeshi English : Form and Function' Paper presented at the Tenth International Congress of Anthropological and Ethnological Science held in New Delhi, 10-16 December, 1978.

सम्प्रेषणपरक व्याकरण तथा द्वितीय भाषा-शिक्षण

अन्य भाषा पर संपादित ब्रज कचरू की पुस्तक का आमुख लिखते हुए प्रसिद्ध भाषाशास्त्री फ़र्ग्यूसन ने द्वितीय भाषा की महत्ता तथा अध्ययन की महत्वपूर्ण भूमिका का उल्लेख करते हुए यह कहा है कि आज भाषावैज्ञानिक मातृभाषा-भाषियों तथा उनके भाषा व्यवहार को ही प्राथमिक तथ्य के रूप में महत्व देते हैं। भले ही तथ्य पाठ (टेक्स्ट) के रूप में संरचनावादी विद्वानों द्वारा मिले हों अथवा सहज ज्ञान (इंट्यूशन) के रूप में प्रजनात्मक व्याकरण सिद्धान्तों के माननेवाले विद्वानों द्वारा। पर वास्तविकता यह है कि संसार के शाब्दिक सम्प्रेषण का एक बहुत बड़ा अंग मातृभाषा से इतर भाषा में सम्पन्न होता है। उदाहरण के लिए कुछ भाषाएँ तो भिन्न भाषाओं के प्रयोक्ता के बीच 'लिंग्वा-फ्रैका' के रूप में प्रयुक्त होती हैं और कुछ विशेष प्रयोजनों को साधने के रूप में विशेषीकृत भाषा के रूप में। मातृभाषा से इतर इस प्रकार की भाषाओं का अध्ययन आज शोध का एक महत्वपूर्ण अंग बन गया है। उनका तो यहाँ तक कहना है कि स्वभाषा अथवा मातृभाषा की संकल्पना हमें रहस्यवाद की अंधी गुफ़ा में ले जाती है अतः उसे एक व्यावसायिक मिथक (प्रोफेशनल मिथ) मानकर भाषाविदों को छोड़ देना चाहिए। फ़र्ग्यूसन के इस वक्तव्य से जो बात सामने उभर कर आती है वह अन्य भाषा के रूप में भाषा-व्यवहार को देखने का आग्रह करती है, वह हमें यह भी देखने को बाध्य करती है कि हम द्वितीय भाषा को प्रकार्यात्मक सन्दर्भ (फंक्शनल कांटेक्स्ट) में देखने की ओर प्रवृत्त हों।

द्वितीय भाषा का प्रकार्यात्मक सन्दर्भ वस्तुतः सम्प्रेषण के सन्दर्भ की माँग करता है क्योंकि अगर व्यक्ति मातृभाषा को स्वतः सहज और अनायास ढंग से सीखता है तो वहीं द्वितीय भाषा को वह प्रायः प्रयोजनपरक सम्प्रेषण की अनिवार्य आवश्यकता के फलस्वरूप सीखता है। अतः अन्य भाषा के ऊपर बहस की शुरुआत करने के पहले हमें यह देख लेना चाहिए कि प्रयोजनपरक सम्प्रेषण व्यवस्था का अपना आधार क्या है? इसके साथ हमारे लिए यह भी देखना अनिवार्य हो जाता है कि क्या प्रकार्यात्मक सम्प्रेषण व्यवस्था अपने लिए किसी भिन्न भाषावैज्ञानिक

सिद्धान्त की माँग करती है या नहीं?

मातृभाषा के अध्ययन के सन्दर्भ में जो सिद्धान्त आज सर्वमान्य ढंग से स्वीकृत है उसका वैचारिक परिप्रेक्ष्य सटीक ढंग से चॉम्स्की के रूपान्तरण परक व्याकरण में देखा जा सकता है। वस्तुतः चॉम्स्की का सिद्धान्त शुद्ध भाषाविज्ञान की ओर हमें ले जाता है, शुद्ध भाषाविज्ञान भाषा अध्ययन को भाषिक प्रतीक के रूप में सीमित करता है तथा भाषा, भाषा के लिए सन्दर्भ को प्रोत्साहित करता है। इसके अध्ययन का लक्ष्य व्याकरण है और इसकी महत्तम इकाई वाक्य। अपने अभिविन्यास में यह एकालाप (मोनोलॉग) के परिप्रेक्ष्य को अपना प्रारूप (मॉडल) मानता है और भाषा व्यवहार की प्रकृति को भाषिक नियमों (रूल बेस्ड) पर आधारित करता है और इसीलिए रूप-प्रकार्य (फार्म फंक्शन) युग्म में यह रूप को प्रधानता देता है। जबकि इसके ठीक विपरीत सम्प्रेषणपरक व्याकरण का उद्देश्य भाषा के सम्प्रेषणपरक प्रकार्यात्मक गुणों की खोज है, रूप-प्रकार्य में से यह प्रकार्य पर बल देता है, इसके अध्ययन की दृष्टि भाषा को सामाजिक प्रतीक के रूप में देखती है तथा प्रयोगसापेक्ष सम्प्रेषण प्रवृत्ति (इंटेंशन) पर आश्रित है, अध्ययन के सन्दर्भ के रूप में यह सम्भाषण की जगह वार्तालाप (डायलॉग) को महत्व देता है, प्रकारता के सन्दर्भ के रूप में भी भाषा की विविधता को संगठित करके देखता है, विश्लेषण की इकाई के रूप में यह वाक्य के स्थान पर वाक् स्थिति या प्रोक्ति (डिस्कोसी) को अपने अध्ययन का विषय बनाता है तथा इसके विश्लेषण की पद्धति भूमिका सापेक्ष (रोल ओरियंटेड) है। इस स्थिति को डॉ. श्रीवास्तव ने स्पीचईवेंट के सन्दर्भ में विश्लेषित किया है। इस प्रकार सैद्धान्तिक एवं सम्प्रेषणपरक व्याकरण का भेद दो भिन्न प्रकार के प्रस्तुतीकरण (ओरियंटेशन) का भेद बन जाता है। इस भेद को निम्नांकित चार्ट में देखा जा सकता है।

सैद्धान्तिक व्याकरण	**सम्प्रेषणपरक व्याकरण**
1. **अध्ययन का उद्देश्य** : भाषा व्यवस्था को बोधात्मक क्षमता के तत्त्व के रूप में स्वीकार करना	भाषा का सम्प्रेषणपरक प्रकार्यात्मक गुण
2. **अध्ययन की दृष्टि** : भाषा या भाषिक प्रतीक प्रयोग की दृष्टि से संरचना पर आश्रित औपचारिक अर्थव्यवस्था	भाषा सामाजिक प्रतीक के रूप में सापेक्ष सम्प्रेषणप्रवृत्ति
3. **अध्ययन का सन्दर्भ** : सम्भाषण	वार्तालाप/प्रोक्ति
4. प्रकारता का सन्दर्भ : एकरूपता की आवृत्ति	विविधता का संगठन
5. विश्लेषण की इकाई : वाक्य	वाक् स्थिति
6. विश्लेषण की प्रकृति : नियम सापेक्ष	भूमिका सापेक्ष
7. रूप-प्रकार्य का भेद : रूप पर बल	प्रकार्य पर बल

सैद्धान्तिक व्याकरण की सीमाओं के विषय में फ़र्ग्यूसन के विचारों की तथ्यपरकता एवं सत्यता को हिन्दी भाषा के सन्दर्भ में भी जाँचा जा सकता है। द्वितीय या अन्य भाषा के रूप में हिन्दी सीखने के पीछे उसके प्रकार्यात्मक सन्दर्भों (फ़ंक्शनल कांटेक्स्ट) की प्राप्ति शिक्षार्थी का परम उद्देश्य होता है। इसलिए भाषा के सन्दर्भगत, क्षेत्रगत विभेदों (वेरिएंट्स) की जानकारी देना वैयाकरण के लिए असंदिग्ध रूप से अनिवार्य है। भाषा के प्रकार्यात्मक सन्दर्भ स्वाभाविक रूप से भाषेतर उपादानों द्वारा बाधित एवं नियंत्रित होते हैं जिनमें क्षेत्रीयता, सामाजिक वर्ग-भेद शिक्षा-स्तर का भेद, पद-प्रतिष्ठा का भेद आदि उपादान अपनी प्रमुख भूमिका निभाते हैं। उदाहरण के लिए हमें पैसा-पइसा (क्षेत्रीय), पिताजी आ रहे हैं, लड़का आ रहा है (सामाजिक वर्ग भेद) मर गया, स्वर्गवास हो गया (शिक्षा-स्तर का भेद) तथा नौकर बाहर गया है, डॉक्टर साहब बाहर गये हैं (पद-प्रतिष्ठा का भेद) जैसे प्रकार्यात्मक सन्दर्भ हिन्दी में स्पष्ट दिखाई देते हैं जो मानक हिन्दी की व्याकरणिक व्यवस्था के विश्लेषण मात्र से स्पष्ट नहीं हो पाते। इसीलिए डेल हाउम्स (1972) ने चॉम्स्की द्वारा प्रस्तावित भाषिक क्षमता की आलोचना करते हुए यह स्पष्ट किया कि भाषा केवल व्याकरणिक वाक्यों तक ही सीमित नहीं होती, वाक्य की संरचना या व्याकरणिकता का विश्लेषण मात्र, भाषा का एकपक्षीय अध्ययन है। भाषा अध्ययन में वाक्यों के सार्थक प्रयोग, उनकी सम्प्रेषणपरक इयत्ता तथा उपयुक्त सन्दर्भों में उनकी व्यावहारिक सत्ता को सम्मिलित करके ही हम भाषा प्रयोक्ता की सम्प्रेषण परक क्षमता को विकसित रूप में देख सकते हैं। हिन्दी के सन्दर्भ में एक तरफ़ उसकी बोलियों (यथा : ब्रज, अवधी, भोजपुरी आदि) के आधार पर तथा दूसरी तरफ अंग्रेज़ी और अन्य भारतीय भाषाओं के आधार पर उसके वाक्यों के सार्थक प्रयोग द्वारा उसकी विशिष्टताओं को द्वितीय भाषा-शिक्षण के सन्दर्भ में उभारा जा सकता है। हाइम्स ने सम्प्रेषणपरक क्षमता (कम्युनिकेटिव कॉम्पिटेंस) के निम्नलिखित चार विचार क्षेत्रों की ओर संकेत दिया है। इन चारों विचार क्षेत्रों पर द्वितीय भाषा-शिक्षण के सन्दर्भ में विचार करना आवश्यक है।

1. (किस सीमा तक) कोई चीज़ रूपात्मक दृष्टि से सम्भव है—वस्तुतः इस विचार क्षेत्र का सम्बन्ध भाषा-प्रयोग की संरचना से है, फंक्शन जिसे भाषा-शिक्षण में त्रुटि विश्लेषण के भाषावैज्ञानिक अध्ययन द्वारा देखा जा सकता है जैसा कि जेम्स (1977) ने दिखलाने का प्रयत्न किया है।

2. (किस सीमा तक) कोई चीज़ स्वीकार्य है—इस विचार क्षेत्र का सम्बन्ध भाषा-प्रयोग की स्वीकार्यता के साथ है जिसे भाषा-शिक्षण में भाषा व्यवहार के भाषावैज्ञानिक अध्ययन द्वारा देखा जा सकता है। जैसा कि कुक (1977) ने दिखलाने का प्रयत्न किया है।

3. (किस सीमा तक) कोई चीज़ सन्दर्भोचित है–इस विचार क्षेत्र का सम्बन्ध सन्दर्भ के अनुकूल भाषाप्रयोग के साथ है। इस विचार क्षेत्र में यह देखने का प्रयत्न किया जाता है कि किस प्रकार वाक्य, प्रयोग की बाह्य स्थितियों के साथ जुड़ा होता है जैसा कि हैलिडे (1973) ने दिखलाने का प्रयत्न किया है।

4. (किस सीमा तक) कोई चीज़ वस्तुतः व्यवहृत है–इस विचार क्षेत्र का सम्बन्ध वाक्यों के प्रयोग की सम्भाव्यता से है जिसे भाषा-शिक्षण के सन्दर्भ में पामर (1965) ने दिखलाने का प्रयत्न किया है।

स्पष्ट है कि हाइम्स की सम्प्रेषणपरक क्षमता कम से कम भाषा व्यवहार के चार प्रकार के विचार क्षेत्रों को समन्वित कर अपने भीतर समेटती है जिन पर द्वितीय भाषा-शिक्षण के सन्दर्भ में ध्यान देना आवश्यक है। द्वितीय भाषा-शिक्षण/अधिगम का अपना स्तर है। इस अधिगम-प्रक्रिया पर विद्वानों ने वैज्ञानिक विचार व्यक्त किये हैं। सामान्य रूप से यह माना जाता है कि मातृभाषा अधिगम तथा प्रौढ़ों के द्वितीय भाषा अधिगम में कोई भेद नहीं होता क्योंकि व्याकरणिक संरचना का उनमें एक स्वाभाविक क्रम होता है डुबे एंड बूट 1974-75, फ़ैब्रिज़ 1978, फ़ेथमैंड 1975 (जबकि कुछ विद्वान इस स्वाभाविक क्रम के सन्दर्भ में शंका व्यक्त करते हैं।), रड्डसैंकी 1978, पोर्टर 1977 अधिगम प्रक्रिया के सन्दर्भ में, लेनेबर्ग (1967) ने संक्रांति समय (क्रिटिकल पीरियड) की चर्चा की है जिसके लिए उन्होंने दो से तेरह वर्ष की आयु को आदर्श समय माना है। मस्तिष्क की संरचना में परिवर्तन (विकास) भाषा अधिगम को प्रभावित करता है जिसके तीन कालिक स्तर है : (1) इस समय तक 60 प्रतिशत तक पुष्ट मूल्य (नैचुर वैल्यू) ही प्राप्त हो पाता है, यह स्थिति दो वर्ष की आयु तक रहती है जहाँ बालक तीव्रगति से निरन्तर भाषा और वाक् को सुधारता चलता है, (2) इस स्तर तक 'पुष्ट मूल्य' शत-प्रतिशत प्राप्त हो चुके होते हैं तथा (3) इस समय तक 'संक्रांति समय' लगभग समाप्त हो जाता है और भाषा कौशल की आधात्री (मैट्रिक्स) प्रकृति भी स्थिर हो चुकी होती है। इसलिए प्रौढ़ व्यक्ति को द्वितीय भाषा अधिगम के लिए काफ़ी प्रयत्न करना पड़ता है। अधिगम स्तर के ये भेद इसीलिए शिक्षण सामग्री, विधि आदि में भी भेद की अपेक्षा रखते हैं।

सम्प्रेषणपरक प्रकार्यात्मक सिद्धान्त ने व्याकरण की संकल्पना को व्यापक सन्दर्भ दिया है। वह भाषा-अध्ययन के तीन निश्चित आयामों पर ध्यान देते हुए एक समन्वित दृष्टि का विकास करने की आवश्यकता पर बल देता है। ये तीन आयाम निम्नलिखित हैं–

पहला आयाम : क. भाषावैज्ञानिक सन्दर्भ (व्याकरणिक संरचना का आयाम)

दूसरा आयाम : ख. भाषा व्यवहार एवं सन्दर्भगत परिस्थितियों का सन्दर्भ (प्रयुक्ति के सन्दर्भ में प्रयोग का आयाम)

तीसरा आयाम : ग. प्रैगमेटिक का सन्दर्भ (प्रयोक्ता के बाह्य ज्ञान तथा मंतव्य का आयाम)

पहले आयाम पर भाषिक प्रतीक का अध्ययन अन्य भाषिक प्रतीक (व्याकरणिक अर्थ) के सन्दर्भ में किया जाता है। इस प्रकार पहले आयाम का उद्देश्य यह है कि शिक्षार्थी व्याकरण की दृष्टि से कितना सटीक बोल सकता है। इस प्रकार के पूरे पाठ्यक्रम में भाषाई सामग्री, वय, पद (कार्य), आयु तथा शिक्षार्थी की विशिष्ट रुचि से स्वतन्त्र रहती है। यह सामग्री मूल रूप से ध्वनि-रूप सम्बन्धी पैटर्न तथा संरचनात्मक घटकों पर आधारित होती है। यह आयाम किसी अभिव्यक्ति के लिए एक शब्द सिखा कर ऐेज़ प्रिमिटिव सिंटैक्टिक यूनिट्स वाक्य की तीन इकाइयों यथा संज्ञा, क्रिया तथा विशेषण को सिखाता चलता है। यह भाषावैज्ञानिक सन्दर्भ बोधगम्यता और सम्प्रेषणीयता के स्थान पर व्याकरणिकता को अधिक महत्व देता है। यह मूलतः ध्वनि, वाक्य और अर्थ की दृष्टि से भाषा की संरचनात्मक विशेषताओं पर ध्यान केन्द्रित करता है। अतः 'पाठ' निर्माण में भी यह 'नियम निरूपण' को ही केन्द्र में रखता है। इसका कारण यह है कि पाठ-निर्माता भाषाई परिप्रेक्ष्य को प्राथमिकता देता है तथा सामाजिक आवश्यकता को भाषाई बिन्दुओं के विश्लेषण के अनुकूल नहीं बनाता। यह स्थिति तब और गम्भीर हो जाती है जब पाठ निर्माता प्रमुखतः भाषाविद् होता है। यही कारण है कि भाषावैज्ञानिक दृष्टि से पाठ्य पुस्तकें सफल नहीं हो पातीं।

दूसरे आयाम पर भाषिक प्रतीक का अध्ययन बाह्य जगत के उपादानों के सन्दर्भ और प्रमुखतः भाषा व्यवहार से जुड़ता है। वह भाषा व्यवहार में कौन, किससे, किस विषय पर बात कर रहा है, इस बात पर भी ध्यान रखता है। अर्थात इस आयाम पर इस बात पर ध्यान रखा जाता है कि छात्र सर्वप्रथम विचार-विनिमय करना चाहता है जिसके साथ कार्य, सामाजिक पद तथा उनके अनुरूप सम्प्रेषण-क्रिया निर्मित की जाती है। अर्थात भाषा के विविध व्यवहारगत सन्दर्भ में सही शैली चयन के सिद्धान्त के आधार पर भाषा वक्ता द्वारा विकल्पवत प्रयोग में लाई जाती है। इस प्रकार के विकल्पवत प्रयोग में कहे गये तथ्य के साथ-साथ उस शैली को भी महत्वपूर्ण माना जाता है 'जिसमें वह कहा गया'। अधिकांश पाठ-निर्माता सामाजिक आयामों के प्रति कम सजग रहते हैं, विशेषतः वार्तालाप के पाठ-निर्माण के समय। अभ्यास सामग्री (ड्रिल्स) तैयार करते समय भी प्रायः सामाजिक पक्ष के प्रति पूर्ण तटस्थता देखी जा सकती है, जबकि भाषा में यह पक्ष स्वतः सदैव निहित है। विश्व की अनेक भाषाओं में (यथा हिन्दी, फ्रेंच, जर्मन, जापानी) मध्यमपुरुष सर्वनाम के प्रयोग में विकल्पवत् चयन तथा आदर का भाव व्यक्त करने का द्योतन मिलता है, इसलिए कुछ अभ्यासों को निश्चित ही तू, तुम, आप, तू, वू (फ्रेंच) के प्रयोगगत भेदों के साथ निर्मित करना

चाहिए। इतना ही नहीं बल्कि इस तथ्य को भी शिक्षण में उभारना चाहिए कि कौन, किससे क्या कह सकता है और क्या नहीं? उदाहरण के लिए अपने से वरिष्ठ (पद) व्यक्ति से 'क्या आप दफ़्तर गये थे' या 'क्या आप डॉक्टर से मिल लिए' वाक्यों का प्रयोग तो उपयुक्त है पर क्या आपने मुँह धो लिया, आप आफिस क्यों नहीं गये वाक्यों का नहीं। भाषा व्यवहार का आयाम इस बात से सम्बद्ध है कि वार्तालाप का प्रयुक्ति क्षेत्र क्या है। सामाजिक आयाम के सन्दर्भ में प्रयुक्ति का सन्दर्भ सर्वाधिक महत्वपूर्ण है जिसमें इस बात का ध्यान रखा जाता है कि शिक्षार्थी भिन्न विषयों के लिए सन्दर्भ एवं शैली का विकल्पवत चयन कर सके–जैसे बधाई देना, वार्ता प्रारम्भ करने के पहले सामान्य पदबंधों का प्रयोग, कक्षा में प्रयुक्त अभिव्यक्तियाँ, यातायात निर्देश आदि। यहाँ यह भी ध्यान रखने की जरूरत है कि कुछ प्रयुक्तियाँ सभी शिक्षार्थियों के समान रुचि की होती है तथा कुछ विशिष्ट छात्रों को ही रुचिकर लगती हैं। इस बात का ध्यान पाठ-निर्माण के समय भी रखना चाहिए।

तीसरे आयाम पर भाषिक प्रतीकों का अध्ययन प्रयोक्ता के सांसारिक ज्ञान (साइक्लोपेडिक नॉलेज़) तथा मंतव्यों को केन्द्र में रखता है। यह आयाम यह बताता है कि 'सीलिंग पंखे पर मक्खी बैठी है' वाक्य व्याकरण की दृष्टि से शुद्ध होने के साथ-साथ प्रैगमेटिक दृष्टि से भी ग्राह्य है परन्तु 'सीलिंग पंखे पर हाथी बैठा है' वाक्य व्याकरणिक धरातल पर शुद्ध होने पर भी प्रैगमेटिक दृष्टि से अग्राह्य है। द्वितीय भाषा-शिक्षण के सन्दर्भ में यह आयाम इसलिए महत्वपूर्ण है कि हर भाषा बाह्यजीवन को अपने ढंग से प्रतीक में ढालती है। उदाहरण के लिए एक संस्कृति में 'उल्लू' अज्ञान का प्रतीक माना जाता है तो दूसरे में बुद्धि का।

उपरोक्त तीनों सन्दर्भगत आयामों से जुड़े हुए द्वितीय भाषा के विश्लेषण के तीन आयाम भी महत्वपूर्ण हैं। 1. व्यतिरेकी विश्लेषण का आयाम, 2. त्रुटि विश्लेषण का आयाम और 3. सम्प्रेषणपरक स्केल का आयाम।

इन तीनों प्रकार के आयामों को जोड़ कर ही द्वितीय भाषा पर सार्थक चर्चा सम्भव है। क्योंकि किसी भी भाषा के व्याकरणिक नियमों की जानकारी के साथ-साथ अब यह भी आवश्यक हो गया है कि उसकी सम्प्रेषणपरक या प्रकार्यात्मक विशिष्टताओं को भी उभार कर सामने लाया जाय। इस दृष्टि से सम्प्रेषणपरक व्याकरण (कम्युनिकेटिव ग्रामर) की अनिवार्यता स्वतः सिद्ध हो जाती है। इसीलिए अब भाषा-शिक्षण को भी सम्प्रेषण की भूमिका से काट कर देखना वस्तुतः एक लंगड़ी शिक्षा-पद्धति को बढ़ावा देना है। प्रसिद्ध विद्वान सीर्ले (1969) ने इस सन्दर्भ में बल देते हुए कहा है कि 'सैद्धान्तिक स्तर पर भी यह कहना अनुचित न होगा कि सम्प्रेषण भाषा का अनिवार्य तत्त्व है तथा जो भाषा सिद्धान्त अपने को सम्प्रेषण प्रक्रिया से काट कर रखता है वह भाषा सिद्धान्त नहीं, मात्र व्याकरणिक नियमावली है।'

विदेशी भाषा-शिक्षण, मीडिया और हिन्दी

आज हम एक ऐसी दुनिया में जी रहे हैं जहाँ विश्व की सीमाएँ सिमटती जा रही हैं। अतः विभिन्न भाषाओं और भाषा-समाजों के दायरे भी निकटता में बदल गये हैं। अपरिचित संस्कृतियों को जानने-समझने और अन्तर्राष्ट्रीय सन्दर्भों को पहचानने-जानने की ललक सामान्य व्यक्ति में बढ़ती जा रही है। इन स्थितियों ने विदेशी भाषा-शिक्षण को सारे विश्व में एक व्यापक आयाम प्रदान किया है और विदेशी भाषा-अध्येताओं का मार्ग प्रशस्त किया है।

विदेशी भाषा-शिक्षण के इस व्यापक आयाम ने अध्येता और शिक्षक दोनों के दायित्व को भी गम्भीर बनाया है। अब विदेशी भाषा-अध्येता कुछ पूर्वनिश्चित लक्ष्यों की प्राप्ति के उद्देश्य से किसी विदेशी भाषा के अध्ययन की ओर प्रवृत्त होते हैं। अतः उनका मार्ग तभी प्रशस्त हो सकता है जब वे शीघ्रता से विदेशी भाषा में दक्षता प्राप्त करें और उनका प्रयोग करते हुए अपने लक्ष्य की ओर अग्रसर हो सकें। दक्षता की प्राप्ति में शीघ्रता दृश्य-श्रव्य उपकरणों की सहायता से निश्चय ही लाई जा सकती है। भाषा-शिक्षण के क्षेत्र में कार्य कर रहे प्रमुख विद्वानों (लेडो, डाले, पिट कॉर्डर) को इस बात में कोई सन्देह नहीं है कि दृश्य-श्रव्य तकनीक विदेशी भाषा-शिक्षण को अधिक सफल, रोचक और गतिशील बनाती है। और इस बात में भी कि इन उपकरणों के प्रयोग से भाषा-शिक्षक का अस्तित्व भी खतरे में नहीं पड़ता। अतः यह सोचना-मानना भ्रामक है कि तकनीकी उपकरण भाषा-शिक्षक का स्थान ले सकते हैं और यह भी कि केवल इन उपकरणों के माध्यम से शिक्षक-अध्येता के शारीरिक-बौद्धिक प्रयत्न के बिना विदेशी भाषा-शिक्षण और अधिगम के लक्ष्य प्राप्त किये जा सकते हैं। यह अवश्य है कि ये उपकरण भाषा-शिक्षक के कार्य को प्रभावशाली और फलप्रद बना सकते हैं, विशेषतः उन नियमित ड्रिल्स और अभ्यासों के क्षेत्र में जो अपने में मशीनी प्रकृति के होते हैं तथा भाषा के सामाजिक-सांस्कृतिक पक्षों को प्रामाणिक रूप में दर्शाने में जो मात्र कक्षा में दिये गये विवरणों से साफ नहीं हो पाते हैं। इन दोनों धरातलों पर दृश्य-श्रव्य उपकरण भाषा-पाठ्यक्रमों में

सहायक की भूमिका निभा सकते हैं, निभाते हैं।

यह तो हम सभी जानते हैं कि अन्य भाषा-शिक्षण में अन्य शिक्षण-प्रक्रियाओं ने क्रमशः व्याकरण-अनुवाद विधि का स्थान ले लिया। अन्य भाषा-शिक्षण की ये सभी प्रक्रियाएँ वास्तविक भाषा-व्यवहार पर केन्द्रित हैं, यह भी सर्वविदित तथ्य है। विदेशी भाषा-शिक्षण के प्रारंभिक स्तर पर उच्चरित भाषा के वास्तविक व्यवहार पर बल दिया जाता है। कई शिक्षण प्रक्रियाएँ विद्युत-मशीनी (electro-mechanical) उपकरणों (Aids) का भी उपयोग करती हैं। ये उपकरण ग्रामोफोन-टेपरिकार्डर से लेकर भाषा-प्रयोगशाला, दृश्य-श्रव्य तकनीक और शिक्षण-मशीन तक विस्तृत होते चलते हैं। डिमरी (1981) ने विदेशी भाषा अधिगम के दो उद्देश्यों की ओर हमारा ध्यान आकर्षित किया है–(1) सम्प्रेषणपरक क्षमता अर्थात मूलभूत भाषा कौशलों का अर्जन तथा (2) सूचना-पक्ष की प्राप्ति अर्थात विदेशी समाज की संस्कृति और उसकी जीवन पद्धति का ज्ञान। इन दोनों उद्देश्यों की प्राप्ति में दृश्य-श्रव्य उपकरण और विशेष रूप से वीडियो अति उपयोगी और सफल सिद्ध हो सकते हैं। परम्परागत कक्षा में इन उद्देश्यों की प्राप्ति इतनी सफल नहीं होती। विदेशी भाषा में और उसके उपयुक्त (appropriate) व्यवहार में निबद्ध विचार, मूल्य, विश्वास, अंग-संचालन आदि वीडियो के माध्यम से प्रस्तुत करना आज विदेशी भाषा-शिक्षण का प्रमुख अंग बन चुका है। अमरीकी विश्वविद्यालयों में हिन्दी शिक्षण के लिए सम्प्रेषणपरक क्षमता के स्तर पर लिखित वार्तालापों को संशोधित पटकथा में ढाल कर वीडियो फिल्में बनाई गयी थीं। बाज़ार में, डाकखाने में हो रही बातचीत अध्येता को संरचनात्मक विकल्प भी प्रदान करने में सक्षम थी जैसे, पचास पैसे के दो टिकट/पचास पैसे वाले दो टिकट या एक रुपये का नोट/एक-एक रुपये के नोट तथा आज्ञार्थक, अनुरोधात्मक संरचनाएँ आदि। इनके साथ ही अंग-संचालन, मुख-मुद्रा जैसे दृश्य-बिंब कथ्य को अधिक गहराई से अध्येता तक पहुँचा पाते थे। किसी विशेष संरचना, मुख मुद्रा को बोधन स्तर तक ले जाने में वीडियो में निहित आगे-पीछे करने और स्थिर करने की सुविधा बहुत उपयोगी सिद्ध होती रही। विवाह-दृश्य, पूजा-पाठ के दृश्य, परिवार के दृश्य भी निर्मित किये गये थे या हिन्दी फिल्मों से सन्दर्भानुसार छाँट कर वीडियो-अंकित किये गये थे। जूता उतार कर मन्दिर में प्रवेश करना, हिन्दू घर के बाहर ही जूते उतारना, बड़ों को 'प्रणाम' करना, पहले दायाँ पैर घर के भीतर रखना, कोई चीज़ दाहिने हाथ से देना-लेना जैसे भाषेतर बिन्दु इन फिल्मों के माध्यम से अध्येता के मन में उभारे जाते थे।

वीडियो के विदेशी भाषा-शिक्षण में उपयोग के सन्दर्भ में इस बात पर ध्यान देने की आवश्यकता है कि भाषा-प्रयोगशाला तथा अन्य दृश्य-श्रव्य उपकरण अपने में भाषा-शिक्षण-विधियाँ नहीं हैं। ये भाषा-शिक्षक के हाथ में ऐसे औजार हैं जिनका

प्रयोग वह उपलब्ध सामग्री को प्रस्तुत करने और ऐक्य (Consolidated) लाने में कर सकता है तथा भाषाई एवं सांस्कृतिक संकल्पनाओं को इनके माध्यम से स्पष्ट करते हुए शिक्षण में विविधता ला सकता है। ये उपकरण भाषा विकास के सभी स्तरों पर सभी कौशलों के विकास में उपयोगी हो सकते हैं। परन्तु समय और नियोजित पाठ्यक्रम के अभाव में इन उपकरणों को सफलतापूर्वक समग्रताबद्ध (Integrate) कर पाना सम्भव नहीं है।

विदेशी भाषा-शिक्षण में वीडियो का प्रयोग अति सीमित है। ब्रिटेन, फ्रांस और रूस में इनके प्रयोग को व्यापकता मिली और धीरे-धीरे इसका प्रवेश अन्य भाषाओं के सन्दर्भ में कुछ और देशों में भी हुआ है। परन्तु इसके प्रचलन के पहले भी और इसके प्रचलन के साथ भी रेडियो और टी.वी. विदेशी भाषा-शिक्षण में तकनीकी उपकरण के रूप में लोकप्रिय रहे हैं। दुनिया के कोने-कोने में रेडियो, सम्प्रेषण का सर्वप्रिय माध्यम है। टी.वी. का क्षेत्र भी रेडियो की तुलना में सीमित है क्योंकि टी.वी. एक राष्ट्र तक ही अपने प्रसारण को सीमित रखता था अब यह स्थिति बदली है पर टी.वी. कार्यक्रमों को बार-बार देख पाने की सुविधा अभी भी कम ही है। भाषा-अधिगम में रेडियो के दो प्रकार्य हैं—एक तो यह टी.वी. पर प्रस्तुत भाषा को गहन पृष्ठभूमि प्रदान करता है। यही कारण है कि अब विदेशी भाषा-शिक्षण में टी.वी. के साथ रेडियो को सम्बद्ध किया जाता है। दूसरे कि रेडियो के माध्यम से श्रवण-क्षमता अधिक गहराई से विकसित की जा सकती है। यह सभी विशेषज्ञ (पिट कॉर्डर, इनग्राम, डॉयक्स्ट्रा) मानते हैं कि भाषा अध्येता को भाषा निरन्तर सुननी चाहिए। एक लम्बे समय तक अपने व्यक्तिगत अनुभवों के दायरे में भाषा को सुनने से अध्येता में भाषा को समझने बोलने की क्षमता अधिक अच्छी तरह विकसित होती है। यह भी माना जाता है कि यदि एक महीने तक हम केवल बोली गयी भाषा सुनें (बिना समझे भी) तो इससे हमारे कान अभ्यस्त होते हैं और बाद में वह भाषा बोल पाना हमारे लिए सहज हो जाता है।[1] रेडियो विदेशी ध्वनिसमूहों के माध्यम से विचार और प्रतिक्रियाएँ व्यक्त करता है। वह अपने श्रोता को भाषा के मातृभाषा प्रयोक्ता का प्रारूप प्रदान करता है, चाहे वह दुनिया के किसी कोने में रह रहा हो। फ्रांस आदि देशों में अंग्रेज़ी भाषा-शिक्षण में बी.बी. सी. और वॉयस ऑफ अमरीका के प्रसारणों को महत्वपूर्ण सामग्री के रूप में देखा जाता है। विस्कॉन्सिन, शिकागो, पेंसिल्वेनिया, टेक्सॉस आदि अमरीकी विश्वविद्यालयों के हिन्दी भाषा कार्यक्रमों में रेडियो से टेपांकित हिन्दी समाचारों, परिचर्चाओं, नाटिकाओं आदि को पाठ्यक्रम का नियोजित हिस्सा बनाया गया है। निश्चित ही वीडियो की भाँति रेडियो प्रत्यक्ष शिक्षण में उतना प्रभावशाली नहीं है फिर भी छात्रों

---

1. Just listening without understanding can unconsciously help the student get rythem and sound of foreign language speech.

की विभिन्न रुचियों के कार्यक्रमों, बोलने-लिखने की क्रिया को स्पष्ट करने में इसकी भूमिका तथा कक्षा में न सीखी गयी संरचनाओं का परिचय देने में इसकी उपादेयता आदि रेडियो की वे विशेषताएँ हैं जिन्होंने विदेशी भाषा-शिक्षण में इसे अत्यन्त उपयोगी सहायक सामग्री के रूप में प्रतिष्ठित बनाये रखा है।

रेडियो कार्यक्रमों को टेपांकित करने और टी.वी. कार्यक्रमों को वीडियो अंकित करने की सुविधा ने विदेशी भाषा-शिक्षण में बहु-संचार पाठ्यक्रम और बहुसंचार कक्षा (Multi-media courses & multi-media classes) को भी प्रोत्साहित किया है। टी. वी. पाठ्यक्रम रेडियो कार्यक्रमों द्वारा 'बैक अप' होते हैं और ये दोनों पाठ्य-पुस्तकों या पाठ्य-सामग्री द्वारा। फिर सभी वीडियो द्वारा। इससे भाषा अध्येता गहन अभ्यासों से बार-बार जुड़ता है और उसकी बोधात्मक क्षमता बहुस्तरीय रूप में विकसित होती है। सफल भाषा-कार्यक्रमों में बहु संचार आयामों का प्रयोग पूरे विश्व में अब किया जा रहा है। टी.वी. और वीडियो भाषा अध्येता को नयी भाषा के सामने उसके सभी सामाजिक-सांस्कृतिक सन्दर्भों के साथ ला खड़ा करते हैं और इन्हीं सन्दर्भों के इर्द-गिर्द उन्हें सम्प्रेषण करने का उद्दीपन (Stimulus) प्रदान करते हैं। रेडियो नयी भाषा को अन्य उदाहरणों के साथ री-इनफोर्स करता है और कानों को प्रशिक्षित करता है।

वीडियो आधारित भाषा-शिक्षण तकनीकी विकास की शृंखला से जुड़ा हुआ है जो इसकी सक्रियता को भविष्य में भी सुरक्षित रखेगा। इस शृंखला में सबसे महत्वपूर्ण है—अन्तःक्रियात्मक वीडियो (Interactive Video) और कम्प्यूटर साधित भाषा अधिगम। अपने सामान्यतम स्तर पर अन्तःक्रियात्मक वीडियो भाषा अध्येता से वीडियो के साथ प्रतिक्रिया करने को कहते हुए प्रश्न व कार्य स्क्रीन पर उपस्थित करता है। कक्षा में छात्रों की प्रतिक्रिया को मॉनिटर करने का दायित्व भाषा-शिक्षक पर होता है। तकनीकी के उच्च स्तर पर यदि वीडियो रिकॉर्डर और टी.वी. सेट को एक माइक्रो-कम्प्यूटर से जोड़ दिया जाये तो वीडियो स्वयं ही छात्रों द्वारा प्रदत्त 'इनपुट' के साथ प्रतिक्रिया करते हुए उनकी त्रुटियों में सुधार कर सकता है तथा स्वतः पीछे जा कर और प्ले होकर उन अंशों (Extracts) को भी दिखा सकता है जो समस्या उत्पन्न करते हैं, छात्रों की सही प्रतिक्रिया को तो यह पुष्ट करता ही है।

वीडियो चलाने से पहले कार्यक्रम के विषय में बताना, बाद में यह बताना कि कार्यक्रम किस विषय में था, उसका केन्द्रीय मंतव्य क्या था, छात्रों द्वारा कार्यक्रम का मूल्यांकन (चर्चा-तर्क), आगे क्या होगा, वीडियो के बाद पाठ या पटकथा का विवरण, चरित्रों का विवरण छात्रों द्वारा, आगे की काल्पनिक पटकथा कक्षा में सब मिलकर लिखें, व्यक्ति, स्थान नामों की स्मृति, सांस्कृतिक सन्दर्भ, चरित्रों के आपसी सम्बन्ध ों पर प्रश्नोत्तर आदि इस शिक्षण-प्रक्रिया के प्रमुख अंग बन जाते हैं।

वीडियो सामग्री विदेशी भाषा के सम्प्रेषणपरक शिक्षण में बहुत लाभदायक

सिद्ध हुई है। विदेशी भाषा-शिक्षण में सम्प्रेषणपरक भाषा विधि है या लक्ष्य, यह भी एक विचारणीय प्रश्न है। इस विस्तार में न जाकर यदि इसे विदेशी भाषा-अधिगम के लक्ष्य के रूप में ही देखा जाय तो विभिन्न विद्वान इस लक्ष्य को भिन्न धरातलों पर व्याख्यायित करते हैं और सम्प्रेषणपरक भाषा-शिक्षण के माध्यम से ही इनकी संप्राप्ति सिद्ध करते हैं। स्पॉल्स्की (1968) के लिए भाषा अध्येता की किसी विषय पर प्राकृतिक ढंग से बोलने की क्षमता ही सम्प्रेषणपरक क्षमता है। क्लॉर्क (1972) ने भाषा-अधिगम के प्रैगमैटिक मूल्यों अर्थात वास्तविक जीवन से जुड़ी क्षमताओं पर बल दिया और भाषा का विशिष्ट प्रयोग करते हुए विभिन्न स्थितियों में उनके उपयुक्त (appropriate) प्रयोग को अध्येता की सम्प्रेषणपरक क्षमता से जोड़ा। कैरोल (1961) ने सम्प्रेषणपरक भाषा-शिक्षण के लिए ऐसे पाठ/कथ्य की अनिवार्यता पर बल दिया जो अध्येता में भाषा प्रयोग और भाषा की समझ विकसित कर सके। कूपर (1968) ने हाइम्स द्वारा प्रतिपादित सम्प्रेषणपरक क्षमता के सन्दर्भ में इस क्षमता को 'भाषाई' और 'सन्दर्भगत' पक्षों में बाँटते हुए भाषा में सर्जनात्मकता और उसके सम्प्रेषणपरक प्रयोग को अध्येता के लिए अनिवार्य माना। ये सभी क्षमताएँ वीडियो के माध्यम से अध्येता में विकसित की जा सकती हैं; अन्य किसी भी सामग्री की तुलना में अधिक रोचक और सहज ढंग से, क्योंकि वीडियो निम्नलिखित तीनों स्तरों पर भाषा के सम्प्रेषणपरक धरातल को उभारने में सक्षम है—1. स्थिति और अर्थ (situation & meaning), 2. रूप और अर्थ (Form and meaning) तथा 3. संस्कृति और अर्थ (Culture and meaning)।

अभी तक चर्चित तीन तकनीकी उपकरणों के विदेशी भाषा-शिक्षण में प्रयोग से सम्बन्धित लाभ-हानि को संक्षेप में यहाँ दिया जा रहा है। सूत्रबद्ध यह मूल्यांकन यह सिद्ध करता है कि जो विचार-मंथन अन्य भाषा-शिक्षण की सम्भावनाओं समस्याओं से जुड़कर पिछले कई वर्षों में होते रहे हैं वे तकनीकी विकास को आँख मूँद कर नहीं अपना लेते बल्कि विदेशी भाषा-शिक्षण में उनकी सीमाओं-विशेषताओं की कसौटी पर परख कर देखते हैं—

रेडियो

❖ कान को प्रशिक्षित करना	❖ Ephmeral (क्षण भंगुर)।
❖ गहन श्रवण अभ्यास	❖ प्रसारण अस्पष्ट हो सकता है।
❖ मातृभाषा भाषी प्रारूप	❖ भाषा अति मानकीकृत हो सकती है।
❖ टी.वी. वीडियो की तुलना में अधिक उपलब्धता[1]	

1 . Acquiring these Communicative skills by watching & experiencing them by encountering them in use in real situations and coming to associate certain activities, persons or topics with the Foreign language through sound and moving living pictures.

❖ अनुस्तरित कार्यक्रम श्रवण को सफल बनाते हैं।

टी.वी.

❖ सन्दर्भ में भाषा	❖ एक या दो बार देख सकते हैं।
❖ ध्वनि के साथ चलचित्र	❖ अल्प भाषा सघनता (लो लैंग्वेज डेंसिटी)
❖ बाहरी दुनिया कक्षा में	❖ गहन अध्ययन के लिए अनुप्रयुक्त
❖ अन्तःसांस्कृतिक	❖ जटिल भाषा का रूप
	❖ बोलने की तेज़ गति या अस्पष्ट उच्चारण।

वीडियो

❖ टी.वी. के सभी लाभ और कुछ हानियाँ (जिन्हें निर्माण स्तर पर दूर भी किया जा सकता है)
❖ गहन अध्ययन।
❖ छोटे क्रमिक अंश चुने जा सकते हैं।
❖ दृश्यों को धीमी गति से या रोक कर दिखलाया जा सकता है।
❖ अभिवृत्ति, मुख-मुद्रा, अंग-संचालन और परिवेश पर फोकस किया जा सकता है।
❖ डिटेल्स का क्लोज़अप लेने की सुविधा।
❖ दृश्य पर बल।
❖ एक कक्षा में प्रयोग के लिए बहुत लम्बा दृश्य।

भाषा-शिक्षण में और विशेष रूप से अन्य भाषा-शिक्षण में परिवर्तन की सम्भावना अनिवार्य है। नये विचारों, आधुनिक विकासों और नयी माँगों के अनुरूप इसमें परिवर्तन की सम्भावना का मार्ग निर्मित होता रहा है। जब ये परिवर्तन पाठ्यक्रम, पाठ्य-सामग्री की सम्प्रेषणीयता, परीक्षण और अध्यापक के माध्यम से आते हैं तो इनकी उपादेयता असंदिग्ध होती है। ये नयी तकनीकें भी इसी प्रकार के परिवर्तन का रूप हैं। निश्चित ही ये तकनीकें भाषा-शिक्षक के लिए चुनौतियाँ हैं। जहाँ तक वीडियो आधारित विदेशी भाषा-शिक्षण का प्रश्न है तो इसके लिए सामग्री उस तरह तैयार नहीं की जा सकती जैसे पाठ्य-सामग्री तैयार की जाती है। जिनका वास्तविक भाषा-शिक्षण से कोई सम्बन्ध नहीं है ऐसे लोगों का समूह ही पाठ्य-पुस्तकें लिखता है या शिक्षण सामग्री तैयार करता है। वीडियो के लिए सामग्री भाषा शिक्षक को ही बनानी पड़ेगी। निश्चित ही यह सामग्री विविधतापूर्ण होगी क्योंकि यह उन दरारों को भरती है जो मूल कक्षा में छूटे रह गये थे। भाषा-शिक्षक अपने कक्षा के अनुभव को वीडियो के द्वारा संचालित कर अपने व अध्येता के उस लक्ष्य की प्राप्ति करेगा जो दैनंदिन या वास्तविक भाषा प्रयोग और उसके बोधन से सम्बद्ध है। इस

क्षेत्र में इस प्रकार के पाठ्यक्रम लिखना निश्चित ही एक विशेषीकृत कार्य है जो श्रमसाध्य भी है और समय साध्य भी। इसके लिए प्रशिक्षित होने की भी आवश्यकता है। फिल्मों से उपयुक्त अंशों का संकलन, पटकथा-लेखन, वार्तालाप निर्माण, साक्षात्कार, परिचर्चा, व्याख्यान आदि कई ऐसे पक्ष हैं जो वीडियो पर लाये जा सकते हैं, लाये जा रहे हैं। लेकिन वीडियो भाषा-शिक्षक का स्थानापन्न कदापि नहीं हो सकता और न ही यह भाषा-अधिगम का समतुल्य ही है। यह भाषा-शिक्षण का एक सशक्त साधन है। बहु-जनसंचार भाषा-शिक्षण उपकरणों जैसे रेडियो, टी.वी., टेपरिकार्डर, पाठ्यपुस्तक आदि की तुलना में वीडियो में अनन्त सम्भावनाएँ हैं। इस बात का प्रमाण यह है कि विदेशी विश्वविद्यालों के हिन्दी पाठ्यक्रमों में टी.वी. विज्ञापनों, सीरियलों, परिचर्चाओं, समाचारों आदि को वीडियो-अंकित कर कक्षा में प्रयुक्त किया जा रहा है। यह प्रयोग अध्येताओं में आत्मविश्वास, समझ और मनोरंजन पैदा कर हिन्दी शिक्षण को तो अपूर्व गति प्रदान कर ही रहा है साथ ही हिन्दी भाषा-समाज, उसकी जीवन-पद्धति, उसके रीति-रिवाज तथा उसके लोक विश्वासों को दृश्य रूप में अध्येता के सामने लाने में भी समर्थ है। इस प्रकार अध्येय भाषा का पूरा परिवेश यथार्थ रूप में अध्येता के समक्ष उभर पा रहा है और उसे काल्पनिक और अपूर्ण चित्र अपने मन में नहीं बनाने पड़ रहे हैं। इस प्रकार अध्येता के लिए हिन्दी भाषा समाज, संस्कृति और जीवन सम्बन्धी बोध अधिक स्पष्ट और पूर्ण हो पा रहा है, जो हिन्दी सीखने वाले विदेशी अध्येता का प्राथमिक रुचि-क्षेत्र है।

सन्दर्भ

Copper, H., 1969, Aids to teaching and Learning Oxford : Pergamon.

Lee W.R, 1964, Simple Audio-Visual aids in Foreign language Teaching, London : OUP

Carroll, J.B., 1961, The Prediction of success in intensive language Training IN R.Glasser (ed) Training, Research and education, Pittsburg University Press.

Cocharan, A, 1968, Modern Methods of teaching English as a Foreign language. New York : Harcourt, Brace

Corder, P, 1966, The Visual elements in language teaching. London: Longman

Dale, E, 1954, Audio-Visual Methods in teaching. New York : Holt Rienehard and Winston.

Dimri, J.P., 1981, Text books in Foreign language for Indian learners Some issues. In YC.Bhatnagar (ed) Problems and Perspective of FLT in India. Marathwada University Aurangabad.

M.A.K. Halliday, Angus Mclntosh, Peter Strevens, 1968, The linguistic Science and language teaching. London : Longman.

Lado, R., 1964, Language teaching : A scientific approach, New York : Megraw Hill.

कम्प्यूटर साधित भाषा-शिक्षण : भूत, वर्तमान और भविष्य

कम्प्यूटर, कंप्यूटेशनल भाषाविज्ञान तथा कम्प्यूटर साधित भाषा-शिक्षण

भाषा-शिक्षण सम्बन्धी 'भाषा प्रयोगशाला' में कम्प्यूटर एक नयी उपलब्धि है। वैसे तो इस यन्त्र का मशीनी अनुवाद, कृत्रिम वाक् संश्लेषण, पाठ विश्लेषण, कोश निर्माण विज्ञान आदि कई क्षेत्रों में सार्थक प्रयोग हो रहा है पर इधर भाषा-शिक्षण में भी इसका उपयोग तेजी से बढ़ा है। नयी भाषा सीखने के उत्सुक छात्र इसकी सहायता से प्रभावी रूप में और कम समय में भाषा सीख सकते हैं क्योंकि इसके माध्यम से उन्हें तत्काल सूचनाएँ मिलती हैं, त्रुटियों की जानकारी हो जाती है तथा पाठ निर्देश और पाठ अभ्यास भी मिल सकते हैं। यह मानना कि कम्प्यूटर चमत्कारी है, असीम क्षमतावान है, ठीक नहीं है। कम्प्यूटर उतने ही क्षमतावान हो सकते हैं जितना कि मानव, जो कम्प्यूटर का शिक्षक, निर्देशक और नियन्त्रक होता है। कम्प्यूटर में कोई जादुई शक्ति नहीं होती कि वह जो भी चाहे कर सके। जब तक कि उससे विशेष रूप से 'कुछ' करने को न कहा जाये, वह अपने से कुछ नहीं कर सकता। वह अनुमान नहीं लगा सकता, सोच नहीं सकता, तर्क नहीं कर सकता जब तक कि मानव प्रोग्रामर उसे स्पष्ट रूप में यह न बताए कि यह सब उसे कैसे करना है। पर वह 'याद' रख सकता है, इसकी स्मरणशक्ति अद्‌भुत है जिसकी गति भी तेज है।

चौथे दशक में अवतरित होने के बाद से आज तक कम्प्यूटर ने लम्बी यात्रा की है। पत्र-पत्रिकाओं, टी.वी., फिल्म आदि ने और इन तीनों माध्यमों में आये परिवर्तनों ने भी उसकी उपादेयता पर स्वीकृति की मुहर लगा दी है। सामान्य प्रशासनिक कार्यों के स्वचलन (Automation) से लेकर उच्च स्तरीय वैज्ञानिक क्रिया-कलापों तक और औद्योगिक, वाणिज्यिक, सरकारी नियोजन आदि-आदि में कम्प्यूटर ने अपनी धाक जमा ली है। इस आलेख में हम भाषा-शिक्षण के क्षेत्र में उसके अनुप्रयोग की सम्भावनाएँ तलाशेंगे जिसकी आधारशिला कंप्यूटेशनल भाषाविज्ञान

के रूप में पड़ चुकी है।

क्रिस्टोफर स्ट्रैची ने कम्प्यूटर की परिभाषा इन शब्दों में दी है, "वह मशीन जो प्रतीकों का संसाधन करती हैं।" यह सर्वमान्य तथ्य है कि भाषा भी एक 'प्रतीक-व्यवस्था' है। आधुनिक भाषाविज्ञान के जनक सस्यूर ने इस तथ्य को स्थापित कर दिया है। इस परिभाषा को यदि थोड़ा-सा विस्तार दिया जाये तो यह भी कहा जा सकता है कि कम्प्यूटर वह मशीन है जिसे यदि प्रतीकों की शृंखला प्रदान की जाये (जिसे हम इनपुट कहते हैं) तो यह उन्हें एक तयशुदा नियम के द्वारा संसाधित कर देगी और एक अन्य प्रतीकों की शृंखला सामने लाएगी (जिसे हम आउटपुट कहते हैं)।

भाषा से सम्बन्धित नियमों के समुच्चय यह बताते है कि किस भाषिक तत्त्व के सहारे हम क्या कर सकते हैं। दैनंदिन जीवन के भाषा प्रयोग में हमारा मस्तिष्क इनसे परिचित होता है पर इन्हीं नियमों को कम्प्यूटर की आवश्यकतानुसार सीमित (Precise) या विस्तृत (detailed) रूप बंध (formula) में बदलना आसान नहीं होता। फिर भी भाषा संबंधी शोधों में कम्प्यूटर का सर्वाधिक सफल अनुप्रयोग अन्विति के प्रस्तुतीकरण और शब्दसूची के क्षेत्र में हुआ है। शब्दसूची का सन्दर्भ यदि भाषा-शिक्षण के लिए चुने गये पाठ के साथ जोड़ा जाये तो इन शब्दों की संतेकार्थ सूची बनाई जा सकती है अथवा शिक्षण योग्य एक उपयोगी संकेतार्थ सिस्टम पाठ के आधार पर विकसित किया जा सकता है। इसके साथ ही रूपवैज्ञानिक प्रक्रिया (वर्तनी, शब्द रूप परिवर्तन, प्रातिपादिकत्व, अंग प्रत्यय विच्छेद, कलन विधि) व्याकरणिक गुणधर्मों (शब्दक्रम, पदरचना, वाक्य प्रकार) तथा शब्दार्थ विज्ञान (शब्दार्थ वैशिष्ट्य, शब्द का अर्थ विषयक पक्ष, वाक्य और अनुच्छेद का अर्थीय सन्दर्भ, संकेत प्रयोग विज्ञान) पर भी कम्प्यूटर साधित विवरण प्रस्तुत किये जा सकते हैं।

आज इस बात को स्वीकार लिया गया है कि भाषा-शिक्षण के लिए कम्प्यूटर एक प्रभावी और अत्यन्त उपयोगी उपकरण सिद्ध हो सकता है। एक प्रभावी कम्प्यूटर के लिए आवश्यक है कि उसकी यन्त्र सामग्री शक्ति सम्पन्न हो, उसकी प्रक्रिया सामग्री उन सभी समादेशों (comands) को पूरा करने की क्षमता रखती हो जिसकी आवश्यकता पाठप्रस्तुति में होती है तथा पाठ सामग्री की प्रकृति व्यवस्थित हो। इन्हीं पक्षों को ध्यान में रख कर हम आगे हिन्दी भाषा-शिक्षण से सम्बन्धित कुछ चर्चाएँ करेंगे।

भाषा, भाषाविज्ञान और अनुप्रयोग

अन्य भाषा सीखने-सिखाने को विश्वव्यापी रुचि के बढ़ने का ही यह परिणाम है कि पिछले तीन दशकों में प्राकृतिक भाषाओं को समझने और प्रजनित करने के लिए

आवश्यक कम्प्यूटर प्रणाली के विकास में भी काफी तेजी आयी है। 'भाषा क्या है' और 'भाषा क्या करती है' के बजाय प्राकृतिक भाषा संसाधन के क्षेत्र में कृत्रिम बुद्धि के अन्तर्गत 'भाषा कैसे कार्य करती है' से सम्बन्धित समस्याएँ भी उभर कर सामने आयी।

इस आधुनिक सन्दर्भ में भाषावैज्ञानिक लक्ष्य भी बदले जिसमें संकेत प्रतीक विज्ञान की सहभागिता बढ़ी तथा औपचारिक भाषावैज्ञानिक सिद्धान्तों के साथ ही प्रस्तावित भाषावैज्ञानिक प्रारूपों के परीक्षण की ओर भी गहराई के साथ दृष्टिपात किया गया। इस बदलाव के चलते ही नीरेनबर्ग (1987) ने कहा था कि 'इनपुट टेक्स्ट' के अर्थ-सन्दर्भ पर भी ध्यान दिया जाय, न कि केवल वाक्य-रचना या द्विभाषिक कोश में निहित शब्दों या पदबंधों तक अपने को सीमित रखा जाय।' अतः भाषाविज्ञान के व्यावहारिक प्रतिफलन अथवा अनुप्रयोग में भाषा-विवरण (Description of language) को प्रयोजनमूलक, प्रकार्य-बाधित और प्रयोक्ता सापेक्ष बनाने पर बल दिया गया (लैंकास्टर : 1977) ताकि भाषा-विवरण विध्यनुसार (Formized) होने के साथ-साथ प्राकृतिक भाषा के सभी तथ्य (facts) मशीन को देने में समर्थ हो सके। भाषा-शिक्षण के सन्दर्भ में भी आज इस धारणा को महत्व दिया जा रहा है कि 'किसी भी भाषिक तत्त्व को हम तब तक व्यवस्थित और बोधनीय ढंग से नहीं पढ़ा सकते जब तक कि उसका वाक्य विन्यासात्मक विवरण सामाजिक स्वीकार्यता और सन्दर्भ में नहीं दिया जाता' (We can not teach systematically what we can not describe sociolinguistically : John Lyons-1971)।

इसमें कोई सन्देह नहीं कि भाषावैज्ञानिक अध्ययन का उद्देश्य मानव भाषा को परिवर्तों (Variants) में ढाल कर देखते हुए उसके भिन्न प्रकार्यों की पहचान करना है। अतः किसी भाषा या उसके अंश (part) के विवरण को भाषाई और भाषेतर (Internal and External to linguistics : Hallida-1975) दोनों तथ्यों से जोड़ना अनिवार्य है। आज इसीलिए मानव भाषा का विवरण देने में कोटियों (Categories) तथा मदों (items) तथा इनके परस्पर सम्बन्धों के विश्लेषण को प्रमुखता दी जा रही है। यहीं से अनुप्रयुक्त भाषाविज्ञान की भूमिका प्रारम्भ होती है जो अपनी प्रकृति में एकात्मपरक शास्त्र (Integrative decipline) है जिसमें भाषा अध्ययन के भिन्न उपागमों (approaches) से प्राप्त भाषिक तथ्यों को एकत्रित कर इसकी शाखाएँ आवश्यकतानुसार उपयोग में लाती हैं। भाषा-शिक्षण इनमें से अधिकाधिक उपागमों का इस्तेमाल करता है ताकि वह भाषा-अधिगम को अधिकाधिक सक्षम, समर्थ, उपयोगी और व्यापक बना सके। उदाहरण के लिए–

वाक्य स्तर पर – मेरे बेटों ने यह फिल्म देखी।
मेरे बेटों ने इस फिल्म को देखा।
– क्या आपने वह गाय बेच दी।

क्या अपने उस गाय को बेच दिया।
– लड़कियों ने कपड़े यहीं रखे थे।
लड़कियों ने कपड़ों को यहीं रखा था।

वाग्मिता परक उपयोग – सुना है, आजकल चेर्मा में सेल लगी है।
इनसे मिलिए, आप हैं श्रीमती गीता वर्मा।
अच्छा चलो, तुम कहते हो तो चलता हूँ।
यह लीजिए, अपने पैसे।
हाँ, चलेगा/चल जायेगा।
क्या बताऊँ यार, काम में उलझ गया था।
अरे भाई, तुम मानते क्यों नहीं?
आपने याद किया था? कहिए, क्या काम है?
अच्छा ऐसा करो, तुम घर जाओ, मैं फोन करके आता हूँ।

समाज-सांस्कृतिक – आइए वर्मा जी, आइए। बैठिए।
कहिए, क्या हाल-चाल है?
– ठीक है, आप सुनाइए।
– आप क्या पिएँगे? चाय या कॉफी?
– हम कुछ नहीं लेंगे। आप कष्ट न करें।
अच्छा चलें, बहुत धन्यवाद।
– नहीं, नहीं बैठिए, इतनी जल्दी क्या है?

भाषा-शिक्षण

भाषा-शिक्षण अनुप्रयुक्त भाषाविज्ञान की एक शाखा है। भाषा-शिक्षण का अनिवार्य पक्ष है—भाषा अधिगम। भाषा-शिक्षण की चर्चा यह जाने बिना नहीं की जा सकती कि भाषा का अधिगम कैसे होता है या अधिगम के लिए उसे कैसे प्रस्तुत करना होता है। कम्प्यूटर में दृश्य-श्रव्य दोनों को साथ-साथ और अलग-अलग भी ला सकने की क्षमता है अतः भाषा-अधिगम की सभी गतिविधियाँ वह सफलतापूर्वक पूर्ण कर सकता है। भाषा-शिक्षण की आधुनिक विचारधारा (शिक्षार्थी केन्द्रित) ने यह बात साफ कर दी है कि भाषा-शिक्षण की प्रारंभिक पद्धतियाँ शिक्षार्थी निष्क्रिय (learner passive) रही हैं। फिर श्रव्य-भाषा प्रणाली (Audio-lingual method) जैसी महत्वपूर्ण प्रणाली सामने आयी जिसके साथ नेल्सन ब्रुक्स का नाम जुड़ा है। इस प्रणाली ने 'भाषा-शिक्षण' उसे माना जिसमें भाषा सीखने के लिए शिक्षार्थी भाषा को अधिकाधिक सुने और बोले। इस प्रणाली को श्रवण-उच्चारण (ural-oral method)

भी कहा गया। शिक्षार्थी के भाषा सीखने की ज़रूरत, उद्देश्यों और लक्ष्य पर ध्यान देते हुए इस प्रणाली ने न्यूनतम युग्म अभ्यास, अभिरचना अभ्यास, वार्तालाप आदि को केन्द्रीय स्थान देते हुए 'भाषा-अधिगम के पाँच बिन्दु निर्धारित किये जिन्हें आज भी पूरे विश्व में स्वीकृति प्राप्त है : 1. भाषा वाक् है, लेखन नहीं, 2. भाषा, आदतों का समुच्चय है, 3.भाषा सिखाइए, भाषा के बारे में नहीं, 4. भाषा वह है जिसे मातृभाषा भाषी बोलता है, न कि वह जिसका विवरण व्याकरण में है और 5. हर भाषा के मौखिक प्रयोग का अपना सामाजिक सन्दर्भ होता है।

यह प्रणाली टी.जी. प्रणाली की प्रतिक्रिया स्वरूप सामने आयी थी जिसमें मानक भाषा के लेखन को तथा भाषा की संरचना को पढ़ाने पर बल दिया गया था। ऐसे में शिक्षार्थी भाषा तो सीख लेता है पर सामाजिक सन्दर्भों में उसका उपयुक्त ढंग से (appropriately) प्रयोग नहीं कर पाता। शिक्षार्थी भिन्न सामाजिक परिस्थितियों में भाषा का सटीक प्रयोग कर सके और उसकी सर्जनात्मकता भी विकसित हो—यह नेल्सन ब्रुक्स का 'भाषा-शिक्षण' से तात्पर्य था। बाद में हैलिडे, हाइम्स आदि ने इसी सन्दर्भ में सम्प्रेषण परक क्षमता (Communicative competence) की संकल्पना सामने रखी जिसका मूलमंत्र है—The Competence to use grammer in real life communicative situations, after learning it. उदाहरण के लिए अंग्रेज़ी-हिन्दी के कुछ समतुल्य प्रयोग देखें—

स्वनिम

What will you do —आप, तुम, तू
He has gone to day—वह/वे
What was his name—उसका/उनका
My father—मेरे पिता (जी)

पर्याय के अर्थ-सन्दर्भ

A lot—खूब (बहुत खूब, खूब कही)
Neck—गला (गला (हुआ))
To freeze—जमना (दही, आदमी, गाना)
Fast—तेज़ (उसकी ज़बान तेज है, खाना तेज़ है)
To scurb—माँजना (मँजी हुई भाषा, मँजा हुआ भाषण)
To cause to go up—चढ़ाना (जल चढ़ाना, रजिस्टर में चढ़ाना, रंग चढ़ाना, दारू चढ़ाना, खून चढ़ाना, किसी की तारीफ़ कर के उसे चढ़ाना-चने की झाड़ पर)

सह प्रयोग

कैंची जैसी ज़बान, पकौड़े जैसी नाक, रेशम जैसे बाल, पत्थर जैसा दिल,
चाँद-सा चेहरा, शेर जैसी चाल, मोतियों-से दाँत, हिरण जैसी आँखें।

इस प्रकार अद्यतन भाषा-शिक्षण प्रविधि में संकेत प्रयोग विज्ञान (Progmatics), समाज भाषाविज्ञान, शैलीविज्ञान और प्रोक्ति-विश्लेषण की सहभागिता अनिवार्य बन ग है जिनसे यह सिद्ध हुआ है कि भाषा स्वयं संज्ञान (Cognition) भी है और सम्प्रेषण का सामाजिक उपकरण भी। इसीलिए भाषा के भीतर निहित सांस्कृतिक तत्त्वों के शिक्षण और अधिगम को भी समेटने का यत्न (विशेष रूप से विदेशी भाषा के रूप में हिन्दी शिक्षण में) किया जा रहा है—भाषा के विनम्र-शिष्ट प्रयोग, अभिवादन, सम्बोधन, नाते-रिश्ते के शब्द आदि के प्रयोग का शिक्षण आज आवश्यक बन चुका है। कम्प्यूटर के माध्यम से इनकी प्रयोग-सरणियाँ बना कर शिक्षार्थी में इनके दृढ़ीकरण के लक्ष्य को आसान बनाया जा सकता है और समय की भी बचत की जा सकती है। 'सम्प्रेषण' को सर्वाधिक महत्व देने वाली इस सम्प्रेषणपरक भाषा-शिक्षण की चार धारणाएँ और चार उपागम (approaches) इस प्रकार हैं :

धारणाएँ (1) भाषा संरचना पर दिये जा रहे बल को सीमित करना, (2) सभी भाषा कौशलों को सम्प्रेषण के धरातल पर सिद्ध करना, (3) बोधन और अर्थ को महत्व देना तथा (4) शिक्षार्थी की सम्प्रेषण परक क्षमता और भाषा प्रवीणता (Proficiency) को पुष्ट करना।

उपागम (1) भाषा का प्रयोग कराते हुए कुछ अन्योन्य क्रियात्मक (Interactional) स्थितियों को साधना सिखाना : (अन्तः क्रियात्मक प्रकार्य) Interactional Function of Language.

(2) भाषा का प्रयोग विवरण या रपट देने के लिए करना सिखाना : (सूचनापरक प्रकार्य) Informative Function of Language.

(3) भाषा का प्रयोग सामाजिक सम्बन्धों को निर्मित-स्थापित करने तथा इनका निर्वाह करने के लिए सिखाना : (सामाजिक प्रकार्य) Phatic Function of Language.

(4) भाषा का प्रयोग सृजन, पुनः सृजन तथा आस-पास की दुनिया को नये नज़रिए से देखने के लिए करना (काव्य प्रकार्य) : Poetic Function of Language.

वैसे तो मौखिक भाषा-शिक्षण की अनेक प्रविधियाँ अपनाई जाती हैं। पर आधुनिक भाषा-शिक्षण ने मौखिक भाषा के रूप और प्रकार्य के व्यावहारिक लक्ष्य की सिद्धि के लिए अत्यन्त उपयोगी प्रारूप दिये हैं जिन्हें कम्प्यूटर साधित भाषा-शिक्षण

में बड़ी सहजता से अपनाया जा सकता है। इनकी संख्या बड़ी है, पर अधिगम की दृष्टि से कुछ अति महत्वपूर्ण प्रारूपों पर दृष्टिपात करें।

आज्ञा देना : किसी को कुछ करने का आदेश देना–तुम यहाँ से जाओ।

चेतावनी देना : किसी को सम्भावित खतरे से आगाह करना–गाड़ी तेज़ मत चलाओ, आग से मत खेलो, गाली मत दो।

सावधान करना : सम्भावित विपरीत नतीजों के प्रति सलाह देना–जल्दी-जल्दी मत खाओ, नहीं तो...

सुझाव देना : सही काम करने को प्रेरित करना–टहलना स्वास्थ्य के लिए अच्छा होता है, दवा समय पर लेनी चाहिए।

अनुरोध : कुछ करने के लिए निवेदन करना–कृपया ध्यान से सुनें, कृपया दरवाज़ा बन्द कर दीजिए।

निर्देश : किसी को यह बताना कि वह कोई काम किस तरह से करे–दो अंडे तोड़ लें...

पेश करना : किसी को कुछ वमित करना–आप मेरी सीट पर बैठ जाइए, तशरीफ़ रखिए, लीजिए, चाय पीजिए।

शाबाशी देना : किसी की सराहना करना–वाह, तुमने बहुत अच्छा काम किया, शाबाश, तुम तो बहुत अच्छा गाते हो।

रोकना : किसी काम को करने से रोकना–धूम्रपान न करें, घास पर न चलें, यहाँ न थूकें।

(कम्प्यूटर पर इस Form & Function सम्बन्ध को विभिन्न विकल्पों तथा प्रयोग-सन्दर्भों के साथ रखते हुए छोटे-छोटे अभ्यास भी दिये जा सकते हैं)

मानव और समाज के इतिहास में वाक् की तुलना में लेखन काफ़ी बाद में विकसित सांस्कृतिक क्रिया है। मातृभाषा भाषी को भी इसे सीखना या सिखाना पड़ता है। लिखते समय दबाव भी कई तरह के होते हैं और ध्यान भी अधिक देने की ज़रूरत पड़ती है। वाक् की ही भाँति लेखन भी औपचारिक या सहज तथा व्यक्तिगत या कार्यालयी हो सकता है। 'लेखन' अपनी प्रवृत्ति में रूढ़िगत (Conventional) और संधारित (Conservative) होता है, अतः इसके शिक्षण को अधिक व्यवस्थित बनाने की ज़रूरत होती है जिसकी पूर्ति कम्प्यूटर साधित भाषा-शिक्षण कर सकता है। आज का चिन्तन सस्यूर के उस मत से काफ़ी आगे निकल चुका है जो लेखन को वाक् का प्रतिबिंब (reflection) मानता था। इस आगे की यात्रा को श्रीवास्तव (1984) में देखा जा सकता है–

वाक्

अर्थ < .... > रूप

लेखन

लेखन कौशल की दक्ष संप्राप्ति के लिए ये बातें अनिवार्य मानी गयी हैं—व्याकरण को सही रूप में प्राप्त करना, शब्दावली का परास (range) प्राप्त करना, विराम चिह्नों का अर्थगर्भ प्रयोग करना, वर्तनी का सही प्रयोग करना, वाक्य संरचना के परास का प्रयोग करना, टॉपिक के विकास के लिए विचारों और सूचनाओं को वाक्योपरि स्तर पर संयोजित करना, कथ्य को स्पष्टता तथा प्रभावशीलता के साथ विकसित करना।

सम्प्रेषणपरक लेखन क्षमता के विकास के लिए शिक्षार्थी से भिन्न प्रकार के कार्य कराने को कोटिबद्ध कर दिया गया है। यहाँ भी केन्द्रीय महत्व प्रयोजन और प्रकार्य को ही माना गया है। चर्चित कोटियों में से कुछ की चर्चा करें जिन्हें बोधात्मक लेखन प्रकार (Comprehencive types of writing) भी कहा जा सकता है—

(1) व्यक्तिगत लेखन : डायरी, खरीदारी की सूची, अपनी निजी व्यस्तताओं, कार्यों की सूची, पते, खाना बनाने या सिलाई-कढ़ाई की विधियाँ

(2) सार्वजनिक लेखन : पूछताछ, शिकायत, अनुरोध पत्र, फार्म भरना, आवेदन-पत्र तैयार करना, तैयार आवेदन पत्र भरना

(3) सामाजिक लेखन : भिन्न प्रकार के पत्र लिखना, निमंत्रण पत्र, शोक संवेदना व्यक्त करना, धन्यवाद देना, बधाई देना, गीत लिखना, आत्मकथात्मक गद्य लिखना

(4) अध्ययनपरक लेखन : पढ़ते समय नोट्स बनाना, लेक्चर्स के नोट्स बनाना, रूपरेखा बनाना, सार-लेखन, समीक्षा करना, यात्रा-संगोष्ठी की रपट तैयार करना, विषय केन्द्रित लेख लिखना, जीवनीपरक लेखन करना

(5) संस्थापरक लेखन : कार्यवृत्ति, अधिसूचना, रपट, निविदा, व्यापारिक पत्र, विज्ञापन, बॉयो-डाटा आदि का लेखन करना

लेखन के प्रकार्य और प्रयोजन को और भी व्यावहारिक रूप देने के लिए कुछ लेखन-प्रविधियों की भी चर्चा की गयी है जिसे 'काल्ट' (CALT : Computer aided language teaching) द्वारा उभारने का प्रयत्न होना चाहिए। इन्हें सैंपसन और जैफरी (1985) ने क्रमशः स्थैतिक, विवरण, आख्यान, कारण और प्रभाव, चर्चा, तुलना, वर्गीकरण, परिभाषा के रूप में रखा है और इन्हें कक्षा में प्रस्तुत कर लिखवाने के लिए 'प्रश्न-प्रणाली' दी है जिसे 'काल्ट' में समेट पाना कठिन नहीं होना चाहिए—

प्रश्न	प्रकार्य
'क' का क्या अर्थ है?	परिभाषा
'क' को कैसे समझाएँगे?	विवरण
'क' के अंग कौन-कौन से हैं?	विश्लेषण
'क' के कितने प्रकार हैं?	वर्गीकरण
'क' की तुलना 'ख' से कैसे करेंगे?	तुलना
आज 'क' की स्थिति क्या है?	मूल्यांकन
'क' के तथ्य क्या-क्या हैं?	रपट
'क' क्या-क्या करता है?	व्याख्या/आख्यान
'क' के गुण कौन-कौन से हैं?	निर्धारण
'क' का सार-संक्षेप कैसे करें?	सार लेखन
'क' के पक्ष या विरोध में मत कैसे दें?	तर्क/विवेचन

मान ले कि 'दीपवाली' पर लिखवाना है तो ऊपर के प्रश्नों के सहारे 'दीपावली' पर तथ्य देकर भी लिखवाया जा सकता है, जिसका प्रारूप इस प्रकार बनेगा (सिंह : 1996)

टॉपिक दीपावली

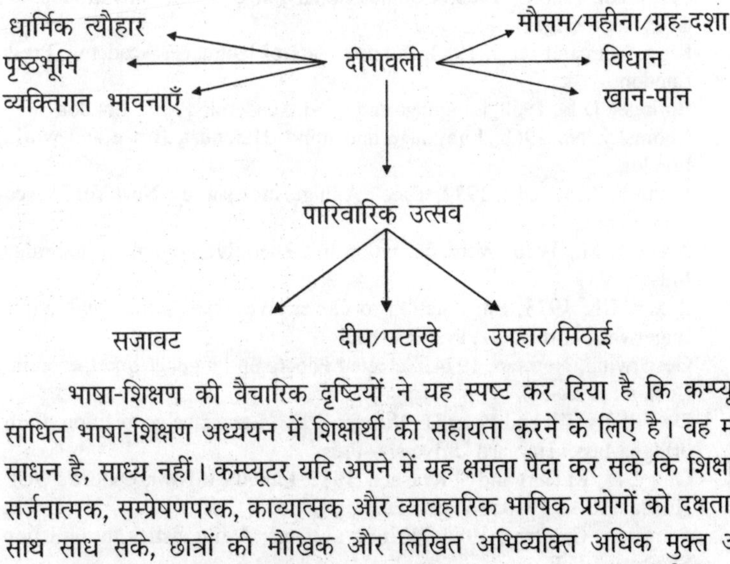

भाषा-शिक्षण की वैचारिक दृष्टियों ने यह स्पष्ट कर दिया है कि कम्प्यूटर साधित भाषा-शिक्षण अध्ययन में शिक्षार्थी की सहायता करने के लिए है। वह मात्र साधन है, साध्य नहीं। कम्प्यूटर यदि अपने में यह क्षमता पैदा कर सके कि शिक्षार्थी सर्जनात्मक, सम्प्रेषणपरक, काव्यात्मक और व्यावहारिक भाषिक प्रयोगों को दक्षता के साथ साध सके, छात्रों की मौखिक और लिखित अभिव्यक्ति अधिक मुक्त और सामर्थ्यपूर्ण बन सके तो एक बड़ी क्रांति भाषा-शिक्षण के क्षेत्र में हो सकती है जिसका अकूत लाभ भारत जैसे बहुभाषिक राष्ट्र को मिल सकता है। हमने इस आलेख में

यही जानने की कोशिश की है कि भाषा-शिक्षण और अधिगम की प्रक्रिया में कम्प्यूटर की क्या क्षमताएँ हो सकती हैं और इनसे क्या-क्या लाभ भाषा-शिक्षण के क्षेत्र में लिए जा सकते हैं।

भाषा-शिक्षण की इस प्रविधि का विस्तार राजभाषा प्रशिक्षण के लिए भी किया जा सकता है। राजभाषा हिन्दी के सभी अभिव्यक्त रूप आज सीमित व्याकरण में बँध चुके हैं जिन्हें कम्प्यूटर साधित पाठ सामग्री में ढाल कर राजभाषा कर्मियों को प्रशिक्षित किया जा सकता है। आज कम्प्यूटर के साथ 'सूचना' के महत्व को बार-बार रेखांकित किया जा रहा है। भाषा-शिक्षण में भी उसकी इस शक्ति का उपयोग किया जा सकता है। किसी विशेष टॉपिक से सम्बन्धित सूचनाएँ, उस टॉपिक से सम्बन्धित प्रकाशित सामग्री का परिचय हम शिक्षार्थी को दे सकते हैं। हिन्दी भाषा-शिक्षण के 'एडवांस' स्तर पर हिन्दी भाषा के इतिहास, हिन्दी भाषा की प्रकृति, हिन्दी भाषा समाज, हिन्दी, उर्दू, हिन्दुस्तानी आदि पर ज़ानकारी दी जाती है, यहाँ भी कम्प्यूटर की सूचना संचयन और संचरण की शक्ति का पूरा लाभ उठाया जा सकता है।

सन्दर्भ

Grishman, Ralph , 1986, Computational Linguistics : An Introduction. CUP, Cambridge.

King, Margaret (ed.), 1983, Parsing Natural language, Academic Press, London

Bolinger, D.L., 1968, Language and mind, Academic Press : London

Chomsky, N., 1968, Language and mind. Harcourt, Brace and world, London.

Fromkin, V.A. (ed.), 1982, Tone : A linguistics survey, New York : Academic Press

Aronoff, M., 1976, Word formation in Generative grammer,Cambridge, Mass : MIT

Baker, CL, 1978, Introduction to Generative Transformational syntax Engelwood cliffs, N.J. : Prentice-Hall

Geschwind, Norman, 1974, Selected Papers on language and the brain : Boston : D Reidel.

De Villiers, Jill and Peter De Villiers, 1978, Language acquisition, Cambridge Mass : Harvard University Press

Duley, H., M Burt and S. Krashen, 1982, Language Towr, Oxford : OUP

Hudson, R.A., 1980, Sociolinguistics, London, CUP

Sampson, Geoffrey, 1985, Writing systems; A linguistics introduction, Stanford S U P

Beeb, L., 1988, Issues in second language acquisition, Sydney : New bury House.

Halliday, M A K, 1975, Learing how to mean, London : Edward Arnold.
Johnson, K, 1988, Communication in the classroom, London : Longman.
Littlewood, W., 1981, Communicative language teaching, CUP.
गुप्त मनोरमा, 1984, भाषा अधिगम : आगरा : केन्द्रीय हिन्दी संस्थान
वर्मा, ब्रजेश्वर, 1969, (सं.) भाषा-शिक्षण और भाषा विज्ञान, आगरा : केन्द्रीय हिन्दी संस्थान
श्रीवास्तव, रवीन्द्रनाथ, 1983 प्रयोजनमूलक हिन्दी व्याकरण, आगरा : केन्द्रीय हिन्दी
शारदा भसीन संस्थान
सिंहल, उषा, 1977, हिन्दी शिक्षण, दिल्ली, सौरभ प्रकाशन

फ्रांस में हिन्दी [1]

आज हम हिन्दी की चर्चा उसके तीन सन्दर्भों के परिप्रेक्ष्य में करते हैं–(1) हिन्दी का जनपदीय सन्दर्भ, (2) हिन्दी का राष्ट्रीय सन्दर्भ और (3) हिन्दी का अन्तर्राष्ट्रीय सन्दर्भ। हिन्दी के जनपदीय (बोलियों के बीच सम्पर्क भाषा/मातृभाषा) तथा राष्ट्रीय (अखिल भारतीय स्तर पर जनभाषा-सम्पर्क भाषा/राजभाषा) सन्दर्भ के अतिरिक्त हिन्दी व्यवहार का तीसरा, अन्तर्राष्ट्रीय सन्दर्भ भी अब काफ़ी महत्वपूर्ण मानकर देखा जाने लगा है। अन्तर्राष्ट्रीय भाषा के रूप में हिन्दी के कई पक्षों पर गहराई से विचार किया गया है। इस वैचारिकता की पृष्ठभूमि में विश्व हिन्दी सम्मेलनों की अहम भूमिका रही है। अपने अन्तर्राष्ट्रीय सन्दर्भ में हिन्दी का पहला पक्ष त्रिनिडाड, मॉरिशस, फीजी, गुयाना आदि देशों से सम्बद्ध है, जहाँ हिन्दी का व्यापक प्रयोग है। इन देशों के हिन्दी-प्रेमी हिन्दी को केवल भाषा के रूप में व्यवहार में नहीं लाते, बल्कि इसे अपनी संस्कृति का अंग भी समझते हैं। हिन्दी को वे अपने ऐतिहासिक सम्बन्धों की सांस्कृतिक कड़ी और अपनी भावात्मक एकता का मूल आधार मानते हैं। अपने दूसरे पक्ष पर हिन्दी का अन्तर्राष्ट्रीय सन्दर्भ अपने पड़ोसी देशों, यथा–बांग्लादेश, श्रीलंका, इंडोनेशिया, कंबोडिया, बर्मा, मलयेशिया, नेपाल आदि को सामाजिक-सांस्कृतिक-आध्यात्मिक प्रेरणा प्रदान करता है। तीसरे पक्ष पर हिन्दी, अमरीका, फ्रांस, इंग्लैंड, चीन, जापान, रूस, जर्मनी, इटली आदि देशों में 'विदेशी' भाषा के रूप में अपना प्रमुख स्थान बनाए हुए है। हिन्दी व्याकरण लेखन, हिन्दी शिक्षण-सामग्री निर्माण, हिन्दी साहित्य के अनुवाद आदि क्षेत्रों में विदेशी भाषा के रूप में हिन्दी को इन देशों के विद्वान बहुत पहले से समृद्ध करते आये हैं : जॉन फ़र्ग्यूसन (1773, हिन्दुस्तानी भाषा का व्याकरण), गिलक्राइस्ट (1796, ए ग्रामर ऑफ हिन्दुस्तानी), लेवदेफ़ (1801, ए ग्रामर ऑफ प्योर एंड मिक्स्ड ईस्ट इंडियन डायलेक्ट), यीट्स (1827, टु द हिन्दुस्तानी लैंग्वेज), प्राइस (1828, हिन्दुस्तानी ग्रामर), गार्सा द तासी (1839-1870, इस्तवार द ल लित्येतूर ऐंदुई ए ऐंदूस्तान) आदि कुछ नाम हैं जो इस

1. इस सम्बन्ध में अद्यतन जानकारी भेजने के लिए प्रो. निकोल बलबीर का आभार।

कथन को प्रमाणित करते हैं।

किसी भी भाषा का अन्तर्राष्ट्रीय सन्दर्भ तब बनता है जब वह भाषा विश्व के कई देशों में पढ़ी-पढ़ाई जाती हो। उसके साहित्य में ऐसी सामग्री हो जो साहित्य, इतिहास, संस्कृति, दर्शन, धर्म आदि में अन्तर्राष्ट्रीय रुचि की हो। हिन्दी इन दोनों रूपों में विश्व में सम्मानित है। अनेक देशों में हिन्दी पढ़ी-पढ़ाई जा रही है। कई देशों में हिन्दी भाषा और साहित्य पर शोधकार्य हो रहे हैं और हिन्दी साहित्य अनूदित भी किया जा रहा है। फ्रांस भी इस प्रकार के देशों में एक अग्रणी देश है। फ्रांस स्वयं यूरोपीय कला, संस्कृति और साहित्य का केन्द्र है, अतः भारतीय साहित्य, कला एवं संस्कृति के प्रति उसकी भावना स्नेहिल रही है। फ्रांस इनसे अपनत्व भाव रखता है, इनमें रुचि लेता है और इन्हें आत्मसात करना चाहता है।

इस दृष्टि से हमें फ्रांस में हिन्दी के प्रति लगाव और इस दिशा में किये गये कार्यों का ऐतिहासिक अवलोकन भी करना चाहिए। फ्रांस के साथ भारत के धार्मिक, सांस्कृतिक, व्यापारिक, राजनैतिक सम्बन्धों की एक ऐतिहासिक परम्परा रही है। अठारहवीं शताब्दी के प्रारम्भ से ही फ्रांस की रुचि भारतीय अध्ययन में बढ़ने लगी थी। पेरिस के राजकीय पुस्तकालय में इस समय भारतीय हस्तलिपियों, अनेक भारतीय भाषाओं के कोश, व्याकरण आदि उपलब्ध कराये गये। बंगाल में विलियम जोन्स ने 'एशियाटिक सोसाइटी' की स्थापना की जिससे फ्रांस में संस्कृत-अध्ययन को खूब बढ़ावा मिला। आधुनिक भाषाओं के अध्ययन के लिए पेरिस में 'आधुनिक विश्व पूर्वी भाषा संस्थान' 1795 में अस्तित्व में आया। इसमें अरबी के प्रो. सिलवें द सासी थे जिन्होंने अपने शिष्य गार्सा द तासी को 'हिन्दुस्तानी' भाषा के अध्ययन के लिए प्रेरित किया। तासी ने अंग्रेज़ी पुस्तकों के सहारे हिन्दुस्तानी पढ़ी और 'हिन्दुई साहित्य का इतिहास' लिखा जिसे हिन्दी साहित्य का सर्वप्रथम इतिहास कहलाने का गौरव प्राप्त है। 1828 में तासी इस संस्थान में प्रोफेसर नियुक्त हुए। इन दिनों फ्रांस में हिन्दी भाषा-शिक्षण साहित्य-अभिमुखी अधिक था, अतः तासी और उनके शिष्यों ने हिन्दुस्तानी, खड़ी बोली और ब्रज से कई शोधपरक लेखों, रचनाओं के अनुवाद फ्रांसीसी में करके हिन्दी भाषा-शिक्षण में व्याकरण-शिक्षण तथा अनुवाद-विधि के शिक्षण की आधारशिला रखी। 1921 से 1964 के बीच ज्युल ब्लॉक और प्येर मैये के नेतृत्व में आधुनिक भारतीय भाषाविज्ञान के विकास का चरण फ्रांस में प्रारम्भ हुआ। ज्युल ब्लॉक 1939 में प्रोफेसर बने, वे हिन्दी, उर्दू, तमिल पढ़ाते थे। इस समय तीन साल के पाठ्यक्रम में हिन्दी भाषा के साथ-साथ भारतीय इतिहास, भूगोल तथा भारतीय संस्कृति का शिक्षण भी किया जाता था।

भारत की स्वतन्त्रता के बाद फ्रांस में हिन्दी सीखने की प्रवृत्ति में तेज़ी

आयी। हिन्दी छात्रों की संख्या भी बढ़ी तथा उनकी रुचि और उद्देश्य भी बदले। अब वे हिन्दी लिखना-पढ़ना, बोलचाल की हिन्दी सीखना और हिन्दी के माध्यम से भारत को जानने का लक्ष्य लेकर आने लगे। इस समय तक फ्रांसीसी शिक्षा-पद्धति में भी काफ़ी बदलाव आ चुका था। इस बदलाव ने 1795 में स्थापित 'विश्व आधुनिक पूर्वी भाषा संस्थान' (लांगलोरियांताल वीवांत) को 1970 में उच्चतर महाविद्यालय के रूप में मान्यता प्रदान की। आज इसे 'ऐंस्तिर्यूत नास्यौनाल द लॉग ए सीविलीजास्यों और्यताल' (नेशनल इंस्टीट्यूट ऑफ ओरिएंटल लैंग्वेज एंड सिविलाइजेशन–'पूर्वी भाषा तथा सभ्यता का राष्ट्रीय संस्थान') के नाम से जाना जाता है। इसी समय से फ्रांस में हिन्दी के पाठ्यक्रमों के आधुनिकीकरण की प्रक्रिया शुरू हुई। इस समय पेरिस विश्वविद्यालय के इस संस्थान में भारतीय भाषाओं के चार विभाग हैं–हिन्दी, उर्दू, तमिल तथा बंगला विभाग। संस्थान की अध्यक्ष श्रीमती निकोल बलबीर हैं। विश्वविद्यालयीन विषय के रूप में हिन्दी की पढ़ाई केवल पेरिस-स्थित इसी संस्थान में होती है। इसका सम्पूर्ण कार्यक्रम इस प्रकार चलता है–हिन्दी डिप्लोमा (डिप्लोमा ऑव हिन्दी) के लिए तीन वर्ष का पाठ्यक्रम है। इसके बाद एक साल और अध्ययन करने पर 'लीसांस' दिया जाता है तथा इसके बाद और एक साल हिन्दी अध्ययन करने और फ्रेंच में 'हिन्दी भाषा एवं साहित्य सम्बन्धित' लघु शोध-प्रबन्ध (मेम्वार) प्रस्तुत करने पर 'मैतरीज़' प्रदान किया जाता है। दो या तीन वर्षों में एक लघु शोध-प्रबन्ध स्वतन्त्र रूप से प्रस्तुत करने पर 'दिप्लोम देत्यूद अप्रोफींदी' (डिप्लोमा ऑफ इंटेंसिव स्टडीज़) देने की व्यवस्था है। इसके बाद तीन वर्षों में 'डॉक्टरेट' के लिए शोध-प्रबन्ध प्रस्तुत किया जा सकता है। मैतरीज़, डी.ई.ए. और डॉक्टरेट स्नातकोत्तर स्तर के अध्ययन माने जाते हैं।

प्रो. निकोल बलबीर ने जो जानकारियाँ भेजी हैं उनमें कुछ बातें बहुत महत्व की हैं। एक तो यह कि इस संस्थान के अतिरिक्त संस्कृत भाषा पाठ्यक्रम के साथ भी हिन्दी-शिक्षण की व्यवस्था फ्रांस में है। संस्कृत के परिपूरक विषय के रूप में हिन्दी का अध्यापन पेरिस विश्वविद्यालय (न्यू सौरवोन) तथा 'एक्स एन प्रोपेंस' विश्वविद्यालय में किया जाता है। दूसरे यह कि 'लीसांस' पूरा करने के बाद हिन्दी विद्यार्थियों की संख्या में तेजी से गिरावट आने लगती है, क्योंकि हिन्दी का उच्चस्तरीय अध्ययन करने के बाद इस दिशा में नौकरी मिलने की सम्भावनाएँ बहुत कम हैं। इसीलिए अधिकांश विद्यार्थी अन्य विषयों, जैसे अंग्रेज़ी (भाषा और साहित्य), इतिहास, तुलनात्मक साहित्य, भाषाविज्ञान, राजनीतिशास्त्र, वाणिज्य आदि का अध्ययन मूल विषय के रूप में करते हुए ही हिन्दी पढ़ने आते हैं। तीसरे, भारत के विषय में अधिकांश जानकारियाँ फ्रेंच भाषा में ही लिखी गयी हैं। इनमें भारतीय

इतिहास, राजनीति, समाज, नृत्तत्व आदि को लिया गया है। कुछ सामग्री यूरोप के अन्य देशों के लिए अंग्रेज़ी में भी तैयार की गयी है। आसान हिन्दी में इस प्रकार की सामग्री का अभाव है।

तीन साल के 'लीसांस' कार्यक्रम में विद्यार्थियों को इस स्तर तक पहुँचाने का लक्ष्य रखा जाता है कि वे बोलचाल की हिन्दी में व्यावहारिक दक्षता प्राप्त कर लें तथा आधुनिक हिन्दी साहित्य और हिन्दी की पत्र-पत्रिकाएँ पढ़कर आसानी से समझ सकें। इन उद्देश्यों की पूर्ति के लिए चारों कौशलों के स्तर पर काफ़ी अभ्यास कराया जाता है और ऐसी सामग्री का चयन 'वाचन' के लिए किया जाता है जिनसे विद्यार्थी भारतीय जीवन और परम्परा से परिचित हो सकें। निकोल बलबीर के नेतृत्व में श्रवण-सामग्री तथा फोटो-चित्रों के माध्यम से वार्तालाप-सामग्री भी विकसित की गयी है गार्सा द तासी (रुदिमेंट्स द ला लैंगुए हिन्दुई, 19वीं शताब्दी) के बाद फ्रेंच-भाषियों के लिए हिन्दी-शिक्षण को सुविधाजनक एवं वैज्ञानिक स्वरूप प्रदान करने के लिए इस बीच दो अति महत्वपूर्ण कार्य हुए हैं, इनका प्रकाशन भी हो चुका है। दो भागों में 'द मैनुअल ऑफ हिन्दी फ़ार फ्रेंच स्पीकर्स' (मैनुएल दे हिन्दी ए लयूसाज द फ्रैंकोफोंस) का प्रकाशन 1986 में हुआ। इसे निकोल बलबीर तथा प्रो. सूरजभान सिंह ने तैयार किया है। निकोल बलबीर तथा जे.के. बलबीर ने 'हिन्दी-फ्रेंच डिक्शनरी' (दिस्नेयर हिन्दी-फ्रांसीस) तैयार की है जिसका प्रकाशन 1992 में हुआ। डिक्शनरी 1057 पृष्ठों की है।

हिन्दी साहित्य के फ्रेंच अनुवाद की हमें एक लम्बी परम्परा दिखाई देती है। 1964 में डॉ. बौदवील ने मध्यकालीन हिन्दी पाठ्यक्रम प्रारम्भ किया। उन्होंने सूरसागर, रामचरितमानस, कबीर की रचनाओं, पद्मावत आदि ग्रन्थों की फ्रेंच में व्याख्या तैयार की। समय-समय पर हिन्दी की विभिन्न विधाओं में रचित श्रेष्ठ साहित्य भी फ्रेंच में अनूदित होकर आता रहा है। इनमें से कुछ महत्वपूर्ण अनुवादों का उल्लेख नीचे किया जा रहा है–

1. मीराबाई के पदों का अनुवाद (चैंट्स मिस्तीक द मीराबाई), अनुवादिका निकोल बलबीर (1979)।
2. प्रेमचन्द की कुछ कहानियों का अनुवाद, अनुवादक सी. थॉमस (1975)।
3. मध्यकालीन हिन्दी के अनुवाद (ब्रज, अवधी) : इसमें सूरसागर, रामचरितमानस के अंशों और कबीर की कुछ रचनाओं के अनुवाद हैं। अनुवादिका : मैडम बौदवील (1964)।
4. भैरवप्रसाद गुप्त के उपन्यास 'गंगा मैया' का अनुवाद (गैंजे, ओ मा मेर) अनुवादिका : निकोल बलबीर (1967)।
5. मन्नू भंडारी के उपन्यास 'महाभोज' का अनुवाद (ल फेंस्तिन द वाउचर्स)

अनुवादिका : निकोल बलबीर (1993)।

6. 'प्रसाद' की 'कामायनी' का अनुवाद, अनुवादक : जे.के. बलबीर (शीघ्र प्रकाश्य)।

यह संक्षिप्त विवरण इस बात को दर्शाता है कि मध्यकालीन और आधुनिक हिन्दी साहित्य का अनुवाद फ्रेंच में हुआ है। इसके साथ ही हिन्दी भाषा, हिन्दी साहित्य, हिन्दी के लोक-साहित्य, लोकनाट्य, लोकगीतों पर भी फ्रेंच भाषा में अनेक लेख लिखे गये हैं। इनके प्रकाशन की व्यवस्था कठिन है तथा फ्रेंच लेखों के हिन्दी अनुवाद करने की ओर भी लोगों का रुझान नहीं बन सका है। इसलिए फ्रेंच में हिन्दी भाषा और भारतीय सन्दर्भों पर हो रहे चिन्तन से भारतीय समुदाय परिचित नहीं हो पा रहा है। इस ओर भारत सरकार को, विशेष रूप से 'भारतीय सांस्कृतिक सम्बन्ध परिषद्' को ध्यान देना चाहिए।

हिन्दी और भारतीय परम्परा को फ्रांस-निवासी सराहते हैं। यहाँ नवयुवक भी हिन्दी और भारत के प्रति उत्सुकता का भाव रखते हैं। बड़ी उम्र के लोग भी हिन्दी पढ़ने में रुचि दिखाते हैं। हिन्दी पाठ्यक्रमों में यहाँ हिन्दी की स्तरीय फिल्में प्रदर्शित की जाती हैं। हिन्दी फिल्में फ्रांस में उत्साह के साथ देखी जाती हैं। पुरानी, नयी और कला फिल्मों का 'पुनरावलोकन' पेरिस में होता रहता है। फ्रेंच सबटाइटल के साथ प्रदर्शित इन फिल्मों में भारी भीड़ रहती है। सामान्य फ्रांसीसी के लिए भी भारत 'सपनों का देश' है। यूरोप में फ्रांस कलाओं की उन्नति का केन्द्र रहा है तथा उसने अपनी कलाप्रियता को हर तरह से सुरक्षित एवं संरक्षित रखा है। इसीलिए भारतीय कलाओं, परम्पराओं, लोक-जीवन तथा फिल्मों के प्रति वहाँ के लोग उत्सुक रहते हैं और इनके माध्यम से भारत को अधिक से अधिक जानना-समझना चाहते हैं।

भारत की राष्ट्रभाषा तथा भारतीय जनजीवन की साक्षी भाषा होने के कारण फ्रांस के लोग इस बात को भली-भाँति समझते हैं कि भारत और भारतीय संस्कृति को समझने में हिन्दी की भूमिका अहम है।

हिन्दी साहित्य के इतिहास-लेखन में, हिन्दी भाषा की व्याकरण-रचना में, हिन्दी साहित्य के अनुवाद-कार्य में तथा हिन्दी भाषा-शिक्षण सम्बन्धी सहायक सामग्री तैयार करने में फ्रांस का योगदान अपना ऐतिहासिक महत्व रखता है। आज हमें इन कार्यों का अवलोकन-आकलन करते हुए इन्हें प्रोत्साहित करने और इनसे सम्बद्ध समस्याओं का समाधान करने का प्रयास करना चाहिए। विश्व हिन्दी के विस्तार को भारतीय जनता से परिचित कराने पर ही हर हिन्दी-प्रेमी भारतीय का आत्मसम्मान बढ़ेगा और तभी गणेशशंकर विद्यार्थी की बरसों पहले की गयी वह भविष्यवाणी सही परिणति पा सकेगी जिसे साकार करने में आज विश्व के अनेक देश लगे हैं—''हिन्दी भाषा और हिंदी साहित्य का भविष्य बहुत बड़ा है। उसके गर्भ

में निहित भवितव्यताएँ इस देश और उसकी भाषा द्वारा संसार-भर के रंगमंच पर एक विशेष अभिनय करने वाली हैं। मुझे तो ऐसा भासित होता है कि संसार की कोई भी भाषा मनुष्य जाति को ऊँचा उठाने, मनुष्य को यथार्थ में मनुष्य बनाने और संसार को सद्भावनाओं से युक्त बनाने में उतनी सफल नहीं हुई जितनी कि आगे चलकर हिन्दी भाषा होने वाली है। यह हिन्दी के अपने पूर्व-संचित पुण्य का फल है।" (हिन्दी साहित्य सम्मेलन, गोरखपुर में दिये गये भाषाण का अंश, 1929)।

साहित्य-शिक्षण की भाषावैज्ञानिक दृष्टि

साहित्य विश्लेषण-शिक्षण के महत्व पर विचार करने से पहले हमें इसके अन्तर्निहित अर्थों, सन्दर्भों को समझने का प्रयत्न करना चाहिए। 'साहित्य क्या है?' इस प्रश्न का उत्तर उतने सटीक ढंग से और अत्यल्प शब्दों में दे पाना आसान नहीं है जितने सटीक ढंग से और कम-से-कम शब्दों में 'भाषाविज्ञान क्या है?' प्रश्न का उत्तर दिया जा सकता है। यह स्पष्ट है कि साहित्य सृजन का आधार भाषा-अध्ययन की आधार सामग्री ही बनती है लेकिन भाषाविज्ञान केवल साहित्य अध्ययन तक ही सीमित नहीं रहता अथवा उसकी उपयोगिता मात्र साहित्य के लिए ही सिद्ध नहीं की जा सकती। भाषावैज्ञानिक भाषा के प्रत्येक रूप का अध्ययन उन रूपों के निर्माण में निहित नियमों के अध्ययन के साथ करता है। वे नियम जो भाषा के वास्तविक प्रयोगों को निर्देशित-नियंत्रित करते हैं। इस प्रकार 'भाषा' के मानचित्र का एक बहुत ही छोटा-सा खंड 'साहित्य' भर पाता है और यह भी साफ़ देखा जा सकता है कि यह खंड या क्षेत्र 'असामान्य' भी होता है, तो क्या भाषावैज्ञानिकों को साहित्य भाषा के 'सर्जनात्मक रूप' की अवहेलना करनी चाहिए? आधुनिक भाषाविज्ञान के स्थापना-युग में यह प्रवृत्ति स्पष्ट दिखाई भी देती है। प्रसिद्ध भाषाविद् सस्यूर, जिन्होंने दैनंदिन प्रयोग के भाषा अध्ययन की नींव रखी, वे लिखित-भाषा और मुख्यतः साहित्य-भाषा के अध्ययन के पक्ष में नहीं थे। उनके विचार में ये भाषा के विशिष्ट प्रयोग हैं जो पूर्णता में भाषा अध्ययन के लिए अपेक्षाकृत महत्वहीन हैं। सस्यूर के शिष्य बेले, जिन्होंने शैलीविज्ञान पर तो व्यवस्थित अध्ययन प्रस्तुत किया परन्तु 'साहित्य' पर उनका ध्यान नहीं गया। इसी प्रकार प्रसिद्ध भाषाविद् ब्लूमफील्ड एक अध्येता के रूप में तो साहित्य के सांस्कृतिक मूल्यों का आदर करते हैं परन्तु भाषावैज्ञानिक अध्ययन के लिए उसे महत्व नहीं देते।[1] निश्चित ही इन वक्तव्यों के समय तक भाषाविज्ञान अपनी स्वायत्तता के लिए संघर्ष कर रहा था और उसकी दृष्टि इस विवेचन पर अधिक केन्द्रित थी कि वह परम्परागत भाषा-अध्ययन से किन-किन धरातलों पर भिन्न है। परन्तु बाद में इस प्रकार की संकीर्णताएँ मिटीं, भाषा-सम्बन्धी कुतूहल बढ़ा और

भाषावैज्ञानिक पद्धतियों का प्रयोग अन्य सम्बद्ध क्षेत्रों में भाषाविज्ञान की अस्मिता को बिना ठेस पहुँचाए होने लगा और यहीं 'अनुप्रयुक्त भाषाविज्ञान' की आधारशिला पड़ी। शैलीविज्ञान, अनुप्रयुक्त भाषाविज्ञान की एक शाखा के रूप में विकसित आलोचना सिद्धान्त है।

इसमें सन्देह नहीं कि किसी भी भाषा का साहित्य भाषावैज्ञानिक अध्ययन के लिए विपुल सामग्री उपलब्ध कराता है। साहित्य को इसीलिए ऐसी भाषा मानना चाहिए जो 'सामान्य' या भाषा-सम्प्रदाय द्वारा प्रयुक्त 'दैनंदिन भाषा प्रयोग' से भिन्न होती है। भिन्न होते हुए भी वह उस भाषा-सम्प्रदाय के सदस्यों के लिए बोधगम्य होती है और इसके लिए एक विशेष प्रकार की स्वीकार्यता वे अपने मन में धारण किये रहते हैं। साहित्य भाषा अपने प्रयोक्ता (रचनाकार) द्वारा चुनी और गढ़ी जाती है, ऐसा वह बड़ी सावधानी से करता है। इतनी सावधानी सामान्य वक्ता सामान्य भाषा से चयन के समय नहीं रखता। इस चयन को या भाषा के विशेष प्रयोग को यदि हम साहित्य के माध्यम से पहचानने में समर्थ होते हैं तो हम बड़ी ही कुशलता से लेखक की व्यक्तिगत शैली को भी पहचान सकते हैं। परन्तु यह 'पहचान' वैज्ञानिक प्रणाली द्वारा पुष्ट और वस्तुवादी दृष्टि द्वारा प्रमाणित होनी चाहिए। साहित्य-अध्ययन की वैज्ञानिक आलोचना दृष्टि के सन्दर्भ में सम्भवतः इसीलिए श्रीवास्तव (1981) ने यह स्पष्ट कहा कि समीक्षा करते समय आलोचक 'सहृदय' न होकर समीक्षक होता है। सहृदयता के क्षणों में जो भी 'प्रभाव' उसके मन पर पड़ता है उसको समझने-समझाने के लिए उसे कोटियों (Categories) का निर्माण करना पड़ता है। आलोचना यदि वैज्ञानिक है और आलोचक की दृष्टि वस्तुवादी, तब इन कोटियों की प्रकृति हमेशा परीक्षणीय होगी। उदाहरण के लिए, यदि आचार्य शुक्ल भारतेन्दु की भाषा-शैली को 'मँजी हुई परिष्कृत', बालकृष्ण भट्ट की भाषिक अभिव्यक्ति को 'चटपटी, तीखी और चमत्कार पूर्ण' और बालमुकन्द गुप्त की कथन रीति को 'चलती, सजीव और विनोदपूर्ण' मानते हैं, तब हमारे सामने वे प्रणालीगत साधन होने चाहिए, जिनके आधार पर हम इन साहित्यकारों की अभिव्यक्ति शैली का परीक्षण करते हुए यह दिखला सकें कि किन शैलीगत लक्षणों के आधार पर शुक्ल जी ने किसी शैली को 'परिष्कृत' कहा है जबकि कुछ अन्य लक्षणों के आधार पर 'चटपटी' या 'चलती और सजीव'। इसी तरह यदि उन्होंने इंशाअल्ला खाँ और बाबू गुलाबराय दोनों की भाषा-शैली या अभिव्यक्ति रीति को 'चंचल और चटपटी' कहा है तो शैली के लक्षणों को निर्धारित करते हुए हमें यह दिखलाना होगा कि इन दो साहित्यकारों के अभिव्यक्ति विधान में वे लक्षण समान रूप से किस तरह विद्यमान हैं।

साहित्य का ढाँचा अतिविशिष्ट प्रकार का होता है जो अभिव्यक्ति के किसी

अन्य क्षेत्र में मिल पाना असम्भव है। सबसे महत्वपूर्ण बात तो यह है कि साहित्य उन लोगों द्वारा रचा जाता है जो अपने समय की भाषा के प्रति अति-संवेदनशील होते हैं। इस भाषा के माध्यम से ही वे अपने बाह्य-संसार को अपनी दृष्टि से उद्घाटित कर उसे स्थायित्व प्रदान करते हैं। वे भाषा का प्रयोग अपनी अनुभूतियों की शृंखला को व्यक्त करने और प्रक्षेपित करने के लिए करते हैं। इतना ही पर्याप्त होना चाहिए हमें प्रेरित करने के लिए कि हम साहित्य-भाषा के अध्ययन की ओर अपनी प्रतिभा-मेधा को लगाएँ। बिना किसी संशय के इस सन्दर्भ में साहित्य-आलोचकों का सहयोग अपेक्षित होगा। इस बीच कुछ उच्चस्तरीय समीक्षाएँ लिखी भी गयी हैं जिनमें साहित्यकार और भाषाविद् दोनों की सहभागिता रही है। फिर भी भाषाविज्ञान के प्रति अभी एक नकारात्मक रुख बना हुआ है, (जब भी यह साहित्यिक विषयों से जुड़ा है, ऐसा हुआ है) कि यह तो अति वैज्ञानिक है, इसमें तो बड़े ही गणितीय रेखाचित्र होते हैं, इसकी पारिभाषिक शब्दावली बड़ी जटिल संकल्पनाओं से युक्त है, आदि। परन्तु यह दृष्टिकोण भ्रमों व स्वच्छ चिन्तन के अभाव का परिणाम है। पिछले कुछ वर्षों में भाषावैज्ञानिकों और साहित्य समीक्षकों के बीच गर्मागर्म बहसें हुई हैं। दुखद यह रहा कि इन बहसों ने इनके बीच आपसी गलतफ़हमी और अविश्वास पैदा किया। इस प्रकार के विवाद ने न केवल ज्ञान के इन दोनों क्षेत्रों का अहित किया बल्कि साहित्य के अध्यापकों को एक नयी साहित्य अध्ययन पद्धति को विकसित करने में उनके योगदान से भी वंचित कर दिया। वास्तव में इन दोनों से ऊपर उठकर शैलीविज्ञान का विकास हुआ है जो एक निश्चित आलोचना सिद्धान्त का कार्य करने में सक्षम है।

शैलीविज्ञान साहित्यिक पाठ का भाषा-सापेक्ष अध्ययन करता है। शैलीविज्ञान को साहित्य-समीक्षा से और साहित्य-समीक्षा को भाषाविज्ञान से विलगा कर देखने वाली दृष्टि भ्रामक है। वास्तव में शैलीविज्ञान इन दोनों को जोड़ने वाली दृष्टि है। जैसा कि श्रीवास्तव (1978) ने संकेत भी किया है कि शैलीवैज्ञानिक विश्लेषण में 'सौन्दर्यशास्त्र' और 'काव्यशास्त्र' के ज्ञान के साथ-साथ 'भाषाशास्त्र' की जानकारी भी अपेक्षित है। यह एक ऐसा मिलन स्थल है जो दृष्टियों को ग्रहण करके उन्हें वितरित करता है। समीक्षात्मक अध्ययन में इस दृष्टि से किसी भी सैद्धान्तिक अध्ययन में पारिभाषिक शब्द महत्वपूर्ण होते हैं जो अध्ययन को स्पष्ट रूप प्रदान करते हैं। निश्चित ही भाषाविज्ञान के पास भाषा अध्ययन से सम्बन्धित अधिकाधिक पारिभाषिक शब्द हैं जो समीक्षा क्षेत्र में दिखाई देने वाले असन्तुलनों को दूर करते हैं; वे असन्तुलन जो समीक्षा में बाह्य दृष्टियों की अभिव्यक्ति और पूर्वाग्रहयुक्त विचारों के कारण आ गये हैं।

साहित्य के विभेदक लक्षण उसमें प्रयुक्त भाषा के प्रति लेखक की जागरूकता

और उसके सर्जनात्मक प्रयोग के कारण उत्पन्न होते हैं। सम्भवतः इसीलिए चैपमैन (1973) ने कहा कि साहित्य की संकल्पना की पहचान बिना उसकी भाषाई अभिव्यक्ति की चर्चा के सम्भव नहीं है। अन्य कोई भी विषय भाषा के उच्च और विविधरूपता से युक्त शैली का प्रमाण नहीं दे पाता। यह भी सत्य है कि साहित्य का सामान्य कथ्य यथा, प्रेम, घृणा, क्रोध, भय, नारी, युद्ध आदि साहित्य रचना में उतना योगदान नहीं देता जितना कि भाषा। एक रचनात्मक कथ्य जो भाषावैज्ञानिक अभिरचनाओं पर शैलीबद्ध होता है, एक साहित्यिक कृति को दूसरी साहित्यिक कृति से अलग करता है। यहाँ तक कि विचलन-रहित साहित्यिक उक्ति भी अपने शैलीय प्रभेदों का संकेत देती है। भाषाविज्ञान को कई धरातलों पर अपने विचारों से विकास देने वाले सस्यूर ने भी एक ऐसे ज्ञान-क्षेत्र की कल्पना की थी, जिसका क्षेत्र भाषाविज्ञान से सम्बद्ध हो। वे उसे प्रतीकविज्ञान (Semiology) या प्रतीकों की भाषा (language of sign) कहते हैं। सस्यूर ने इस प्रकार की चर्चा से जो वातावरण निर्मित किया उसने भाषाविज्ञान में दीक्षित साहित्य अध्येताओं को यह दृष्टि देने में मदद की कि साहित्य एक प्रोक्ति है। निश्चित ही यह संकल्पना साहित्य को मात्र एक 'पाठ' के रूप में स्वीकार करने वाली संकल्पनाओं से व्यापक है। शैलीविज्ञान बड़ी सम्भावनाओं के साथ यह संकेत देता है कि वह साहित्य में प्रयुक्त विशिष्ट भाषा के लक्षणों को व्यक्त करने के साथ-साथ साहित्य का भाषा के रूप में अध्ययन करने में भी सहायक हो सकता है। इस प्रकार समीक्षा एक व्यवस्थित अन्वेषण क्षेत्र के रूप में धीरे-धीरे मूल्यांकन के स्थान पर 'व्याख्या' (explication) और राय (opinion) के स्थान पर 'विश्लेषण' पर केन्द्रित होने लगी है। शैलीविज्ञान इस दिशा में अत्यन्त महत्वपूर्ण सिद्ध हुआ है।

भाषा/भाषाविज्ञान और साहित्य/साहित्य समीक्षा के बीच शैलीविज्ञान एक सेतु है। इस दृष्टि से देखने पर शैलीविज्ञान एक तुलनात्मक आधार भी निर्मित करता है।$_2$ साहित्य-पाठ की विशिष्टता को सामान्य भाषा प्रयोग के सन्दर्भ में देखना भी उसकी एक दृष्टि है। भाषा के सौन्दर्य और भाषा की व्यवस्था को भी इस गहरी दृष्टि द्वारा रेखांकित किया जा सकता है तथा साहित्य की श्रेष्ठता और साहित्य-प्रोक्ति की व्यवस्था से सम्बद्ध कर के भी। यहाँ साहित्य-प्रोक्ति की 'विशिष्टता' का विचार परम्परागत विश्वासों या व्यक्तिगत रूपों पर आधारित नहीं है।

डॉ. हरभजन सिंह (1977) ने भाषा और साहित्य के सम्बन्ध को एक दृष्टान्त द्वारा प्रस्तुत करने का प्रयत्न किया है। आधुनिक भाषाविज्ञान की संकल्पना 'लाँग' और 'पारोल' की चर्चा करते हुए उन्होंने कहा कि कोई भी वाक् 'पारोल' होता है जिसके माध्यम से हम उस भाषा के प्रति एक धारणा बनाते हैं जिसका वह वाक् है। इसी प्रकार किसी रचनाकार की कविता, उपन्यास, नाटक आदि भी साहित्य की

मूलभूत इकाइयों के पॉरोल हैं जिसे वे 'ऑबजेक्ट' कहते हैं। इस दृष्टि से वे भाषा या साहित्य को 'सबजेक्ट' की संज्ञा देते हैं। फिर इन दोनों को वे 'डिसिप्लिन' से जोड़ते हैं, विडोसन (1975) के शब्दों में 'डिसिप्लिन' क्षमताओं, संकल्पनाओं तथा सोचने के उन ढंगों के समुच्चय (set) से सम्बद्ध है जिनका सम्बन्ध किसी अध्ययन क्षेत्र से रहता है। इस आधार पर हरभजन सिंह ने निम्नांकित निष्कर्ष दिये—

ऑबजेक्ट	सबजेक्ट	डिसिप्लिन
पॉरोल	लाँग	भाषाविज्ञान
कविता	काव्य	काव्यशास्त्र
सर्जनात्मक कार्य	साहित्य	साहित्य-समीक्षा

भाषाविज्ञान और साहित्य दोनों ही के अध्येताओं के लिए साहित्य-भाषा में ऐसा बहुत कुछ है जो काफी समय तक दूसरे क्षेत्र की वस्तु समझा जाता रहा है। हमें यह ध्यान रखना होगा कि यद्यपि आज भाषाविज्ञान एक स्वायत्तता ज्ञान-क्षेत्र है परन्तु वह 'एकरूप' भाषा अध्ययन तक ही सीमित नहीं है। एक भाषा की विभिन्न शैलियों के भाषावैज्ञानिक अध्ययन को भी इसीलिए 'शैलीविज्ञान' के भीतर समेट लिया गया है। कई विवरणों से यह सिद्ध भी हुआ है कि 'शैली' सामाजिक परिस्थितियों की उपज होती है अर्थात यह भाषा प्रयोक्ता के सामाजिक सम्बन्धों पर आधारित रहती है। इस प्रकार शैलीविज्ञान समाज भाषाविज्ञान का एक भाग है—समाज भाषाविज्ञान जो भाषा का समाज-संदर्भित अध्ययन करता है। समाज भाषावैज्ञानिकों की रुचि भाषा पर पड़ने वाले वक्ता-वर्ग के प्रभाव पर आश्रित होती है जहाँ सांस्कृतिक, सामाजिक, वर्गगत् और कई भेदोपभेद बन जाते हैं। निश्चित ही साहित्य भाषा-शैली के इन विविध रूपों का सन्दर्भगत प्रयोग करता है। साहित्य-समीक्षकों और टिप्पणीकारों ने लिखित भाषा के सन्दर्भ में चर्चा करते हुए 'शैली' को 'अच्छी' या 'बुरी' विशेषण से संयुक्त करते हुए उसे मानव-व्यवहार में 'अच्छा आचरण' के समतुल्य रखा है। परन्तु भाषावैज्ञानिक विश्लेषण की दृष्टि में 'शैली' अलंकरण नहीं है जिसे 'अच्छा' या 'बुरा' कहा जा सके। यह बात अलग है कि कुछ क्षेत्र अन्य क्षेत्रों की तुलना में कुछ अधिक सम्पन्न होते हैं। परन्तु यह सीमा या विशिष्टता उन्हें 'अच्छा' या 'बुरा' सिद्ध नहीं करती, उनके लक्षण के रूप में अध्येता को प्राप्त होती है। अतः यह देखना जरूरी है कि किसी साहित्यकार की भाषा किन लक्षणों का, किस सीमा तक और किस रूप में प्रयोग कर रही है। और यह भी देखना कि साहित्यकार सामान्य स्वीकृत भाषा तत्त्वों का प्रयोग किस तरह करता है। अतः शैली का 'व्यक्तिगत' अध्ययन भी महत्वपूर्ण बना। अब यह सभी मानते हैं कि विधि की शैली, चिकित्साशास्त्र की शैली, धार्मिक शैली की ही भाँति साहित्यिक शैली भी अपने विशिष्ट लक्षणों से युक्त एक शैली है। यह एक तथ्य

है कि साहित्यिक शैली को कुछ गिने-चुने, निर्धारित लक्षणों के आधार पर विश्लेषित नहीं किया जा सकता। पूरे पाठ की गम्भीर विवेचना ही हमें साहित्य-शैली के किसी लक्षण से परिचित कर सकती है। साहित्य-भाषा का कला-माध्यम के रूप में प्रयोग होता है अतः वह अधिक जागरूक हो कर अपना आकार ग्रहण करती है और इसीलिए अपने गठन में 'सामान्य' होती है। यही कारण है कुछ संस्कृतियों में साहित्य भाषा रूप को इतना महत्व मिलने लगता है कि अन्य शैलियों के लिए भी वही मापदंड बनने लगती है और साहित्येतर क्षेत्र में भी साहित्यिक शैली के लक्षणों को घुसाने का प्रयत्न होने लगता है। शैली-अध्ययन में इस तथ्य की ओर संकेत करना चाहिए। कई रचनाकार तो बोली-मिश्रित भाषा रूप को ही सामाजिक अभिव्यक्ति के लिए पूरी तरह अपनाने लगते हैं। विभिन्न प्रकार के शैली-प्रयोग के कारण साहित्यकार 'विशेष शैली वर्ग' में भी बँटने लगते हैं। हिन्दी साहित्य में इस प्रकृति को स्पष्ट देखा जा सकता है। एक ओर प्रेमचन्द-भगवती चरण वर्मा-अमृतलाल नागर तो दूसरी और रेणु-अमरकान्त-मार्कण्डेय आदि और तीसरी ओर जयशंकर प्रसाद-हजारी प्रसाद द्विवेदी आदि।

अन्य शैलियों की भाँति हम साहित्य में भी किसी विशेष रचनाकार को एक विशेष प्रकार की प्रयुक्ति के प्रयोग से बँधा हुआ पाते हैं। इतना ही नहीं साहित्य समीक्षक और लेखक भी किसी एक प्रयुक्ति के प्रयोग का समर्थन और अन्य का प्रयोग न करने का प्रयत्न करते हुए देखे जा सकते हैं। यह प्रकृति हिन्दी की छायावादी रचनाओं में साफ दिखाई देती है जिसका तुलनात्मक और भाषा विश्लेषणात्मक अध्ययन शैलीवैज्ञानिक दृष्टि से महत्वपूर्ण सिद्ध हो सकता है।

एक ही रचनाकार अपनी विचारधारा या पाठक के बदलने पर अपनी 'प्रतिष्ठित शैली' के प्रयोग से अपने को हटाता हुआ भी दिखाई पड़ता है। भिन्न शैली-प्रयोग के अन्य कारण भी हो सकते हैं। भिन्न समूहों को सम्बोधित करते हुए भी रचनाकार ऐसा कर सकता है जैसे कि सामान्य भाषा-व्यवहार में अपने श्रोताओं के बदलने पर वक्ता करता है। इसका अच्छा उदाहरण वे लेखक हैं जो प्रमुखतः वयस्क लेखन से जुड़े रहे हैं पर जिन्होंने बच्चों के लिए भी लिखा है। हिन्दी में सर्वेश्वरदयाल सक्सेना ने दोनों प्रकार की रचनाएँ की हैं। शैलीय लक्षणों का तुलनात्मक विवेचन हिन्दी-शैली के गुणात्मक भेदों का अच्छा परिचय इस प्रकार दे सकता है।

विधा-भेद के साथ शैली भेद की चर्चा सामान्य है। परन्तु एक ही विधा के विविध आयाम भी शैली-अध्ययन को व्यापक कैनवास प्रदान करते हैं। वे उपन्यास जो प्रथम पुरुष में लिखे गये हैं (जैसे हिन्दी में अज्ञेय के उपन्यास), वे उपन्यास जो व्यंग्यात्मक प्रयुक्ति का प्रयोग करते हैं (राग दरबारी), या वे उपन्यास जो किसी

विशेष दिक्काल से जुड़े हैं (दिव्या, वयं रक्षामः, बाणभट्ट की आत्मकथा) शैली की विविधता को अभिव्यंजित करते हैं। वैसे भी उपन्यासों में एकाधिक प्रयुक्तियाँ एक साथ सन्दर्भानुकूल प्रयुक्त होती है क्योंकि पात्र आदि को अलगाने और प्रभाव के लिए शैली ही माध्यम बनती है। दक्ष रचनाकार जहाँ पात्रों के भाषा-व्यवहार को भिन्नता प्रदान कर पाते हैं वहीं अदक्ष रचनाकार ऐसा कोई भेद या क्षेत्रीय, सामाजिक परिवर्तन उपस्थिति नहीं कर पाते। शैलीवैज्ञानिक अध्ययन इन दोनों के भेद/प्रभावों का विवरण दे सकता है। लिखित संवाद का प्रश्न 'बोली' की संकल्पना से जुड़ता है, जो भाषा-प्रयोक्ता की एक विशेष प्रभेदक व्यवस्था होती है। इसके माध्यम से प्रयोक्ता के आसपास की क्षेत्रीय, या वर्गगत अस्मिता स्थापित होती है। लेखन में भी 'वाक्' निरन्तर उद्‌घाटित होता रहता है। शैलीवैज्ञानिक किसी कहानी, उपन्यास या नाटक में अभिव्यक्त 'व्यक्ति बोली' की तुलना उस आयु, वर्ग, शिक्षा क्षेत्र के वास्तविक वक्ता से तुलना कर यह दिखा सकता है कि वह चरित्र वास्तविक है या बनावटी। इस सन्दर्भ में अमरीकन इंस्टीट्यूट ऑफ़ इंडियन स्टडीज़ (1988) ने कुछ प्रचलित हिन्दी कहानियों को लेकर महत्वपूर्ण कार्य किया है। इसके साथ ही उक्ति परिवर्तन के साथ ही शैली परिवर्तन और एक ही वार्तालाप के मध्य प्रयुक्ति परिवर्तन का अध्ययन भी शैली की दृष्टि से किया गया है। हिन्दी में प्रेमचन्द और रेणु की रचनाएँ इस प्रकार के शैली प्रयोग का अच्छा उदाहरण हैं।

शैली की इस विविधरूपता को तथा उसके प्रयोग-वैशिष्ट्य को साहित्य-भाषा के सन्दर्भ में देखना शैलीवैज्ञानिक अध्ययन के फलक को व्यापक बना सकता है। ऐसा न करने के या न कर पाने के पीछे कुछ भ्रांतियाँ भी हैं और कुछ वे कारण भी जिनकी चर्चा पहले की गयी है। किसी भाषाविज्ञान के छात्र से जब भी भाषा अध्ययन के पीछे उसके उद्देश्य की बात पूछी जाती है तो वह यही कहता है कि उसकी रुचि भाषा-विकास को जानने में है या अधिक-से-अधिक वह यह जानना चाहता है कि शब्द अपना अर्थ कैसे बदलते हैं। परन्तु आज ये दोनों ही पक्ष भाषा-अध्ययन के प्रमुख क्षेत्र नहीं रह गये हैं। सस्यूर ने भी भाषा के जिस एककालिक और कालक्रमिक अध्ययन की बात की थी उस धरातल पर भी साहित्य-भाषा को रेखांकित करने की अनन्त सम्भावनाएँ हैं। एक ही समय हिन्दी साहित्य में हमें प्रसाद और प्रेमचन्द की रचनाएँ मिलती हैं जो इन दो भिन्न शैलियों या भाषा-रूपों को व्यक्त करती हैं। शब्द-अर्थ कैसे बदलते हैं यह शैलीविज्ञान का प्रमुख विश्लेषण-क्षेत्र है परन्तु इस सन्दर्भ में कि ऐसा करके वास्तव में लेखक कहना क्या चाहता था? साहित्य में अर्थ-परिवर्तन के अनेक धरातल होते हैं, सम्भवतः भाषावैज्ञानिकों के लिए वे उतने महत्वपूर्ण न हों परन्तु साहित्यिक शैलीविज्ञान के छात्र के लिए ये वरीयता क्रम में प्रथम स्थान रखते हैं।

कोई भी साहित्यकार कोई नयी भाषा निर्मित नहीं करता, वह भाषा में प्रचलित शब्दों और भाषा प्रयोग के नियमों को अपनाते हुए ही उसमें नया अर्थ भरता है अथवा उसे नया जीवन देता है। इस दृष्टि से भाषा का ऐतिहासिक परिप्रेक्ष्य भी शैलीवैज्ञानिक समीक्षा में हमें भाषा सम्बन्धी कई प्रश्नों से दो-चार करता है।

कविता में प्रयुक्त भाषा और उसकी प्रकृति पर काफी विचार किये गये हैं। कुछ इसे परम्परागत भाषा रूप से जोड़ते हैं और कुछ सामान्य बोलचाल के रूप से। रिचर्ड्स ने तो 'सन्दर्भ' और 'संवेदना' के लिए 'भाषा के दो प्रयोग' के रूप में सीमा रेखा ही खींच दी। साहित्यिक भाषा में भी गद्य और पद्य के बीच इस प्रकार की सीमा रेखा खींची गयी है। पर ब्रूक्स, एम्पसन, रैंसम आदि विद्वान साहित्य-भाषा-अध्ययन के सन्दर्भ में इस प्रकार के भाषाद्वैत को देखने-दिखाने का समर्थन नहीं करते। उनके विचार में साहित्य की माध्यम भाषा जीवन्त भाषा के अतिरिक्त कुछ नहीं है। यह सच है कि समुचित सम्प्रेषण के लिए साहित्य-भाषा दैनंदिन प्रयोग की भाषा की ओर बार-बार लौटती है परन्तु साथ ही वह अपनी शब्दावली, पदबंध और गति की अभिरचनाओं की खोज भी करती चलती है। यही कारण है सामान्य भाषा की तुलना में जब तक हमारे पास सर्जनात्मक भाषा-प्रयोग को देखने की गहन दृष्टि, उसे ग्रहण करने की क्षमता और उन्हें विश्लेषित करने के भाषावैज्ञानिक औजार न होंगे तब तक हम साहित्यिक-साहित्येतर भाषा-गठन के बीच के भेदों को हम पहचान न सकेंगे। साहित्य में प्रयुक्त भाषा के सम्बन्ध में कई भ्रम व्याप्त हैं। विशेष रूप से उस भाषा के विषय में जिसका प्रयोग कविता में होता है। कविता की भाषा के विषय में कवि-आलोचकों ने परस्पर विरोधी विचार दिये हैं। यही कारण है कि सर्जना के क्षेत्र में कवियों द्वारा अपनाई जाने वाली भाषा के अध्ययन की अवहेलना हुई है। श्रीवास्तव (1981) ने भाषा के तीन स्तरों की चर्चा करते हुए इस प्रकार के भ्रमों का निराकरण करने का प्रयत्न किया है।

1. कविता की भाषा (Language of Poetry)—कविता का क्षेत्र हमारे जीवन की ही भाँति विविधरूपी होता है। यह हमारे जीवन की आन्तरिक स्थितियों से भी जटिल वस्तु होती है। यह उसी तरह बहुमुखी होती है जिस प्रकार हमारी सांस्कृतिक आधात्री। कविता भाषा में ही और भाषा के माध्यम से ही रची-समझी जाती है। कविता की भाषा में उतनी ही सर्जनात्मकता होती है जितनी हमारे मस्तिष्क की। अतः यह स्वीकार करने में संकोच नहीं होना चाहिए कि कविता की भाषा उतनी ही लचीली हो सकती है जितना उसका विषय क्षेत्र। कविता का क्षेत्र जीवन के अबाधित आयामों और उसकी जटिलताओं को प्रतिबिंबित करता है। यही कारण है कि कविता अपने गर्भ में अतीत से लेकर समसामयिकता तक के पूरे आयाम को समेटे रहती है और उसमें शैलीय नार्म के धरातल पर निम्नतम श्रेणी के भाषा-प्रयोग

से लेकर उच्चतम श्रेणी तक के भाषा प्रयोग का संश्लेषण होता है। सम्भवतः इसीलिए कहा गया है कि कविता में कोई शब्द अच्छा या बुरा नहीं होता, व्याकरणिकता से बँधा या उससे हटा प्रयोग नहीं होता। इसमें उपयुक्त या अनुपयुक्त स्थलों पर केवल शब्द, पदबंध या वाक्य होते हैं, जिनका चयन कवि के आन्तरिक भाव और उसके कलात्मक संघटन के आधार पर होता है। यही वह तथ्य है जो सम्पूर्ण भाषाई कोश से विशिष्ट पक्ष की विशिष्ट अभिव्यक्ति को व्यक्त कर पाता है। अतः सभी भाषाई तत्त्व या उसकी शक्तियाँ जब एक निर्धारित चौखटे में आती हैं तब उसे हम उस भाषा सम्प्रदाय की कविता की भाषा कह सकते हैं।

2. काव्यमय भाषा (Poetical language)—यह एक प्रकार की भाषा-प्रयुक्ति है। कोई भी भाषा अपनी भूमिकाओं के अनुरूप जो रूप लेती है उसे वह स्पष्टतः प्रतिबिंबित भी करती है। काव्यमय भाषा एक ऐसा भाषा रूप है जो साहित्य को एक संस्थान के रूप में उसी प्रकार स्थापित करता है जैसे विधि, धर्म, प्रशासन आदि में प्रयुक्त भाषा रूप उन्हें करते हैं। इस प्रयुक्ति में परम्परागत ढाँचे अन्तर्निहित हो कर समय को व्यक्त करने वाले तत्त्व बनते हैं। इस प्रकार्य के दो भिन्न आयाम हैं। पहले आयाम पर यह अतीत की ऐतिहासिक विरासत है जिसका प्रयोग अलंकरण के लिए होता है। इस आयाम का आभास हमें अधिकतर काव्यशास्त्रीय मुहावरों और जॉर्गस से होता है जो पुरानी परम्परा के मृत साँचे हैं। इस स्तर पर काव्यमय भाषा 'वॉर्न आउट पोएटिक फैशन' के रूप में प्रयुक्त की जाती है जो कई सन्दर्भों में प्रयोक्ता की संवेदनीय निर्बंधता को व्यक्त करता है। दूसरे आयाम पर काव्यमय भाषा को उन भाषा स्रोतों से सम्बद्ध किया जा सकता है जो समय/काल को परिभाषित करते हैं। भाषा का यह स्तर सभी सर्जनात्मक धरातलों में संचित और उपलब्ध तत्त्वों की खोज करता और उन्हें लेता चलता है। इस प्रकार साहित्यिक प्रयुक्ति उस भाषा की साहित्यिक-सांस्कृतिक तथा अतीत-अस्मिता को स्थापित करने का माध्यम बन जाती है। यही हमारे गौरवपूर्ण अतीत से जुड़ी भाषा है जो कविता को आज की सामान्य भाषा से भिन्न पहचान देती है। इस प्रकार काव्यमय भाषा का ढाँचा और 'डिजाइन' परम्परा से मिली वह भाषा है जो सांस्कृतिक निरन्तरता को सुरिक्षत रखती है। यह अच्छी हो या बुरी आधुनिक कवि इसे अपनाता है, कभी अपने पर दबाव के रूप में और कभी भाषा की जीवन शक्ति के रूप में।

3. काव्यशास्त्रीय भाषा (Poetic language)—कला के रूप में कविता सौन्दर्य को पकड़ कर प्रतीक रूप में व्यक्त करती है। इसीलिए कविता एक ऐसा सौंदर्यानुभव होती है जिसका आधार भाषा-आधात्री (language matrix) है। इस प्रकार किसी भी काव्यवस्तु (poetic artifact) को 'सौन्दर्य बोधोन्मुख भाषा' के रूप में देखा जा सकता है। जो कुछ भी 'भाषा' को 'कविता' बनाता है और 'भाषा

संरचना' को स्वायत्त 'ऑर्टिफैक्ट', उसे ही व्यापक अर्थों में काव्यशास्त्रीय कहा जाता है। जिस प्रकार सारे भाषा व्यवहार या भाषा रूप काव्यशास्त्रीय नहीं होते उसी प्रकार सारे भाषा-भेदों को काव्यशास्त्रीय भाषा का गुण या लक्षण नहीं कहा जा सकता। प्रकार्यात्मक स्तर पर काव्यशास्त्रीय भाषा इस प्रकार की भाषा है जिसका प्रयोग जागरूकता को विस्तार देने, अनुभव को सघन बनाने, संवेदना को तीक्ष्ण करने और मानस को मुखर बनाने के लिए किया जाता है। अपने संक्रियात्मक धरातल पर यह ऐसी भाषा है जो इन प्रश्नों का उत्तर देती है कि कैसे और किन भाषा प्रयोगों के आधार पर एक कविता हमारे अनुभवों को गहराती है, उन्हें सम्पन्न बनाती है, हमारी संवेदनाओं को व्यापकता प्रदान करती है और रचनाकार के बौद्धिक जीवन के सूक्ष्मातिसूक्ष्म तन्तुओं को व्यक्त करती है।

यहाँ यह तथ्य स्पष्ट होना चाहिए कि कविता एक संश्लिष्ट और पूर्ण इकाई होती है जिसकी रचना काव्य की दृष्टि से प्रासंगिक और आवश्यक अभिलक्षणों द्वारा होती है। किसी भी इकाई की तरह कविता भी एक 'सामासिक पूर्ण' (composite whole) है। काव्य अभिलक्षण, जो कविता को कविता बनाते हैं (और जो उसे काव्येतर भाषा-संरचना से भिन्न स्तर पर स्थापित करते हैं) पूरी तरह उसमें घुल-मिल जाते हैं। इस अर्थ में कविता को प्रासंगिक काव्य-प्रकार्य की जटिल संरचना के रूप में परिभाषित किया जा सकता है। भाषा की स्वनिम, रूपिम या अन्य प्रकार्यात्मक इकाइयों की तरह कविता को भी दो स्तरों पर देखा जा सकता है।[3] अतः काव्य-प्रकार्य का अध्ययन 'कविता' के सीमित क्षेत्र से बाहर भी जाता है और दूसरी ओर कविता की भाषाई छानबीन केवल काव्य-प्रकार्य की सीमा में ही बँधी नहीं रहती। कई काव्य कृतियों में काव्य-प्रकार्य के साथ भाषा के अन्य प्रकार्यों का समावेश भी होता है। महाकाव्य (Epic poetry) अन्य प्ररूप पर केन्द्रित होते हैं जो भाषा के सन्दर्भगत प्रकार्य को प्रमुखतः अपनाते हैं। गीत अधिकतर प्रथम पुरुष का प्रयोग करते हैं और अपने को भावात्मक प्रकार्य से जोड़ते हैं। मध्यम पुरुष को अपनाने वाली कविता व्याख्यात्मक प्रकार्य से बँधी होती है। सम्भवतः इसी बात को इलियट ने 'थ्री वॉयसेज़ ऑफ पोएट्री' कह कर विवेचित किया था। पहला, जहाँ कवि स्वयं से बात करता है, दूसरा, जहाँ कवि एक कथा कहता है और तीसरा, नाटकीयता जहाँ कवि एक क्रिया (action) को प्रदर्शित करता है। कविता में इन तीनों का तालमेल भी रहता है क्योंकि किसी भी 'वास्तविक' कविता में मात्र किसी एक 'वॉयस' का होना सम्भव नहीं है। काव्य क्रम का कोई भी अंग यह दिखाता है कि भाषाई तत्त्व कैसे कविता की आन्तरिक मांग के अनुसार संरचित-गठित होते हैं।

इन चर्चाओं को इकबाल की रचना 'तराना-ए-हिन्दी' के भाषाई और शैलीय विश्लेषण द्वारा और स्पष्ट रूप में समझा-समझाया जा सकता है।

तराना-ए-हिन्दी

सारे जहाँ से अच्छा हिन्दोस्ताँ हमारा
हम बुलबुलें हैं इसकी ये गुलसिताँ हमारा 1

गुरवत में हों अगर हम, रहता है दिल वतन में
समझो हमें वहीं पे दिल हो जहाँ हमारा 2

पर्वत वो सबसे ऊँचा हमसाया आसमाँ का
वो सन्तरी हमारा वो पासबाँ हमारा 3

गोदी में खेलती हैं जिसकी हज़ारों नदियाँ
गुलशन है जिनके दम से रश्के-जिनां हमारा 4

ऐ आबरुए गंगा वह दिन हैं याद तुझको?
उतरा तेरे किनारे जब कारवाँ हमारा 5

मज़हब नहीं सिखाता आपस में बैर रखना
हिन्दी हैं हम वतन है हिन्दोस्तां हमारा 6

यूनान, मिस्त्र, रोमां सब मिट गये जहाँ से
अब तक मगर है बाकी नामोनिशां हमारा 7

कुछ बात है कि हस्ती मिटती नहीं हमारी
सदियों रहा है दुश्मन दौरे-जहाँ हमारा 8

इक़बाल कोई बहरम अपना नहीं जहाँ में
मालूम क्या किसी को दर्दे-निहाँ हमारा 9

यह अति प्रचलित और लोकप्रिय कविता है। हम सभी इसकी विषयवस्तु और इसके उद्देश्य से भली-भाँति परिचित हैं। अतः इसके केन्द्रीय-स्वर या इसके सन्देश की चर्चा न करके सन्देश को सम्प्रेषित करने के लिए उस अर्थ-प्रकार को देखें जो अनायास काव्य-भाषा से फूट निकलता है। जैसा कि पहले भी कहा गया कि किसी

भी काव्यकृति का कथ्य उतना महत्वपूर्ण नहीं होता जितने वे तन्तु जो कविता को कविता बनाते हैं और सन्देश को प्रभावशाली ढंग से संप्रेषित करते हैं। इसीलिए हम यहाँ इस कविता के बाह्य तत्त्वों यथा, जीवनी, तत्कालीन इतिहास, सांस्कृतिक परिस्थिति आदि की चर्चा से अपने को बचाते हुए उसकी आन्तरिक संरचना के विवेचन द्वारा अर्थात काव्य-भाषा के माध्यम से उसके अर्थ तक पहुँचने का प्रयत्न करेंगे। अपने को 'कविता के भीतर' ही सीमित रखते हुए उसके भाषाई काव्य-शिल्प की खोज ही वहाँ हमारा लक्ष्य है।

इस कविता की प्रथम पंक्ति राष्ट्र-प्रेम की भावना से ओत-प्रोत है। ऐसा क्यों है कि राष्ट्र-प्रेम की अभिव्यक्ति के समय अपने देश और अन्य देशों के बीच तुलना की जाती है ? सम्भवतः इसका यही कारण है कि इस प्रकार की तुलना द्वारा हमारी देशभक्ति और प्रखर रूप में व्यक्त हो पाती है, यह अभिव्यक्ति द्वन्द्वात्मक संरचना द्वारा ही प्रखर बनती है। दो विपरीत सम्बन्ध जो 'हम' और 'वे' के बीच हैं 'हमारे भारत' और 'शेष विश्व' के बीच सन्तुलन द्वारा बोधगम्य बनते हैं। यह भेद, या तुलना इस कविता की प्रथम पंक्ति का ही लक्षण नहीं है अपितु पूरी कविता में यह 'द्वन्द्व' समाहित है जो इस कविता की अपनी पहचान बनाता है। अन्य पंक्तियों में भी इस द्वन्द्व और उससे उत्पन्न अर्थगत सन्तुलन को देखा जा सकता है। दूसरी पंक्ति में 'मातृभूमि' और 'प्रवास-भूमि' का द्वन्द्व, दूसरी ही पंक्ति में 'शारीरिक उपस्थिति' और 'मानासिक स्थिति' का द्वन्द्व, तीसरी पंक्ति में 'हमारे पर्वत' और 'अन्य पर्वतों' का द्वन्द्व तथा तीसरी पंक्ति में 'हमारे पर्वत' और 'उनका पड़ोस' और 'ज़मीन' 'आसमान' का द्वन्द्व। इसी प्रकार चौथी पंक्ति में 'हमारा गुलशन' और 'स्वर्ग का गुलशन', छठी पंक्ति में 'हमारा धर्म' और 'हमारा देश', सातवीं पंक्ति में 'हम' और 'यूनान, मिस्र, रोम', आठवीं पंक्ति में 'हमारा अस्तित्व' और 'नश्वर समय' तथा नवीं पक्ति में 'हमारी पीड़ा' और 'असंवेदनशील विश्व' का द्वन्द्व पूरी कविता में व्याप्त है। ये सभी द्वन्द्व स्पष्ट हैं। इस कविता में कुछ स्थानों पर द्वन्द्व की छाया भी है जैसे 'सन्तरी' और 'पासबां' उस ख़तरनाक स्थिति को बताते हैं जब हम युद्ध की अनिश्चित या अकल्पनीय स्थिति से घिर सकते हैं। इसी प्रकार 'वह दिन है याद तुझको?' सकारात्मक और नकारात्मक दोनों ही स्थितियों में काव्यार्थ को सम्पुष्ट करते हैं। इसी पंक्ति की दूसरी लाइन इस बात को प्रकट करती है कि एक निश्चित समय से हमारा इस धरती से सम्बन्ध है, वह समय जब हम से पहले यहाँ कोई नहीं था।

कविता में भाषा का ऐसा प्रयोग यह सिद्ध करता है कि काव्यकृति एक साथ 'कलात्मक' और 'भाषिक' दोनों होती है। इसके ये दो सन्दर्भ न तो एक दूसरे के पूरक होते हैं और न ही प्रतिपक्षी। उन्हें एक ही फली में लिपटे दो दानों के रूप में

समझना गलत होगा (चैटमैन और लेविन 1967)। इन्हें शैलीवैज्ञानिक अनुशासन के भीतर से दो उपसंस्कृतियों (सौन्दर्यपरक और भाषापरक) के रूप में मानना भी भ्रामक होगा। ये तो एक ही सिक्के के दो पहलू हैं। शैलीविज्ञान काव्यकृति को कलात्मक संवेग का भाषिक रूपान्तरण मानता है, जहाँ कला और भाषा अपनी-अपनी सत्ता, अपने-अपने अस्तित्व का लोप कर 'एक' हो जाते हैं।

इस तथ्य को इस कविता के अन्य स्तरों पर भी देखा जा सकता है। कविता के उन संकेतों को देखें जो 'नकारात्मक' प्रयोग द्वारा उत्पन्न हुए हैं पर उनकी व्यंजनार्थ क्षमता, वास्तविकता और इच्छा को व्यक्त करती है जो भाषा संरचना के अर्थ से भिन्न अर्थ देने लगता है। 'मज़हब नहीं सिखाता आपस में बैर रखना' पंक्ति का संरचनार्थ तो यही है कि कोई भी धर्म हमें बैरभाव रखने की शिक्षा नहीं देता परन्तु यह संरचना भाषा के भीतर छिपी दूसरी अर्थवत्ता को भी उद्घाटित करती है–'इसके बावजूद कि हम बैर रखते रहे हैं पर धर्म हमें ऐसा करना नहीं सिखाता' या 'हम धार्मिक कारणों से भी बैर रखते हैं पर...।' इसी प्रकार 'कुछ बात है कि हस्ती मिटती नहीं हमारी' का सामान्य अर्थ तो यही है कि 'हमारा अस्तित्व बना हुआ है' परन्तु इससे एक वास्तविक अर्थ भी प्रक्षेपित होता है 'कि हमारे अस्तित्व को मिटाने के कई प्रयत्न किये गये पर...।' 'इकबाल कोई बहरम अपना नहीं जहाँ में' की नकरात्मक संरचना द्वारा यही अर्थ निकलता है कि 'हमें कोई सहानुभूतिपूर्वक नहीं देखता' जब कि निहितार्थ है कि 'हम चाहेंगे कि हमें लोग सहानुभूतिपूर्वक देखें क्योंकि हम सबको सहानुभूतिपूर्वक देखते हैं।' भाषाई संरचना के भीतर से कला-प्रतीक के रूप में काव्यार्थ कविता के पूरे दृष्टिकोण (vision) को स्पष्ट करता है। जो काव्य-भाषा में है और जो नहीं है उन दोनों को देखने की दृष्टि भाषाई विश्लेषण हमें देता है। पूरी कविता में यदि पंक्ति-दर-पंक्ति अग्रगामिता (Foregrounding) को काव्य-पंक्तियों के परिप्रेक्ष्य में देखा जाय तो कई ऐसे युग्म हमें मिलेंगे जो अपवाद (exception) या अपवाद के निकट हैं–

पहला शेर :	1.	पूरा विश्व	-	हमारा भारत
	2.	हम बुलबुलें	-	हमारा गुलिस्ताँ
दूसरा शेर :	3.	गुरबत	-	पतन
	4.	शारीरिक उपस्थिति	-	मानसिक उपस्थिति
तीसरा शेर :	5.	हमारे पर्वत	-	पड़ोस
	6.	हमारे पर्वत	-	अन्य पर्वत
	7.	हमारा पासबां	-	सन्तरी
चौथा शेर :	8.	गोदी	-	हज़ारों नदियाँ
	9.	हमारा गुलशन	-	स्वर्ग का गुलशन

पाँचवाँ शेर :	10. आज की गंगा	-	बीते दिन
छठा शेर :	11. धर्म	-	देश भक्ति
सातवाँ शेर :	12. मिट गये यूनान, मिस्र, रोम	-	हम नहीं मिटे
आठवाँ शेर :	13. नहीं मिटे हम	-	सदियों की गुलामी
नवाँ शेर :	14. हम	-	असहानुभूतिपूर्ण विश्व
	तीव्र पीड़ा	-	कोई दोस्त नहीं जिसके सामने व्यक्त की जा सके

ऊपर के चौदह युग्मों में से तीन युग्म ऐसे हैं जो स्पष्टतया विरोधी-युग्मों के रूप में नहीं हैं। जैसे 'सन्तरी' और 'पासबाँ' द्वन्द्व (tension) की स्थिति को द्योतित नहीं करते, ये पर्याय या निकटतम पर्याय हैं। 'हमारा गुलिस्ताँ' तथा 'गोदी' और 'हज़ारों नदियाँ' व्यतिरेकी तो नहीं है परन्तु ये इन दोनों में युग्मों का प्रयोग एक सन्तुलन पैदा करता है। इन युग्मों के आधार पर इस कविता की संरचना द्वन्द्व की संवेदना से गठित हुई है।

अभी हमने इस कविता के संवेग को भाषाई-धरातल पर देखते हुए कुछ निष्कर्ष दिये, परन्तु कविता 'भाषा के बाहर' भी होती है। अभी हमने कविता के रूपात्मक अभिलक्षणों को केन्द्र में रखकर वाक्य-स्तर पर द्वन्द्व की चर्चा की। अब कुछ चर्चा भाषा के बाहर के अनिवार्य लक्षणों पर भी। हम यह साफ़ देख पाते हैं कि कविता का आरम्भ 'गौरव' को स्थापित करते हुए बड़े ही उत्साहजनक ढंग से होता है परन्तु उसका अन्त 'उदासी' और 'क्षोभ' को व्यक्त करता है। यह भी कहा जा सकता है कि कविता का 'भावात्मक पक्ष' भी द्वन्द्वों पर आधारित है। कविता के मध्य भाग के भावात्मक गठन का यदि विश्लेषण किया जाये तो यह बात और भी स्पष्ट होती है। कविता कहती है हमारा गुलिस्ताँ स्वर्ग के लिए भी ईर्ष्या का विषय है और साथ ही कहती है 'जिसने बरसों बाहरी ताकतों के जुल्म सहे हैं'। वह कहती है कि हम बुलबुलें हैं जो परदेस में हैं और जो मातृभूमि के विषय में सोचती रहती हैं। इस प्रकार कविता बड़े ही कौशल से व्यतिरेकों का गठन करती चलती है। साफ़-साफ़ यह कविता 'प्रेम' और 'मित्रता' की चर्चा नहीं करती। यदि वह ऐसा करती तो 'द्वन्द्वों' का सौन्दर्य ही नष्ट हो जाता। पहली पंक्ति में व्यक्त 'गर्व' या 'प्रसन्नता' का भाव किसी उपलब्धि का गर्व नहीं है, अपने अस्तित्व को बचाए रखने का गर्व है। जो क्षोभ अन्तिम पंक्तियों में व्यक्त हुआ है वह अपनी 'उपेक्षा' के कारण हुआ है। कविता का यह भाषिक सौन्दर्य है कि इसमें संवेग विपरीतों द्वारा व्यक्त होते और 'सन्तुलन' में विलय होते जाते हैं।

कविता के वजूद और रचना-प्रक्रिया को यदि देखना हो तो उसकी शब्दावली

पर ध्यान देना चाहिए। इस कविता में विशिष्ट प्रकार की शब्दावली का प्रतीकात्मक प्रयोग हुआ है। कहीं-कहीं शब्द दार्शनिकता से भी जुड़े हैं। परन्तु इस कविता को यदि एक 'स्वायत्त इकाई' या एक 'व्यक्तित्व' के रूप में देखा जाये तो इससे भी अधिक महत्वपूर्ण विमर्श उपस्थित हो सकते हैं। क्या यह कविता समय के एक बिन्दु पर स्थिर है या काल में पसरी हुई है। इस सन्दर्भ में सबसे पहले कविता में व्यक्त या अव्यक्त क्रिया प्रयोगों को पंक्तिवार देखा जाये–

पंक्ति 1. है (is)
पंक्ति 2. हैं (are)
पंक्ति 3. हों (are)
पंक्ति 4. समझो (take ... for, think)
पंक्ति 5. है (is)
पंक्ति 6. है (is)
पंक्ति 7. खेलती हैं (play)
पंक्ति 8. है (is)
पंक्ति 9. हैं (are)
पंक्ति 10. उतरा (came to a halt)
पंक्ति 11. सिखाता (does not teach)
पंक्ति 12. हैं (are)
पंक्ति 13. है (is) और मिट गये (were erased)
पंक्ति 14. है (is)
पंक्ति 15. है (is) मिटती नहीं (is not erased)
पंक्ति 16. रहा है (has been)
पंक्ति 17. है (is)
पंक्ति 18. है (is)

क्रियाओं का यह वितरण और प्रयोग यह स्पष्ट करता है कि इसमें प्रमुख क्रिया वर्तमानकालिक 'है', पूरी कविता को आच्छादित किये हुए है। कविता की कुल बाईस पंक्तियों में मात्र दो भूतकालिक क्रियाएँ प्रयुक्त हैं जबकि भविष्यकाल द्योतक क्रिया का इसमें नितान्त अभाव है। अतः कविता का स्वर भारत, उसके लोगों, उनके समय आदि के भूत से जुड़ा है, उनके भविष्य से उसका कोई सम्बन्ध नहीं है। सामान्यतः 'है' क्रिया वाक्य की पूर्णता में सहायक होती है। फिर भी इस कविता में इस क्रिया का प्रयोग भूत-वर्तमान से जुड़ कर कविता में गति का भ्रम पैदा करता है। इस 'तराना' में एक भी कृदन्त का प्रयोग नहीं हुआ है। गति का क्रम कविता में रूपकों के प्रयोग से भी पैदा किया जाता है, ये प्रयोग किसी निश्चित अवस्था का

द्योतन कराते हैं। इस कविता में इनका प्रयोग भी नहीं हुआ है। पर किसी कविता में किसी तत्त्व का प्रयोग न होना, उसके 'दोष' के रूप में नहीं देखा जाना चाहिए। मूल रूप से यह कविता 'निष्क्रिय' क्रिया संरचना का प्रयोग करती है जिसमें कृदन्तों यथा क्रिया-संज्ञाओं, क्रिया-विशेषणों और रूपकों का अभाव है। ये तथ्य इस बात को प्रमाणित करते हैं कि कविता द्वारा व्यक्त संवेग स्थिरता से प्रभावित स्थिति के प्रति संवेदनशील है। क्रिया-प्रयोग या कोई भी संरचनात्मक पक्ष पूरी कविता को नहीं पकड़ता। कविता उसके बाहर भी जाती है। कविता में 'मौन' 'अभिव्यक्ति' की अपेक्षा अधिक प्रखर होता है। इस कविता में भी समानता और विषमता के संयोजन कई मौन अर्थों को व्यक्त करते हैं। यदि 'तराना' को सरसरी तौर पर देखा जाता तो यह 'ग़ज़ल' के समतुल्य दिखाई देता है। ग़ज़ल, जिसमें एक विशेष वातावरण की सृष्टि परस्पर असम्बद्ध पंक्तियों द्वारा की जाती है। पर गहराई से देखें तो 'तराना' की प्रत्येक पंक्ति एक-दूसरे से सम्बद्ध है। हम इसकी पंक्तियों में काट-छाँट बिना इसके 'अर्थ' और 'सन्देश' को क्षति पहुँचाए नहीं कर सकते। इसका स्वरूप 'ग़ज़ल' से भिन्न है क्योंकि इसका अपना एक क्रम है, क्रम-परिवर्तन इसके भाव या अर्थ प्रवाह को खंडित कर देगा। यह प्रवाह काव्यार्थ के धरातल पर स्पष्ट है। पहली पंक्ति से ही प्रारम्भ करें जिसमें भारत को एक 'गुलिस्ताँ' और भारतीयों को 'बुलबुल' कहा गया है। यहाँ 'बुलबुल' कई स्तरों पर अर्थगर्भित है—कई में से एक होते हुए भी प्रवासी। दूसरी दो पंक्तियों में 'गुरबत' परदेस को व्यक्त करता है जिसमें बुलबुल/भारतीय को मातृभूमि की याद सताती है। वह अपने देश से दूर है, अपने लोगों से दूर है, पर उसके आत्मीय असुरक्षित नहीं हैं। 'हिमालय' उनका 'सन्तरी' और 'पासबाँ' है। हिमालय से सीधे कविता हज़ारों नदियों की बात करती है जो मातृभूमि की गोद में खेल रही हैं। नदियाँ बच्चों का रूप ले लेती हैं। क्या बुलबुल को भी अपने बच्चे याद आ गये ? इसका उत्तर सकारात्मक है क्योंकि 'गोदी' और 'खेलना' इसी विशेष सन्दर्भ को व्यक्त करते हैं। इसी से जुड़ी दूसरी पंक्ति फिर 'गुलशन' का ज़िक्र करती है, वही 'गुलशन' जो 'बुलबुल' से आबद्ध है। पूरी कविता एक बिंब रचती है। परदेस में बुलबुल (स्त्रीलिंग) को मातृभूमि की याद आती है; एक गुलिस्ताँ की। अपने शिशुओं की याद आती है जिन्हें वह दूर छोड़ आयी है। तभी उसे उस पितृतुल्य का ध्यान आता है जो उसका रक्षक है जिसके अभिभावकत्व में हज़ारों शिशु खेल-कूद रहे हैं। उसे पुनः मातृभूमि एक सुन्दर स्वर्गिक उपवन लगने लगती है। फिर यादों का सिलसिला उसके इस स्वप्न को तोड़ कर उसके अकेलेपन से जुड़ता है। अकेलेपन का यह अहसास बना रहता है। धर्म से जुड़ी गंगा पारम्परिक आन्तरिकता बनती है। यह आन्तरिकता परम्परागत-सभ्यताओं—यूनान, मिस्र, रोम से सम्बद्ध होती है। परम्पराएँ हमारे अस्तित्व के बने रहने की ओर मोड़ती हैं कविता को कि

हमारा अस्तित्व सारी विपदाओं को पार कर, उनके बीच रह कर भी बना हुआ है। पर उसकी 'पीड़ा' और 'यातना' को कोई नहीं देख-समझ रहा तब गौरवान्वित भारतीय पीड़ित महसूस करता है।

पूरी कविता 'उपस्थिति' और 'अनुपस्थित' के द्वन्द्व और उनके सन्तुलन से बँधी है। कविता के 'भीतर' 'बाहर' से उसका यह विश्लेषण 'कविता' को केन्द्र में रख कर ही किया गया है।

ये प्रश्न उठ सकते हैं कि क्या जिन अभिलक्षणों के आधार पर इस कविता को देखा गया वे सिर्फ 'इसी' कविता के अभिलक्षण हैं या क्या ये अभिलक्षण किन्हीं धरातलों पर उन भाषेतर, काव्यशास्त्रेतर दुनिया से नहीं जुड़े हैं जिनमें कविता अवस्थित है ? इन प्रश्नों के उत्तर के लिए इस कविता को सांस्कृतिक, सामाजिक, भौगोलिक पृष्ठभूमि से भी जोड़ना होगा, जिसकी आवश्यकता काव्य-अध्ययन के 'बाह्य' दृष्टिकोण को पड़ती है। यह संक्षिप्त विवेचन 'आन्तरिक' दृष्टिकोण से जुड़े अध्ययन से सम्बद्ध है। हर कविता भाषाई-संगठन होती है जो भाषेतर धरातलों से भी जुड़ी रहती है। कविता स्वयं एक 'दुनिया' है। उसकी 'विलक्षणता' ही उसे अन्य की तुलना में विशिष्ट बनाती है। यह विशिष्टता ही इस कविता की 'भाषा' और 'सौन्दर्य' का समन्वय है जिसे हमने एक ही सिक्के के दो पहलू कहा था। यह कविता इसलिए भी विशिष्ट है कि इसका 'हम', 'मैं' से जुड़ा है जो इसे 'व्यक्तिगत' होने से बचाता ही नहीं बल्कि इसमें सुननेवाला ही बोलनेवाला है और वही इसका काव्य तत्त्व भी है। यहाँ गायक-श्रोता एकाकार हो जाते हैं—हम, हमारा, हमीं, हमारी, अपना, आपस में के प्रयोग इस एकाकारता को बार-बार व्यक्त करते हैं। कविता कहीं भी आधुनिक बनने का प्रयत्न नहीं करती जहाँ कहीं उच्च शैली कहीं निम्न शैली का परिवर्तन होता रहे। यह ऐसे युग की भाषा में व्यक्त लगती है जब 'श्रोता' को सम्मुख रख कर ही कुछ कहा जाता था। यह बात इसकी संरचनात्मक विशिष्टता और रचनात्मक गठन द्वारा व्यक्त होती है। इस कविता को 'राष्ट्र गीत' भी कहा जा सकता है, परन्तु यह 'राष्ट्र गीत' से बढ़ कर है क्योंकि यह जातीय अवचेतन को भाषाई गठन में बाँधती है : कुछ बात है, मज़हब नहीं सिखाता, कारवाँ, जिनां जैसे चमत्कारपूर्ण कथन तथा अस्तित्व के प्रति सचेतना 'हस्ती मिटती नहीं' तथा एकात्मकता/एकाकारता 'हिन्दी हैं हम' ये सभी हमारी एकबद्ध संवेदना को व्यक्त करते हैं जहाँ 'मैं', 'वे' का भेद मिट जाता है।

इस विश्लेषण से यह सिद्ध होता है कि शाब्दिक-कला के रूप में अर्थ-विश्लेषण तथा शब्द और अर्थ के बहुआयामी सम्बन्धों के द्वारा 'कला' को परिभाषित करने का एक महत्वपूर्ण दृष्टिकोण शैलीविज्ञान है। श्रीवास्तव (1981) का यह कथन सर्वथा वैज्ञानिक है कि "शैलीवैज्ञानिक दृष्टि काव्य-सौन्दर्य से सम्बद्ध दार्शनिक

प्रश्नों का समाधान प्रस्तुत करती है, क्योंकि इस दृष्टि का सम्बन्ध साहित्य विश्लेषण के विविध प्रश्नों से तथा सृजन कार्य की प्रकृति की सामासिक और समन्वित दार्शनिक दृष्टि की खोज से है। अतः इसे और स्पष्ट तथा सर्वथा उचित शब्दों में 'शाब्दिक कला दर्शन' कहा जा सकता है।" इस कथन के परिप्रेक्ष्य में यदि उपरोक्त विश्लेषण को देखा जाये तो यह स्पष्ट होता है कि काव्य में उपस्थित बहुअर्थित, बहुव्याकरणिक वाक्यों के विश्लेषण की पद्धति और तकनीक तथा 'शाब्दिक-कला' (रचना) के विवरण-विश्लेषण के द्वारा काव्यार्थ और उसके द्वन्द्व तक पहुँचने का प्रयास इसमें किया गया है। इस सन्दर्भ में एक 'कृति', 'पाठ' या 'साहित्यिक प्रोक्ति' के रूप में हमारे समक्ष इक़बाल का गीत है। यह अध्ययन स्पष्ट करता है कि शैलीविज्ञान एक साहित्य सिद्धान्त भी है और एक 'पाठ' के रूप में साहित्य के विश्लेषण की तकनीक और पद्धति भी। विश्लेषण की इस पद्धति का उपयोग अन्य भाषा के साहित्य शिक्षण में किया जा रहा है। साहित्य शिक्षण का यह भाषावैज्ञानिक उपागम (एप्रोच) साहित्य के माध्यम से भाषा-शिक्षण (लैंग्वेज-थ्रू लिटरेचर) की प्रविधि को अमली जामा पहनाता है। रचना में अन्तर्निविष्ट भावों और संवेगों को उसकी भाषिक संरचना और शिल्पगत बुनावट के माध्यम से प्रकट करने में भी यह उपागम सहायक की भूमिका निभाता है। और अन्ततः पाठ की आत्मा को निरावरण करने के साथ-साथ उसके भाषिक गठन और इस गठन से उपजी अर्थीय सघनता को खोलने का काम भी साहित्य शिक्षण की यह भाषावैज्ञानिक दृष्टि करती है। कहना न होगा कि दूसरी या विदेशी भाषा के रूप में भाषा$_2$ के साहित्य-अध्येता का लक्ष्य साहित्य के माध्यम से इन्हीं बिन्दुओं की संप्राप्ति होती है।

सन्दर्भ

Allen, J.P.B.&S.Pit Corder., (eds.), 1974., Techniques in Applied Linguistics, Oxford : OUP

Bloomfield, L., 1933, Language, New York : Holt, Rinehart and Winston.

Chapman, R.W., 1973 Linguistics and Literature, London : Edward Arnold.

Chatman, S., 1971, Leterary Style : A Symposium, Oxford : OUP

—and Lavin, S.R., (eds.), 1967, Essays on the language of Literature, Boston : Houghton Miffin.

Sebeok, T.A. (ed.), 1960, Style of language, Cambridge Mass : MIT Press.

Srivastava, R.N., 1979 Samrachanatmak Shailivignan, Delhi : Alekh.

—1981, 'Lingua-aesthetic approach to art Symbol' In Sunit Kumar Chattarjee Commemoration Volume edited by Bhakti P.Mallik. Burdawan University.

Ulman, S., 1964, Language and Style, Oxford : Baril Blackwell.

Wellek, R. and Warren, A., 1963 Theory of Literature. Penguin.

Widdowson, H., 1974 Stylistics in AllenμPitcorder (eds.)

—1975, Stylistics and the Teaching of Literature. London : Longman.

सन्दर्भ संकेत

1. 'The linguist, ... Studies the language of all persons alike; the individual features in which the languages of great writer differ from the ordinary speech of his time and place interest the linguist no more than the individual features of any other person's speech, and much less that the features that are common to all speakers'. (Language, p.21-22)
2. (Stylistics) is an enquiry into the way a language is used to express a reality other than expressed by conventional means. (Turner 1973)
3. As an actualized unit composed of functional. As well as, redundant features and as merely a bundle of functionally relevant features. (Sebeok, 1960)

अन्य भाषा-शिक्षण के समाजभाषिक पक्ष

छठे-सातवें दशक में समाज भाषाविज्ञान ने भाषा को देखने की प्रचलित मान्यताओं को पूरी तरह बदल डाला। 'भाषा-शिक्षण' पर इस बदलाव का गहरा और तत्काल प्रभाव पड़ा। भाषा सीखने-सिखाने में अब 'भाषा नियम' के स्थान पर 'भाषा प्रयोग' को केन्द्रीय स्थान दिया जाने लगा। भाषा नियम का गौण स्थान फिर भी बना रहा क्योंकि नियम के सन्दर्भ में ही विकल्पों की व्याख्या सम्भव हो पाती है। एलेन और पिट कॉर्डर ने इस ओर संकेत करते हुए लिखा है कि 'भाषा अधिगम (Language learing) का अर्थ भाषा प्रयोग तथा भाषा व्यवस्था के औपचारिक नियम—दोनों के अधिगम से है क्योंकि भाषा नियम जाने बिना भाषा प्रयोग के भेदों की परख और उनकी व्याख्या सम्भव ही नहीं है।' यदि भाषा अध्येता यह नहीं जानता कि किसी व्याकरणिक संरचना का उपयोग किसी वास्तविक सम्प्रेषण परिस्थिति में किस (किस-किस) तरह करते हुए किसी सन्देश को संप्रेषित किया जाना चाहिए, तो यह माना जायेगा कि वह भाषा एकदम नहीं जानता अथवा व्यावहारिक भाषा प्रयोग की युक्तियों (Devices) से वह अनभिज्ञ है।

आगे चलकर भाषा अधिगम की इसी समाजभाषिक दृष्टि ने भाषा-शिक्षण की सम्प्रेषणपरक विधि की नींव रखी। फिर तो यह भी कहा जाने लगा कि—अध्येता को यह भी सिखाना चाहिए कि वह भाषा के किस भेद (Variation) का प्रयोग किस परिस्थिति में करे, उसे जानना चाहिए कि वह अपने श्रोता की प्रकृति के अनुरूप शैली चयन कैसे करे, उसे यह ध्यान में रखना चाहिए कि वह कब बोले और कब चुप रहे और इस ओर ध्यान दे कि किस प्रकार के वाक् (Speech) के साथ किस तरह का अंग-विक्षेप उचित रहेगा। इस तरह अन्य भाषा-शिक्षण की प्रणाली वास्तविक भाषा प्रयोग में दक्षता का लक्ष्य लेकर आगे बढ़ी। भाषा अधिगम प्रक्रिया और भाषा प्रयोग दक्षता दोनों ही स्तरों पर अब सामाजिक घटकों के प्रति प्रतिबद्धता में विस्तार हुआ तथा भाषा-शिक्षण का अर्थ अब सामाजिक क्रिया-प्रतिक्रिया के लिए भाषा सीखना-सिखाना हो गया। दूसरे शब्दों में कहा जाय तो भाषा-शिक्षण/भाषा

अधिगम का पूरा परिदृश्य अब समाज भाषावैज्ञानिक अवधारणाओं के इर्द-गिर्द घूमने लगा।

'भाषा प्रयोग' की महत्ता स्थापित होते ही इससे सम्बन्धित अनिवार्यताओं पर भी व्यापक चर्चा शुरू हुई। 'भाषा नियम' को उजागर करने वाले एकाधिक व्याकरण तो हर भाषा में उपलब्ध थे पर 'भाषा प्रयोग' को विवेचित करने वाली प्रविधि और उससे उत्पन्न सामग्री का नितान्त अभाव था। अतः सबसे पहले तो यह स्थापित किया कि 'भाषा प्रयोग' की पहचान के लिए हमें सबसे पहले 'भाषा समाज' की गहरी पड़ताल करनी चाहिए और फिर उसे एक 'सामाजिक संस्था' के रूप में परखते हुए यह देखना चाहिए कि उसके अन्तर्गत कौन-सी भाषा, भाषा रूप, वाक् प्रकार और भाषा-विकल्पन निबद्ध हैं या उसके व्यवहार के लिए उपलब्ध हैं। इस स्थापना के साथ ही भाषा प्रयोग को प्रभावित करने वाले सामाजिक घटकों पर भी चर्चा प्रारम्भ हुई। इन घटकों के अध्ययन की दो प्रविधियाँ निर्धारित की गयीं–

1. भाषा समाज को सम्पूर्णता में देखते हुए यह खोजना कि अमुक भाषा समाज में भाषा अपने भिन्न-भिन्न प्रकार्यों को कैसे पूरा करती है अथवा भाषा समाज, भाषा से कौन-कौन से काम लेता है।
2. भाषा-समाज के सदस्य को केन्द्र में रख कर यह देखना कि अपने भाषा समाज में उपलब्ध भाषा कोडों में से वह कब और किसका चयन करता है तथा वे कौन से सामाजिक घटक हैं जो भिन्न परिस्थिति में भिन्न भाषा रूप (उक्ति Utterances) चुनने के लिए उसे बाध्य करते हैं?

समाजभाषिक उपागम ने अब यह स्थापित कर दिया था कि भाषा स्वयं में समाज का ही प्रतिबिम्ब होती है। तथा यह भी कि सामाजिक संरचना (बनावट) की पहचान भाषा के भीतर से भी सिद्ध होती है। भाषा, अपने समुदाय के सदस्यों की मानसिकता का भी आईना होती है। इतना ही नहीं, वह (अध्येय) समाज के मूल्यों को परिभाषित और संरक्षित करने में सहायक होती है; अन्य किसी भी आधार से कहीं ज्यादा कारगर रूप में। इसीलिए समाज में अपने अस्तित्व को बनाए रखने के लिए भाषा-समाज के सदस्यों को 'सामाजिक भाषा' तथा उसके उपयुक्त प्रयोग की प्रविधियों से तालमेल बैठाए रखना होता है। अर्थात व्यक्ति भाषिक-सम्प्रेषण के समय समाज में स्वीकृत भाषा कोडों को अपनी आवश्यकता के अनुसार संगठित करता चलता है। ऐसा संगठन वह आन्तरिक तत्त्वों (व्याकरणिक इकाइयों) के स्तर पर भी करता है (भाषा के व्याकरण इसका प्रमाण हैं) पर यह संगठन भाषा के एक सीमित कोड (मानक) को ही व्यक्त कर पाता है। इस स्तर पर निर्मित प्रत्येक संगठन समाज-निरपेक्ष होता है; अर्थात 'प्रयोग' से अधिक, नियम पर आधारित। इसके विपरीत प्रयोग से बँधे (समाजभाषिक) संगठन सामाजिक जीवन और सामाजिक

व्यवहार के अनेकानेक सन्दर्भों में अभिरचित होते हैं, अतः वे जीवन्त भी होते हैं और स्वाभाविक भी।

भाषा-शिक्षण ने भाषा प्रयोग सम्बन्धी इस अवधारणा को खुल कर अपनाया। उसने यह स्थापना भी खुल कर दी कि उत्तम भाषा-शिक्षण और अधिगम के लिए भाषा व्यवस्था (भाषा नियम) तथा व्यक्तिगत/सामाजिक भाषा व्यवहार के बीच के सम्बन्धों की पहचान के साथ ही भाषा व्यवस्था तथा भाषा-समाज के सामाजिक जीवन के पैटर्न्स की पहचान भी अनिवार्य है। इसलिए कि भाषा-शिक्षण का परम लक्ष्य अध्येता में भाषा व्यवहार की दक्षता पैदा करना होता है। यहीं से भाषा-शिक्षण का समाजभाषिक पक्ष स्थिर होने लगा। और यह हर कहीं स्वीकार कर लिया गया कि भाषा-शिक्षण की प्रक्रिया एक सामाजिक प्रक्रिया है जिसका लक्ष्य है—अन्य भाषा अध्येता में सामाजिक भाषा व्यवहार की वे दक्षताएँ विकसित करना जो उसकी अपनी भाषा में अधिकतर नहीं होतीं। पहले भाषा-शिक्षण यह सोच कर ही सन्तुष्ट हो जाता था कि वह अन्य भाषा के कुछ संरचना आधारित 'सेट' देकर अध्येता के मातृभाषा भंडार में वृद्धि कर रहा है। पर भाषा का समाज से भिन्न अस्तित्व नहीं होता, यह तथ्य परम्परागत भाषा-शिक्षण पहचान नहीं सका था। भाषा मानव जीवन के अनेक पक्षों से बँधी ही नहीं होती, वह व्यक्ति, समाज और राष्ट्र की अस्मिता से भी जुड़ी होती है। अतः समाज भाषाविज्ञान द्वारा प्रदत्त भाषा और बोली, समाज और सामाजिक समूह तथा संस्कृति और उप-संस्कृति के भेद को अन्य भाषा-शिक्षण ने पहचाना और शिक्षण के हर स्तर (पाठ चर्या से लेकर शिक्षण सामग्री निर्माण तक) पर इनका अनुप्रयोग किया।

समाजभाषिक घटकों की प्रतिभागिता ने यह मान्यता दृढ़ कर दी कि भाषा-शिक्षण उच्च स्तरीय कौशल प्रदान करने वाली अधिगम प्रणाली है अतः भाषा सामाजिक सन्दर्भों के प्रति सजग और धैर्यपूर्वक अभ्यास के माध्यम से सीखी-सिखाई जानी चाहिए। सामाजिक सन्दर्भ का अर्थ है—प्रयोग की स्थितियाँ और प्रयोक्ता की भूमिका तथा अभ्यास का अर्थ है सही उक्ति के प्रयोग को आदत के रूप में सिद्ध कर पाना। भाषा-शिक्षण एक कला इसीलिए है कि वह अपने भीतर कई अलग-अलग भाषिक तथ्यों को समाहित किये रहता है। भाषा का सही और सटीक प्रयोग करना भी एक कला है। तकनीकी भाषा, सांस्कृतिक भाषा, समाज संदर्भित भाषाभेदों को साधना अथवा भाषा में निहित मूल्यों और आचरणों का जागरूक हो कर प्रयोग करना कलात्मक अभिव्यक्ति के ही हिस्से हैं। अतः भाषा-शिक्षण प्रविधि में कोई भी गुणात्मक विकास तब तक नहीं हो सकता जब तक कि उसे समाज भाषाविज्ञान द्वारा प्रदत्त भाषा-ज्ञान के सन्दर्भ से न जोड़ा जाय।

कहना न होगा कि समाज भाषाविज्ञान की उपादेयता ने न केवल भाषा विवरण

की तकनीक में बदलाव किया बल्कि 'शिक्षा में भाषा' सम्बन्धी उन समस्त स्तरों पर अपनी उपयोगिता सिद्ध की जिन्हें 'भाषा नियोजन' के विविध चरण भी कहा जा सकता है। भाषा-शिक्षण की सामयिक चर्चा में तीन स्तरों पर गम्भीर और विस्तृत विचार मिलते हैं—

स्तर—I : भाषा नियोजन का यह स्तर ऊपर से तो सामान्य दिखाई पड़ता है पर है अत्यन्त महत्वपूर्ण। इस स्तर पर निर्णय सरकार/शिक्षा मंत्रालय द्वारा लिए जाते हैं कि भाषा पढ़ाने की आवश्यकता क्या और कितनी है, किन भाषाओं को पढ़ाया जाना चाहिए, भाषा-शिक्षण के लिए कितनी धनराशि की आवश्यकता होगी तथा भाषा शिक्षकों के प्रशिक्षण और वेतन के खर्च की कैसी व्यवस्था होनी चाहिए, आदि। ऊपर से ऐसा लगता है कि इस स्तर पर भाषाविदों की कोई भूमिका नहीं हो सकती। लेकिन गहराई से देखें तो यह साफ पता चलता है कि इस स्तर पर जो निर्णय लिए जाते हैं; बहुत ही कठिन निर्णय, वे एक सीमा में ही सही, उन स्थापनाओं के आधार पर ही लिए जाते हैं जिन्हें समाज भाषावैज्ञानिक उपलब्ध कराते हैं। उदाहरण के लिए भारतीय बहुभाषिकता के सन्दर्भ में भाषा$_1$, भाषा$_2$ और भाषा$_3$ के रूप में भाषाओं का निर्धारण या सम्पर्क भाषा अथवा अखिल भारतीय स्तर पर सम्प्रेषण की प्रमुख दूसरी भाषा के रूप में हिन्दी शिक्षण आदि। भारतीय सन्दर्भ में किसी भाषा समुदाय में भिन्न भाषाओं के वितरण और प्रकार्य सम्बन्धी तथ्य भी समाज भाषाविद् के अध्ययनों से ही प्राप्त किये जाते हैं।

स्तर—II : यह स्तर भाषा नियोजन का ही एक अति महत्वपूर्ण भाग है। इसका कार्य देश की आर्थिक, प्रशासनिक और सामाजिक संरचना के मद्देनजर शिक्षा/भाषा-शिक्षण की भूमिका तय करना होता है। भाषा-शिक्षण के सन्दर्भ में इस स्तर पर यह तय किया जाता है कि कोई भाषा कितनी अवधि तक पढ़ाई जाय, किस प्रयोजन से किसे/किन्हें पढ़ाई जाय, उसमें कितना अंश व्याकरण का और कितना व्यावहारिक भाषा प्रयोग का रखा जाय, आदि। इस स्तर पर भी समाज भाषावैज्ञानिक की भूमिका अहम होती है क्योंकि इस स्तर पर तय किये जाने वाले मुद्दों को कार्यान्वित करने के लिए यह निर्णय भी लेना पड़ता है कि क्या पढ़ाया जाय, कितना पढ़ाया जाय तथा शिक्षण सामग्री, पाठ्यक्रम, पाठ्यपुस्तक और कक्षा की समय सारिणी को कैसे संगठित या संयोजित किया जाय।

स्तर—III : इस स्तर पर ये निर्णय प्रमुख होते हैं कि वास्तविक कक्षा में भाषा का शिक्षण कैसे किया जाय, किन पद्धतियों-विधियों का कब, कहाँ और कैसे उपयोग किया जाय तथा भाषा अधिगम को उद्देश्य बाधित बनाने के लिए किस तरह की शिक्षण सामग्री या उपकरणों का कब और कैसे उपयोग किया जाय। इस स्तर पर समाज भाषाविज्ञान का योगदान यह बताने में भी है कि अध्येता द्वितीय भाषा के

रूप में कोई भाषा क्यों सीखता है और उसके शैक्षिक प्रयोजन को ध्यान में रखते हुए यह निर्धारित करने में भी कि किस तरह की भाषा भाषाकौशलों के किस स्तर पर चुननी चाहिए। इस स्तर पर भाषा अध्येता से सम्बन्धित कुछ बातें निर्णायक का कार्य करती हैं–अभिप्रेरणा, अभिवृत्ति, रुचि, मेधा और व्यक्तित्व। इन सभी का सम्बन्ध सामान्य शैक्षिक (Pedagogic) सिद्धान्तों से है। भाषा में दक्षता (Profeciency in language) का लक्ष्य इनके माध्यम से ही प्राप्त किया जाता है और इन्हें वैचारिक दिशा समाज भाषाविज्ञान प्रदान करता है। इस स्तर पर भाषा के अभिव्यक्त रूपों का चयन और स्तरण भी अनिवार्य होता है। अतः भाषा के शैली भेदों, सामाजिक शैली के प्रकारों, ख़ास अभिव्यक्तियों तथा भाषेतर अभिव्यक्ति युक्तियों को भी इस स्तर पर स्पष्ट कर लिया जाता है। अभिव्यक्ति सम्बन्धी भाषा के व्यावहारिक रूपों (प्रयोगों) का विवरण समाज भाषावैज्ञानिक ही उपलब्ध कराता है।

यह बात स्पष्ट है कि पाठ्यक्रम सामग्री और पाठ्यपुस्तक निर्माण से उक्त तीनों स्तरों का घनिष्ठ सम्बन्ध होता है। निर्माण के इस कार्य को भाषा शिक्षक, विषय विशेषज्ञ सम्पन्न करते हैं। 'विशेषज्ञ' से यहाँ तात्पर्य अनुप्रयुक्त भाषावैज्ञानिक से है; विशेष रूप से शैलीवैज्ञानिक और समाज भाषावैज्ञानिक से। तीनों स्तरों को सारतः इस प्रकार रख कर देखा जा सकता है–

स्तर : I	राजनैतिक	सरकार	कौन-सी भाषा, किसे और क्यों पढ़ाई जाय
स्तर : II	भाषावैज्ञानिक समाज भाषावैज्ञानिक	अनुप्रयुक्त	भाषावैज्ञानिक क्या, कब और कितना पढ़ाया जाय
स्तर : III	मनोभाषावैज्ञानिक शैक्षिक	भाषा शिक्षक	कैसे पढ़ाया जाय

उपरोक्त चर्चा से यह स्पष्ट है कि भाषा-शिक्षण की पूरी प्रक्रिया में समाज भाषिकी चिन्तन अन्तर्युक्त रहता है। एक तरह से देखा जाय तो समाज भाषाविज्ञान ने (अन्य) भाषा-शिक्षण का आधार ही बदल कर रख दिया। किसी भाषा के पढ़ाने का उद्देश्य अब भाषा अध्येता को इस योग्य बनाना माना जाने लगा कि वह कुछ प्रयोजनों के लिए एक सीमा तक इस तरह का भाषिक व्यवहार कर सके जैसा कि अध्येय भाषा समुदाय के मातृभाषाभाषी सदस्य करते हैं। इसमें कोई सन्देह नहीं कि हर अध्येता का भाषा अधिगम समान नहीं हो सकता, अतः उनके भाषा व्यवहार में भी भिन्नता दिखाई देती है। भिन्नता के इस अनुपात को कम करने के लिए भिन्न प्रकार के कौशलों को अलग-अलग स्तर पर 'शिक्षणीय' इकाइयों में बाँटना और अभिक्रमित करना पड़ता है ताकि अध्येता का भाषिक व्यवहार (Performance)

कौशलयुक्त बन सके। कौशल के इन स्तरों को परम्परा से ही नाम दिये गये हैं—लेखन, उच्चारण, श्रुतलेख लेखन, सस्वर वाचन इत्यादि। समाज भाषावैज्ञानिक प्रविधियों ने यह स्पष्ट कर दिया कि भाषाओं का शिक्षण सदा ही अध्येता में व्यवहार जन्य कौशल के 'सेट' विकसित करने का लक्ष्य लेकर आगे बढ़ता है। हम यह जानते हैं कि परम्परागत भाषा-शिक्षण के केन्द्र में व्याकरणिक व्याख्या और संरचना आधारित ड्रिल्स का प्रयोग हुआ करता था। पर समाज भाषाविज्ञान की अवधारणा के साथ पनपे 'सम्प्रेषणपरक भाषा-शिक्षण' ने यह जता दिया कि 'परम्परागत भाषा-शिक्षण और उसकी विधियाँ अन्य भाषा-शिक्षण की अपेक्षाओं पर खरी नहीं उतर पा रही हैं।' डेल हाइम्स का यह कथन तब और सार्थक लगने लगता है जब समाज भाषाविज्ञान भाषा प्रयोग के सन्दर्भ में 'स्वीकृत-अस्वीकृत' या 'उपयुक्त-अनुपयुक्त' के महत्व की बात करता है। यहाँ दोनों युग्मों की मुख्य धुरी 'समाज' है। इन युग्मों की केन्द्रीयता स्वीकारने का अर्थ ही है—भाषा को एक संस्था के रूप में देखना, व्यवहार के उन तरीकों में से उसे एक मानना जो सामाजिक अभिरचना के अनुरूप अनुकूलित होती हैं और सांस्कृतिक धरातल पर पहचानी जाती हैं। क्विर्क के अनुसार 'हम एक विशेष भाषा का शिक्षण करते हैं, सिर्फ भाषा का नहीं।' इस 'विशेष' के पीछे भाषा की समाज-सांस्कृतिक अस्मिता की अवधारणा परिलक्षित है। क्योंकि उच्चारण, शब्दावली और व्याकरण के स्तर पर जो सिखाया जाता है (सिर्फ भाषा) वह स्पष्टतः भाषा के 'भाषिक स्तर' के विवरण से ही उद्‌भूत होता है, न कि भाषा के समाज भाषावैज्ञानिक स्तर से जो मूलतः भाषा को भाषा-प्रकार्य की विविधता से उद्‌भूत मानता है। इस स्तर पर भाषा वह है जिसके माध्यम से लोग 'सम्प्रेषण' करते हैं। सम्प्रेषणपरक दृष्टि से भाषा का प्रयोजन सम्प्रेषण है अतः यह 'सम्प्रेषण की व्यवस्था' है। सम्प्रेषण, मात्र विचार-विनियम नहीं, मनुष्य के सम्पूर्ण व्यवहार की संगठित प्रक्रिया है। मार्शल (1970, पृ. 235) के शब्दों में 'व्यवहार हमेशा वैविध्यपूर्ण और सन्दर्भ-परिस्थिति सापेक्ष होता है, भाषा के धरातल पर हम बड़े ही विश्वास के साथ 'व्यवहार' के लिए 'सम्प्रेषण' शब्द का प्रयोग कर सकते हैं।'

मार्शल ने सम्प्रेषण को व्यवहार का पर्याय इसीलिए कहा कि सम्प्रेषण भाषिक के साथ भाषेतर भी होता है। भाषेतर सम्प्रेषण युक्तियाँ भाषा समाज की स्वीकार्यता पर निर्भर करती हैं, उन्हीं के द्वारा नियंत्रित होती हैं। भंगिमा का हमारा चयन, हमारे अंग विक्षेप, आवाज़ के हमारे टोन, मुखाकृति, हमारे चलने का ढंग, ये सभी कुछ-न-कुछ सम्प्रेषित करने की सम्भावनाओं से युक्त होते हैं। 'थकान' की स्थिति शिथिल चाल से, बाल में हाथ फिराने से, जम्हाई लेने से, अपने मुँह के सामने चुटकी बजाने से क्या व्यक्त नहीं होती? भाषिक सम्प्रेषण में भी किसी उक्ति में एक अतिरिक्त भाषा तत्त्व जोड़ने मात्र से अर्थ में कितना परिवर्तन आ जाता है : सरकार

ने फिर गलती कर दी, तुम्हें डॉक्टर को दिखा लेना चाहिए, रमेश कल आयेगा, यह बहुत अच्छी है, वाक्यों के पहले 'मुझे लगता है' जोड़कर अर्थ विस्तार की इस युक्ति को समझा जा सकता है। एक ही कथन के दो सन्दर्भ भी हो सकते हैं—'सड़क यहाँ से पार करें' वाक्य अगर पैदल चलने वालों के लिए एक निर्देश है तो मोटर चालकों के लिए 'चेतवानी' भी तो है।

ये सभी सम्प्रेषण युक्तियाँ खास हैं, वाक् क्रिया (Speech act) का अहम हिस्सा हैं। वाक् क्रिया को हमेशा सामूहिक अनुबंधन के रूप में देखने की अपील समाज भाषाविज्ञान ने की है। उदाहरण के लिए अनुदेश देने, आदेश देने, मांग करने, नियंत्रित करने, चेतावनी देने जैसी क्रियाओं में सम्प्रेषण सम्बन्धी कुछ समान गुण विद्यमान हैं, जैसे कि श्रोता को कुछ करने या न करने का सन्देश देने की समानता, अतः वाक् क्रिया के सन्दर्भ में इन्हें एक जगह समूहीकृत करके इनकी सम्प्रेषणपरक प्रयोजनीयता को देखा जाना चाहिए। इसे हम प्रकार्यात्मक समानता कह सकते हैं। ऑस्टिन ने सामाजिक प्रकार्य से बँधी इन सम्प्रेषणपरक वाक्-क्रियाओं के कई वर्गों की चर्चा की है, जिनमें से प्रमुख हैं—

1. **निर्देशात्मक वर्ग**—इसके अन्तर्गत प्रश्न करना, पूछताछ करना, जिज्ञासा करना को रखा जा सकता है। ये सभी वाक् क्रियाएँ श्रोता से कुछ कहने की अपेक्षा रखती हैं।

2. **अनुदेशात्मक वर्ग**—इस वर्ग की वाक्-क्रियाएँ शक्ति-सत्ता, रसूख और अधिकार दिखाने के लिए प्रयुक्त की जाती हैं—जैसे नियुक्त करना, चुनना, आदेश देना, सुझाव देना, चेतावनी देना आदि।

3. **स्वीकारात्मक वर्ग**—यह वर्ग वक्ता द्वारा कुछ स्वीकारने वाली वाक् क्रियाओं का समूह है। इनके द्वारा वक्ता कुछ करने के लिए भी वचनबद्ध होता है जैसे वादा करना, कोई कार्यभार लेना, अपनी धारणा की घोषणा करना, अपने विश्वासों और आस्थाओं को मान देना आदि।

4. **सामाजिक व्यवहार वाला वर्ग**—यह वर्ग वाक् क्रिया के सामाजिक व्यवहार पर केन्द्रित है जिसके अन्तर्गत क्षमा माँगना, बधाई देना, संवेदना प्रकट करना, चुनौती देना आदि को रखा जा सकता है।

5. **अन्तःक्रियात्मक वर्ग**—इस वर्ग में किसी बात या स्थिति के प्रति प्रतिक्रिया जताने वाली वाक् क्रियाएँ आती हैं जैसे बहस करना, उत्तर देना, राय देना, छूट देना, अनुमान करना, मानना, न मानना आदि।

वाक् क्रिया के माध्यम से सामाजिक सम्प्रेषण की सफलता में एक और समाजभाषिक संकल्पना 'सम्पर्क' (Contact) को भी अन्य भाषा-शिक्षण के लिए उपयोगी माना गया है। समाज भाषाविज्ञान की यह मान्यता है कि 'सम्प्रेषण को

सम्भव बनाने के लिए प्रतिभागियों (वक्ता-श्रोता) के बीच 'सम्पर्क' स्थापित होना और सम्प्रेषण की पूरी प्रक्रिया के बीच इसका बने रहना बेहद जरूरी है।' समाजभाषिक मान्यता यह भी है कि दो लोगों की मात्र शारीरिक निकटता वाक् परिस्थितियों को नियंत्रित और संचालित नहीं कर सकती क्योंकि सम्प्रेषण के समय दोनों प्रतिभागियों को 'ध्यान से सुनना-बोलना' होता है; न कि सिर्फ सुनना या सिर्फ बोलना। हाँ, कभी-कभी ध्यान दे कर न सुनना, जानबूझ कर भी किया जाता है जिसके लिए भोजपुरी में एक बड़ा ही सटीक शब्द है–'बहटियाना', अंग्रेज़ी में इसके लिए 'Cutting someone' अभिव्यक्ति चलती है। पर बहटियाना अपने में सम्प्रेषण की एक महत्वपूर्ण पद्धति है, युक्ति है। समाज भाषाविज्ञान ने सम्पर्क स्थापित करने तथा उसे बनाए रखने की अनेक सामाजिक उक्तियों की चर्चा की है। इनमें से कुछ की चर्चा यहाँ की जा रही है। कहना न होगा कि सम्प्रेषणपरक अन्य भाषा-शिक्षण में इन्हें सम्प्रेषणपरक मदों (items) के रूप में स्थान दिया जाता है। समाज भाषाविज्ञान का यह मानना है कि सम्पर्क सापेक्ष भाषा प्रकार्य, भाषा प्रयोग में बहुत महत्वपूर्ण होते हैं।

1. आवाज देना (Calls)–ऐ, ऐ भाई, मोहन! रिक्शा, सब्जीवाले, ऐ रिक्शा (ताली बजाकर ध्यान आकर्षित करना) आदि।

2. सम्प्रेषण सरणि परीक्षण (Channel test)–सुन रहे हो?, सुन तो रहे हो ना, समझ गये?, समझ गये कि नहीं?, मैंने क्या कहा?, बताओ, मैंने क्या कहा?, मैं सुन रहा हूँ, सुन रहा हूँ मैं, अपनी बात स्पष्ट करो, समझा नहीं, फिर से बोलो, सुनाई नहीं दिया, मैंने ठीक से सुना नहीं, जोर से बोलो, तुम मेरी बात समझ रहे हो न!, हाँ, हाँ समझ गया।

3. संक्षिप्त बातें (Small talk)–मौसम के बारे में, घर-परिवार के बारे में, बाल-बच्चों के बारे में, स्वास्थ्य के बारे में पूछताछ आदि।

4. तार्किक प्रोक्ति निर्माण (Logical discourse construction)–मेरे कहने का यह मतलब है (था) कि, मेरी दूसरी स्थापना यह है कि, मैं यह स्पष्ट कर देना चाहता हूँ कि, अब मैं इस बात को खोल कर कहना चाहता हूँ, दूसरे शब्दों में कहें तो, जैसा कि मैं पहले ही कह चुका हूँ, मेरा यह मानना है कि, मेरा यह विचार है (मेरे विचार में) आदि।

सम्पर्क सापेक्ष भाषा प्रकार्य की अवधारणा ने पूरी दुनिया में अन्य भाषा-शिक्षण की दिशा ही बदल कर रख दी। यह भी पाया गया कि कई संस्कृतियों में भाषा के ये प्रकार्य और भाषा प्रयोग की वे युक्तियाँ अत्यन्त प्रबल होती हैं जिनके माध्यम से या जिनके सहारे सामाजिक सम्पर्क दृढ़ होता है, उदाहरण के लिए हिन्दी-उर्दू में विनम्रता प्रदर्शित करने की भाषिक और भाषेतर युक्तियाँ। सम्प्रेषण परक भाषा-शिक्षण

आज यह मानकर चलता है कि भाषा अध्येता को सम्पर्क सापेक्ष भाषा प्रकार्यों से पूरी तरह लैस कराना अन्य भाषा-शिक्षण का परम लक्ष्य होना चाहिए। अर्थात वह सीखी गयी भाषा द्वारा सम्पर्क साधना सीख सके। भाषा-शिक्षण की किसी भी प्रक्रिया के सन्दर्भ में यह आवश्यक है कि पहले उसका लक्ष्य निर्धारित हो। यहाँ लक्ष्य निर्धारित होने का अर्थ है कि 'हम अध्येता में भाषा की वह दक्षता पैदा कर सकें कि पाठ्यक्रम पूरा होने के बाद वह सीखी गयी भाषा में 'सम्प्रेषण' और 'सम्पर्क' के अनुरूप वाक्-क्रिया का चयन करने में समर्थ बन सके।'

भाषा अध्येता में सम्प्रेषणपरक क्षमता का विकास करने में अन्य अनेक समाजभाषिक संकल्पनाएँ अन्य भाषा-शिक्षण के लिए उपयोगी सिद्ध हुई हैं, जैसे—

1. सामाजिक बोली (Sociolect)—वाक्-क्रिया पर भाषा अध्येता का पक्का नियन्त्रण हो सके, इसके लिए जरूरी है कि भाषा शिक्षक और सामग्री निर्माता दोनों को भाषा की सामाजिक संरचना पर दृष्टि डालने वाले उस भाषा सिद्धान्त का भान हो जिसे समाज भाषाविज्ञान या वास्तविक भाषाविज्ञान कहा गया है। भाषा की सामाजिक संरचना के साथ ही इन्हें वाक् परिस्थितियों के प्रति भी अति सजग होना चाहिए ताकि वे यह परख सकें कि वाक् परिस्थिति के वे कौन-से अभिलक्षण हैं जो भिन्न-भिन्न भाषा रूपों के साथ सहसम्बद्ध होते हैं। इनके वर्ग बनाना और सन्दर्भ तथा परिस्थिति में इनकी व्याख्या भी हमारे लिए अनिवार्य होगी। उदाहरण के लिए क्या उसने तुमसे कुछ कहा? प्रश्न का उत्तर हिन्दी में भिन्न स्थिति-सन्दर्भ में भिन्न-भिन्न तरह से दिया जाता है। इसे एक ही कथ्य की भिन्न अभिव्यक्तियाँ (Utterances) भी कहा गया है। उक्त प्रश्न के सन्दर्भानुकूल उत्तर निम्नलिखित हो सकते हैं—

(क) उसने मुझसे कुछ नहीं कहा।
(ख) उन्होंने मुझसे कुछ नहीं कहा।
(ग) कुछ भी तो नहीं कहा उसने/उन्होंने।
(घ) वह क्यों कुछ कहेगा/कहेंगे/कहेंगी।
(च) वह कुछ क्यों कहने लगा/लगे/लगीं।
(छ) वह भला कुछ क्यों कहेगा?
(ज) वह कब कुछ कहता है।
(झ) वह क्या कहेगा?
(ट) कुछ कहने की हिम्मत है उसकी?
(ठ) न! कुछ नहीं कहा।
(ड) कहा होता, तो क्या मैं बताता नहीं?
(ढ) मुझे याद नहीं, कुछ कहा तो था।

2. भाषा विकल्पन (Variables)—समाज भाषाविज्ञान ने भाषा में निहित विकल्पन नियम को बहुत महत्व दिया है। ये पूर्णतः समाज संदर्भित होते हैं। भाषाविज्ञान उक्ति के सन्दर्भ में किन्हीं दो भेदों के सन्दर्भ में यह प्रश्न हमेशा करता है कि 'यह' सही है या 'वह'। यह प्रश्न वह भाषा-संरचना के सन्दर्भ में ही अधिक करता है। पर समाज भाषाविज्ञान दोनों उक्तियों को 'सही' मानते हुए भाषा शिक्षक से यह अपेक्षा रखता है कि वह सन्दर्भ के परिप्रेक्ष्य में पहले इनकी व्याख्या करे और फिर भाषा अध्येता को यह बताए कि अमुक परिस्थिति में कौन-सी उक्ति उपयुक्त है और कौन-सी नहीं।

3. कोड-प्रयोग—'कोड' का सम्बन्ध वक्ता के सामाजिक व्यकि, से होता है। हैलिडे ने इसे भाषा का 'प्रयोक्ता से सम्बद्ध' अभिलक्षण कहा है—अर्थात समाज में वह 'कौन' है। कोड-प्रयोग इसी तथ्य पर निर्धारित रहता है कि भाषा प्रयोक्ता (वक्ता चाहे श्रोता) का सामाजिक स्तर क्या है? जब हम किसी से पहली बार मिलते हैं तो उसके सामाजिक स्तर का अंदाज़ा हम उसके 'बोलने से' ही लगाते हैं, कहना न होगा कि यह अंदाज़ा हमेशा सही होता है। किसके साथ किस कोड का प्रयोग करना उचित होगा और किससे नहीं, यह भी सम्प्रेषण की सटीकता और वाक्-क्रिया के बने रहने के लिए आवश्यक है। हम सभी से बाज़ी नहीं लगा सकते, सभी को हमें चुनौती भी नहीं देनी चाहिए। अपने से छोटों को हम आदेश दे सकते हैं, पर बड़ों से तो अनुरोध ही किया जा सकता है।

वाक् प्रकार, भाषा भेद, भाषा सम्पर्क और शैली भेद के कारण ही भाषा की सम्प्रेषणीयता उजागर होती है और इसे प्रकट करने वाला होता है—अनुप्रयुक्त भाषावैज्ञानिक। इस सम्बन्ध में एक घटना का जिक्र सीर्ले ने किया है कि थॉर्न (1971) से एक रेडियो साक्षात्कार में जब यह पूछा गया कि क्या भाषा-शिक्षण के लिए भाषाविज्ञान की कोई प्रासंगिकता है? तो थॉर्न ने उत्तर दिया कि—'इस तरह के प्रश्न आपको अनुप्रयुक्त भाषावैज्ञानिकों से पूछने चाहिए, मुझ जैसे सैद्धान्तिक भाषाविद् से नहीं।' थॉर्न का यह उत्तर ईमानदारी से भरा हुआ है। भाषा सिद्धान्त निश्चित ही भाषा के वैज्ञानिक विश्लेषण का मार्ग प्रशस्त करता है, उसके सहारे ही भाषा की जटिल और सूक्ष्म संरचनाएँ भी खुल पाती हैं पर सैद्धान्तिक भाषाविद् यह नहीं बता सकता कि जब कोई दूसरी भाषा सीखी-सिखाई जाती है तो क्या सीखा-सिखाया जाता है या जाना चाहिए। अनुप्रयुक्त भाषावैज्ञानिक ही यह बता सकता है कि अन्य भाषा सीखते समय भाषा कौशल सीखा-सिखाया जाता है; विशेष तरह का कौशल जिसे सामाजिक व्यवहार भी कहा जा सकता है और जो निःसन्देह भाषाई वर्गों और प्रक्रियाओं के भीतर से ही उत्पन्न होता है। पिट कॉर्डर (1973) ने अनुप्रयुक्त भाषावैज्ञानिक के पर्याय के रूप में समाज भाषावैज्ञानिक शब्द का

प्रयोग किया है और शैलीवैज्ञानिक तथा मनोभाषावैज्ञानिक को अन्य भाषा-शिक्षण के सन्दर्भ में 'समाज भाषाविज्ञान' का ही उपभोक्ता कहा है। पिट कार्डर के विचारों को और भाषा-शिक्षण के विविध चरणों पर समाजभाषिकी की महत्वपूर्ण भूमिका को निम्नांकित आरेख प्रमाणित करने वाला है–

अनुप्रयोग (Application)	सिद्धान्त (Theory)	प्रक्रिया → (Process)	सामग्री (Data)
प्रथम चरण	भाषावैज्ञानिक समाज भाषावैज्ञानिक	विवरण →	भाषिक उक्तियाँ
द्वितीय चरण	भाषावैज्ञानिक समाज भाषावैज्ञानिक शैलीवैज्ञानिक	तुलना और चयन	भाषा के सामाजिक प्रयोग का विवरण
तृतीय चरण	भाषावैज्ञानिक समाज भाषावैज्ञानिक मनोभाषावैज्ञानिक	संगठन और → प्रस्तुतीकरण	पाठ्यक्रम की सामग्री ↓ शिक्षण सामग्री

कोड प्रयोग के अन्तर्गत समाज भाषाविज्ञान ने दो ऐसे कोड प्रकारों की चर्चा भी की है जो सर्वाधिक प्रचलित हैं और जिनकी पृष्ठभूमि में हिन्दी भाषा को भी व्याख्यायित और विवेचित किया जा चुका है। इनमें से पहला वर्गीकरण है–सामाजिक पद को दर्शाने वाले कोडों का (वक्ता-श्रोता के सामाजिक पद को), इसके अन्तर्गत रूढ़, औपचारिक, अनौपचारिक, सामान्य और आत्मीय कोडों को परिगणित किया गया है। इन्हें सामाजिक शैली भी कहा गया है। दूसरा वर्गीकरण है–सामाजिक भूमिका से सम्बन्धित कोडों का, जिनका निर्धारण वक्ता-श्रोता के वय, लिंग, व्यवसाय और सामाजिक सम्बन्धों के आधार पर किया जाता है।

समाजभाषिकी अवधारणाओं के अन्य भाषा-शिक्षण में समाहन ने वैचारिक धरातल पर यह भी स्पष्ट कर दिया कि किसी भी व्यक्ति को अपनी मातृभाषा का 'भाषाई कोश' या व्याकरणिक परतें (Shief of grammar) उपलब्ध रहता है जिनमें से वह परिस्थिति और सन्दर्भ के अनुसार उपयुक्त वाक् रूप का चयन करता रहता है। अन्य भाषा अध्येता के पास सीखी जाने वाली भाषा का ऐसा कोई भाषाई कोश नहीं होता अतः अन्य भाषा-शिक्षण से सम्बद्ध लोगों को अन्य भाषा का भी एक ऐसा सीमित पर प्रयोजनीय भाषाई कोश तैयार करना चाहिए जिसका उपयोग वह सीखी जानेवाली भाषा के कुछ खास स्थिति-सन्दर्भों में कर सके। यही भाषाई कोश अन्य भाषा अध्येता के लिए तैयार किये जाने वाले पाठ्यक्रम के लिए भी आधार बनाया जाना चाहिए।

4. शब्द सन्दर्भ–समाज भाषाविज्ञान और शैलीविज्ञान ने शब्द को देखने वाली

परम्परागत दृष्टि में भी आमूलचूल परिवर्तन ला दिया। भाषा अध्ययन की इन दोनों प्रणालियों ने यह साफ-साफ कह दिया कि शब्दों के व्याकरणिक सम्बन्धों का परिचय अब पर्याप्त नहीं माना जायेगा। शब्द का अर्थपक्ष खास तौर पर सामाजिक-सांस्कृतिक अर्थ पक्ष अन्य भाषा-शिक्षण में अब अधिक उपादेय हो सकता है। काला-सफेद जैसे विपरीतार्थक, ज़मीन-धरती जैसे समानार्थी, लाल-पीला जैसे रंग शब्द, पति-पत्नी जैसे परिपूरक शब्द देकर छुट्टी पा लेना भाषा-शिक्षण के लिए घातक सिद्ध हो सकता है। शब्द, भाषा नहीं है, पर शब्दों का अपना जीवन होता है। भाषा के शब्द जटिल सामाजिक नेटवर्क से बँधे होते हैं। सन्दर्भ और परिस्थिति के भेद से वे अपना रंग तो बदलते ही हैं, अपनी एक श्रेणी भी बनाते हैं—खरीदना, बेचना, उधार (लेना, देना) आदि। 'काला' के सन्दर्भ में काला बाजार, काला पानी, काला धंधा, काला सोना, काली जबान, काली आँधी, काला पैसा, काली कमाई जैसी न जाने कितनी अर्थ छटाएँ हैं, समाज-सांस्कृतिक प्रयोग विधियाँ हैं। सफेद चादर (कफन), सफेद झूठ, सफेद दाग। जमीन के भिन्न प्रयोग सन्दर्भ हैं—जमीन खिसकना, जमीन-आसमान, जमीनें तलाशना, जमीन तोड़ना तो धरती के अलग—धरती माता, धरती के लाल, धरतीपुत्र। चेहरा लाल होना, चेहरा पीला पड़ना जैसे मुहावरेदार प्रयोगों के साथ लाल बत्ती, पीत पत्रकारिता, लाल और पीला जैसे प्रयोग तो हैं ही दोनों के सांस्कृतिक सन्दर्भ भी हैं। पति के पर्याय के रूप में शौहर, खसम, भतार, आदमी और पत्नी के सन्दर्भ में बेगम, लुगाई, बीवी के अपने-अपने वाक् भेद हैं।

शब्दों के सामाजिक सन्दर्भ को और भी सूक्ष्मता से देखने के लिए समाज भाषाविज्ञान ने सह सम्बन्ध सिद्धान्त (Collocation theory) निर्मित की, यह मानते हुए कि प्राकृतिक भाषाओं के अर्थगत विश्लेषण के लिए सभी आधुनिक उपागम इस धारणा पर आधारित हैं कि अर्थ के धरातल पर कोशीय घटक परस्पर सम्बद्धनीय होते हैं। सम्बन्धों की इस सम्भावना से अर्थीय स्तर पर शब्दों के तीन वर्ग बनते हैं—

1. सम्भाव्यार्थक : Probablistic : जैसे 'रात' के साथ अँधेरा, निराशा, दुख का अर्थ। 'सुबह' के साथ आशा, दुख बीत जाने, सुख का अर्थ आदि।
2. निहितार्थक : Implicational: पिता (रक्षक, मुखिया), माँ (त्याग, वात्सल्य), नदी (प्रवाह, निःस्वार्थता, गतिमानता)।
3. संकल्पनात्मक: Conceptual : मिथकों के अर्थ, शब्दों के विषय से नियन्त्रित विशिष्ट अर्थ, जैसे भौतिकशास्त्र में गति, चाल, वेग का संकल्पनात्मक अर्थ।

शब्दों के अर्थ सम्बन्धी इस सामाजिक पक्ष को इस प्रकार दिखाया जा सकता है—

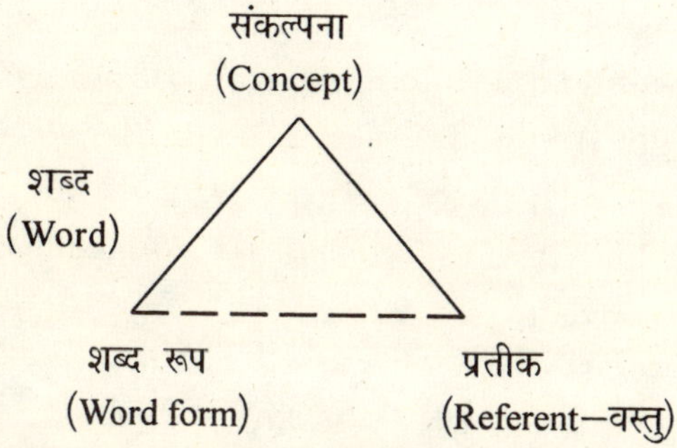

इस समाजभाषिक शब्द सन्दर्भ को सुधीर माथुर ने (भाषा अध्ययन : विविध पक्ष–2005, सं. शिवेंद्र किशोर वर्मा और दिलीप सिंह) में 'अध्येता कोश' पर चर्चा करते हुए अत्यन्त स्पष्टता के साथ उठाते हुए कहा है कि 'द्वितीय भाषा तथा विदेशी भाषा सीखने वालों के लिए तैयार किये जाने वाले 'अध्येता कोश' में शब्दों के अर्थ तथा प्रयोग दोनों ही महत्वपूर्ण हैं पर प्रयोग को अधिक महत्व देना चाहिए।' माथुर ने हिन्दी-अंग्रेज़ी अध्येता कोश में प्रविष्टियों की व्याख्या किस प्रकार से की जानी चाहिए इसके कुछ उपयोगी उदाहरण भी दिये हैं। देखें–

(1) अपना apnā, poss, adj, (f,-i).

1. One's, one's own,

a. Used rather than any other pronominal possessive adjective in most cases where a second reference to a possessor is made within a simple sentence or a clause,
His, her, my etc.

b. (Impersonally) One's
अपना काम करना अच्छा है, To do one's work is good.

c. Personal, private, individual, peculiar,
अपनी ओर से कहूँ तो, Speaking for myself.

d. (Intensive, with preceding possessive), One's own,
मेरी अपनी कहानी, My own story.

2. m, (usu, pl,), One's kindered, relatives, friends etc.
अपने पराये m,&adj, Relations and strangers, friends and foes, syn, अपने बेगाने

3. अपने, refl, pron,

a. Oneself,

अपने तक रखना, To keep (a matter) to oneself,

अपने से, Adv, for, on one's own part,

अपने आप, Of one's own accord,

अपना करना/कर लेना, To make (a person or thing) one's own; win (a person)

over; to usurp.

अपना बनाना, syn, अपना करना, To charm,

अपना होना, To become one's own.

अपना-अपना, Each his own, various, respective; particular, individual,

अपनी नींद सोना, idiom, To sleep as or when one please, be one's own master; to be free of care or anxiety.

अपने हाथों, adv, With one's own hands.

अपना-सा करना, To do what one can; to do as one thinks best.

अपना-सा मुँह लेकर, adv., lit, 'With a peculiar look' ; disappointedly, shamefacedly.

अपनी गाना, idiom, To sing one's own praises, blow one's own trumpet.

(2) कच्चा

1. uncooked, untreated, raw,

   कच्ची ईंट, an unbaked brick (dried in the sun)

   a. unripe, green (as fruit etc.),

      कच्चा केला, unripe banana

   b. Crude, partly processed,

      कच्चा खाना, idiom, food not cooked in ghee,

      कच्चा मकान, idiom, a mud-house.

2. Immature,

   कच्ची उम्र, idiom, immature age, infancy,

   a. Preliminary, provisional,

कच्ची सिलाई, tacking, basting (of a garment etc.).

3. Unfinished, imperfect, incomplete,

कच्ची सड़क, an unmetalled or unsealed road,

a. Having imperfect knowledge,

अंग्रेज़ी में कच्चा, inexperienced in using English; weak in English,

b. Slight,

कच्चा रंग, not fast colour (which will wash out).

c. Unsteady, unstable

कच्ची नौकरी, idiom, a temporary job,

कच्चा-पक्का, adj, & m, Half cooked or prepared; half ripe; built partly of baked bricks and partly of mud; partly finished work.

कच्चा खा जाना, v.t. To be extremely angry with, to eat alive (sl.).

d. Disturbed, broken,

कच्ची नींद, unsound sleep,

बच्चा अभी कच्ची नींद में है, मत जगाओ, the child is not in sound sleep yet, don't wake him up.

(३) तो to conj, correl, to अगर, जब,

1. (Initially in sentence or clause; a semantically colourless link to what precedes).

a. Then, at that time.

वह जाने लगा तो मैंने उससे रुकने को कहा, when he was about to leave, I asked him to stay.

b. In that case

तुम्हें कोई मकान न मिला हो तो मेरा ले लो, If you haven't a house yet, take mine.

c. But, however,

मेरे लिए और कुछ नहीं है तो एक गिलास पानी तो चाहिए,

d. (interj,) well, now

what am I to say?

तो, मैं क्या कहूँ ?

2. (used to lay emphasis on the preceding word-meaning).

a. In fact, actually, but,

बात तो यह है कि, the fact is that...

b. Indeed, certainly, just,

कहो तो, please do tell; just tell me.

c. Moreover (in combination with भी)

तो भी, conj, Even then, even so, yet, still,

किराए बढ़ गये हैं तो भी वह फर्स्ट क्लास में जाता है, the fares have gone up even then he travels in first class.

तो सही, adv, Indeed (more emphatic than तो alone).

तुम जाओ तो सही, by all means (you) go.

नहीं तो, conj, Otherwise,

मेरी बात सुनो नहीं तो पछताओगे, Listen to me otherwise you'll repent.

आप अच्छे तो हैं? Are you well? Everything is fine? (a conventional question)

(4) निकलना nikalnā, v.i., v.t. निकालना

1. To come out, to get out?

हमें यहाँ से कब निकलना चाहिए? When should we start from here?

2. To be pulled or drawn out, to be taken out.

मशीनों से पानी निकल रहा है, Water is taken out through the machines,

3. To rise (in colloc, with सूरज, चाँद, तारे ect.)

आजकल सूरज बड़ी जल्दी निकलता है, the sun rises very early these days,

4. To be out.

एक-दो दिन में रिज़ल्ट निकलेगा, the result will be out in a day or two,

a. To be issued.

राष्ट्रपति का आदेश निकल गया है, the President's order has already been issued.

5. To be extracted.

कपड़ों का मैल निकल गया, the dirt has been extracted out of the clothes,

6. To ooze out.

टूटी सुराही से पानी निकल रहा है, water is oozing out of the cracked flagon

7. To be published.

आजकल हिन्दी की कई अच्छी पत्रिकाएँ निकल रही हैं, several good Hindi magazines are being published these days.

8. To be wasted, to be missed.

बिना कुछ किये ही इतना समय निकल गया, Without doing anything so much time has been passed away.

अब तो मौका निकल गया, the chance has been missed.

V.camp.

निकला आना, to come out.

घंटा बजते ही बच्चे क्लास से बाहर निकल आये, as soon as bell rang, children came out of the class.

निकल जाना, to go forth or away, to get away, to escape,

जल्दी से निकल जाओ, get away soon.

निकल चलना, to go out, to make off, to escape,

यहाँ से शाम को निकल चलेंगे, (we) shall go out from here this evening.

निकल पड़ना, to come out (suddenly) or forth (from - से)

आज तो तुम दफ़्तर से जल्दी निकल पड़े, you came out early from the office today.

(5) पर par, ppn., fam, or reg, var, पे,

1. on, upon,
2. (Usu, of a some what precise location, destination or time).

a. At, in

खिड़की पर एक परदा लगा लो, put a curtain at the window.

वह दुकान पर नहीं है, he's not in the shop.

b. To,

चाय पर जाना, to go to a party/tea.

3. In time,

ठीक समय पर, punctually.

चार बजकर दस मिनट पर, at 4:10.

4. Fig,

a. At the time of.

आपको आने पर मालूम होगा, when you come you'll find out.

b. On account of,

आपके कहने पर ही करूँगा, I shall do only if you say so.

c. In accordance with,

मैंने आपके कहने पर ऐसा किया, I did so in accordance with that you said.

d. At the rate of,

सौ रुपए महीने पर एक नौकर रख लो, hire a servant at hundred rupees a month.

e. notwithstanding (with भी),

इस पर भी जाऊँगा, despite this I shall go.

भाषा में प्रकार्य को महत्व देनेवाली अध्ययन दृष्टि समाज भाषाविज्ञान के भाषा विवेचन प्रकारों को अन्य भाषा-शिक्षण ने अपनाया। वाक्य और प्रोक्ति दोनों स्तरों पर समाजभाषिक तथ्यों को उजागर किया गया। वाक्य के स्तर पर इंपरेटिव्ज़ (आज्ञार्थक वाक्य) पर उपलब्ध चर्चाओं को यहाँ दिया जा रहा है। प्रकार्य अथवा भाषा सम्पर्क के धरातल पर देखने के बाद समाज भाषाविज्ञान ने यह पाया कि इंपरेटिव्ज़ सम्प्रेषण-क्रिया 'आदेश' से सीधे सम्बद्ध होते हैं पर इसका तात्पर्य यह नहीं है कि वे सिर्फ और सिर्फ 'आदेश' का प्रकार्य ही पूरा करते हैं–यहाँ से, जाओ तो आदेश है पर किताब दे दीजिए, क्या आप अपनी किताब दे सकेंगे में अनुरोध का प्रकार्य है। इसी तरह अब पनीर के छोटे-छोटे टुकड़ें कर लीजिए (निर्देश), ऋण एसबीआई से ही लें (सुझाव), फूल न तोड़ें (अपील), कल मेरे यहाँ खाने पर आइए (निमन्त्रण) जैसे वाक्यों से कोष्ठक में दिये गये प्रकार्य पूरे होते हैं। इन उदाहरणों से यह साफ पता चलता है कि सभी आज्ञार्थक भिन्न प्रकार की उक्तियों के रूप में सम्प्रेषण क्रिया

के भिन्न-भिन्न सन्दर्भों को सम्भव बनाते हैं। इन उदाहरणों से यह भी पता चलता है कि भाषा रूप तथा सम्प्रेषण क्रिया के बीच किस तरह का सम्बन्ध होता है या ये दोनों किस तरह एक-दूसरे से सम्बद्ध होते हैं। यहाँ यह बात भी खुल कर सामने आती है कि कोई एक सम्प्रेषण क्रिया भिन्न भाषारूपों (Varieties) द्वारा भी समाज पूरी करता है तो कभी एक ही भाषा रूप भिन्न-भिन्न सम्प्रेषण क्रियाएँ सम्पन्न करने की क्षमता से युक्त होता है, भाषा रूप को यह शक्ति उसका भाषा समाज प्रदान करता है। अतः यह कहा जा सकता है कि सन्देश और भाषा कोड के बीच 'वन टु वन' रिश्ता नहीं होता। तात्पर्य यह है कि कोई खास सन्देश व्यक्त करने वाला वाक्य 'व्याकरणिक नियमों का समुच्चय' मात्र नहीं होता, बल्कि सामाजिक सम्प्रेषण में वह उन स्थितियों का समुच्चय होता है जो प्रयोग के नियम निर्धारित करती हैं। भाषा अध्येता को यह सिखाना जरूरी है कि सिखाई जाने वाली भाषा एक प्रोक्ति (डिसकोर्स) के रूप में 'कैसे काम करती है' और इस बहाने उसे भाषा प्रयोग के सभी उपयोगी नियमों से परिचित कराते चलना चाहिए।

वाक्य-स्तर पर प्रयोगगत भेदों के पहले भाषा संगठन के सामान्य नियमों को सिखाने की बात अन्य भाषा-शिक्षण में की गयी है पर सामाजिक सन्दर्भ में इनके प्रयोग की सम्भावनाओं का संकेत देना भी जरूरी माना गया है। लीच ने इन्हें इसीलिए व्याकरणिक तत्त्व न कह कर 'सामाजिक सम्पदा' कहा है। हिन्दी शिक्षण के सन्दर्भ में उसकी 'सामाजिक सम्पदा' के कुछ मदों को देखें–

सामाजिक सम्पदा	**प्रयोग सम्भावनाएँ**
1. यह/वह है	❑ यह मोहन है, वह शीला है।
	❑ ये (मेरे) पिताजी हैं, वे (मेरी) माता जी हैं
	❑ ये डॉक्टर साहब हैं, वे पंडित जी हैं
	❑ यह (मेरा) छोटा भाई है, वे (मेरी) बड़ी बहन है।
2. मेरा, तुम्हारा	❑ यह मेरी किताब है, यह हमारी (एक) किताब है।
हमारा, आपका	❑ यह हमारी (बहु.) क्लास है।
	❑ यह तुम्हारा बैग है, वह तुम्हारी पेंसिल है।
	❑ यह आपका पर्स है, वह आपकी कमीज है।
3. उसका, उसकी	❑ वह उसकी (मोहन/शीला) कलम है।
	❑ यह उसका (मोहन/शीला) कमरा है।
	❑ यह उनका (पिता जी) कुर्ता है।
	❑ वह उनकी (माता जी) साड़ी है।
4. एक	❑ यह एक खिलौना।

	❑ वह एक हिरोइन है।
	❑ ये (एक.) एक टीचर है।
	❑ वे (एक.) एक लेखिका हैं।
	❑ वह मोहन है।
	❑ वह शीला है।
	❑ वे (मेरे) पिताजी हैं।
	❑ वे (मेरी) माँ हैं।
6. मैं, हम	❑ मैं डॉक्टर हूँ, हम (एक.) लेखक हैं।
तू, तुम, आप	❑ तू उल्लू है, (ईश्वर) तू बड़ा दयालु है (माँ) तू बड़ी अच्छी है।
	❑ तुम मेरे पक्के दोस्त हो, तुम कौन हो।
	❑ आप कौन हैं, आप (मेरे) बुजुर्ग हैं, आप हैं डॉ. राय (परिचय कराते समय), आप देश प्रेमी हैं (मंच से प्रशस्ति करते समय)।
7. यहाँ, वहाँ	❑ मैं यहाँ रहता हूँ, हम (एक./बहु.) यहाँ रहते हैं।
	❑ मैं वहाँ रहती हूँ।
	❑ तुम कहाँ रहते हो, आप कहाँ रहते हैं।
	❑ वह कहाँ रहता है, वे (एक./बहु.) कहाँ रहते हैं
	❑ मैं यहाँ/वहाँ हूँ, तुम यहाँ/वहाँ हो, आप यहाँ/वहाँ हैं, वह यहाँ/वहाँ है।
8. यह/वह (लड़का, लड़की, आदमी, औरत, जानवर, कपड़ा आदि)	❑ यह लड़का मोहन है।
	❑ वह लड़की शीला है।
	❑ वह आदमी मूर्ख हैं।
	❑ यह औरत बहादुर है।
	❑ वह जानवर अफ्रीकी बंदर है।
	❑ यह कपड़ा सैनफ़ोराइज़्ड है।
9. हम, वे, आप (बहुवचन)	❑ हम बच्चे हैं, हम छात्र हैं, हम देशभक्त हैं
	❑ आप डॉक्टर हैं, आप महान हैं, आप श्री रामप्रसाद हैं।
	❑ वे (मेरे) पिता हैं, वे हिन्दी प्रचारक हैं, वे अंबेडकर हैं।
10. ये, वे	❑ ये किताबें बहुत ज्ञानवर्धक हैं।
	❑ वे फल कच्चे हैं।

11. को, से (To, From)	❑ राम को चिट्ठी भेजो।
	❑ राम को आम दो।
	❑ राम को दिल्ली से बुलाओ।
12. वही	❑ यह वही किताब है।
	❑ यह वही लड़की है।
	❑ यह वही जगह है।
	❑ यह वही तलवार है।
13. नित्यता (Habitial)	❑ मैं रोज स्कूल जाता हूँ।
	❑ पिताजी रोज़ अखबार पढ़ते हैं।
	❑ सोहन रोज पार्क में दौड़ता है।
	❑ आंध्र प्रदेश में चावल बहुत होते हैं।
14. चिरन्तन सत्य	❑ गाय दूध देती है।
	❑ दिसम्बर में ठण्ड पड़ती है।
	❑ शेर बहादुर होता है।
	❑ भगवान दयालु होता है।
15. लगना	❑ ये आम अच्छे लगते हैं।
	❑ वह कोई एक्टर लगता है।
	❑ यहाँ पानी के पैसे लगते हैं।
	❑ यहाँ हर साल मेला लगता है।
	❑ मुझे झूठ बोलना बुरा लगता है।
	❑ मुझ लगता है कि आज बारिश होगी।
	❑ मुझे भाषण ठीक नहीं लगा।
	❑ आपको क्या/कैसा लगता है।
	❑ मोहन तुम्हारा कौन लगता है।
	❑ मुझे मिर्च बहुत लगती है।
	❑ उसे बहुत मीठा अच्छा नहीं लगता।
16. जब-तब, जभी-तभी	❑ जब मोहन आयेगा तब मैं जाऊँगा।
	❑ जब भूख लगेगी तब खा लूँगा।
	❑ मैं तभी खाता हूँ जब मुझे भूख लगती है।
	❑ मैं जभी आऊँगा जब तुम आओगे।
	❑ जब मैं दिल्ली जाऊँगा तब मोहन से मिलूँगा।
	❑ जब मैं आगरा गया था तब ताजमहल देखा था।

इसी तरह सम्प्रेषण में अपनी सामाजिक अर्थवत्ता तथा प्रयोग-भेद को सिद्ध

करने वाली अन्य संरचनाओं की प्रयोगगत सम्भावनाओं का संकेत देते हुए पाठ निर्मित किये जा सकते हैं, जैसे–का, को, की, चाहिए, सक, चुक, पड़, पा, संयुक्त-क्रियाएँ, रजक क्रियाएँ, चाहना, प्रेरणार्थक आदि।

वाक्य के स्तर पर अर्थ को प्रकार्य से जोड़ कर देखने की दृष्टि भी समाज भाषाविज्ञान ने ही प्रदान की। ऐसे विश्लेषण में अर्थ और प्रकार्य दोनों घटक सामाजिक अनुबंधन (conditioning) से नियंत्रित होते हैं। कुछ उदाहरण देखें–

1. यह काम पूरा करो –कोई कंडीशन नहीं (आदेश)
2. मुझे उम्मीद है कि तुम यह काम पूरा करोगे–इच्छा, आशा, विश्वास
3. तुम्हें दवा लेनी ही होगी –इसरार, अनिवार्यता
4. यह काम पूरा करने में तुम्हें कोई कठिनाई नहीं होगी –आश्वासन, साहस बढ़ाना, आत्मविश्वास जगाना
5. मैंने तुमसे पहले ही कहा था कि तुम यह काम कर लोगे –याद दिलाना, सराहना, शाबाशी, प्रसन्नता

वाक्यों के सहारे प्रवहमान प्रोक्ति (संवाद) को भी वार्तालाप पाठों के लिए अन्य भाषा-शिक्षण अपनाता है। इसकी प्रविधि भी समाज भाषाविज्ञान ने दी है। इसमें कुछ प्रमुख घटकों की भूमिका पर ध्यान देना अनिवार्य माना गया है, जैसे–वार्तालाप का स्थान, प्रतिभागियों का सामाजिक पद, वाक्य की सामाजिक उपयुक्तता आदि। नीचे हम कुछ वार्तालाप सन्दर्भ दे रहे हैं–

स्थान (Location)	:	कक्षा
प्रतिभागी (ParticipUnts)	:	छात्र (-पद), अध्यापक (+पद)
वाक्य प्रकार	:	आदेश, इच्छा, असमर्थता, अनुरोध

वार्तालाप : 1 मोहन, क्या तुम एक छोटी-सी कविता लिख सकोगे?
प्रश्न के विकल्प (निर्देश के रूप में)
मोहन, तुम एक कविता लिखो।
आज तुम्हें एक कविता लिखनी होगी।
आज तुम्हें एक कविता कक्षा में लिखनी है।
मैं चाहता हूँ कि आज तुम एक कविता लिखो।

उत्तर–1 हाँ, सर लिख लूँगा।
शाबाश! अपनी काँपी में लिखो।
किस विषय पर लिखूँ, सर!
बादल पर।

वार्तालाप : 2 अच्छा, ठीक है, सर।

उत्तर– नहीं, सर!
नहीं, मैं कविता नहीं लिख सकता।
क्यों/क्यों नहीं लिख सकते?
क्योंकि मुझे कविता लिखना नहीं आता।
तुम लिखो तो, लिख लोगे।
मैं उल्टी-सीधी लिख दूँगा सर।
अरे, तुम लिख कर दिखाओ तो।

वार्तालाप : 3

उत्तर– मैं कविता नहीं, कहानी लिख सकता हूँ, सर।
ठीक है, तुम कहानी लिखो, कविता कौन लिखेगा?
कविता श्याम अच्छी लिखता है।

वार्तालाप : 4

उत्तर– मैं कहानी लिखूँगा सर। कविता श्याम लिखेगा।
मोहन और श्याम, अपनी-अपनी कॉपी में लिखो।

श्याम : कॉपी मेरे पास नहीं है, सर। क्या अलग कागज़ पर लिख सकता हूँ?
हाँ, लिख दो।

मोहन : मेरी पेंसिल टूट गयी, सर।
तो क्या हुआ? तुम मेरा कलम ले लो।

भाषा प्रयोग के विविध रूपों को श्रीवास्तव (1992) ने भाषा का 'अभिव्यक्तिपरक' प्रकार्य कहा है। इस प्रकार्य के द्वारा भाषा प्रयोग के प्रति वक्ता अथवा भाषा समाज का दृष्टिकोण व्यक्त होता है। श्रीवास्तव भी यह मानते हैं कि सम्प्रेषण एक सामाजिक प्रक्रिया है। उन्होंने 'व्याकरण' को किसी भाषा के भाषा व्यवहार सम्बधी भाषा भेदों के व्याकरण का समूह (शीफ ऑफ ग्रामर) स्वीकारते हुए यह कहा है कि 'एक व्याकरण की संकल्पना या तो भ्रामक है अथवा वह इस 'व्याकरणिक समूह' पर आरोपित अधिरचना (सुपर स्ट्रक्चर) है।' अन्य भाषा-शिक्षण के समय विकल्पन के जिन सन्दर्भों की आवश्यकता पड़ती है उनका वर्गीकरण श्रीवास्तव ने एक खाके के रूप में इस प्रकार किया है–

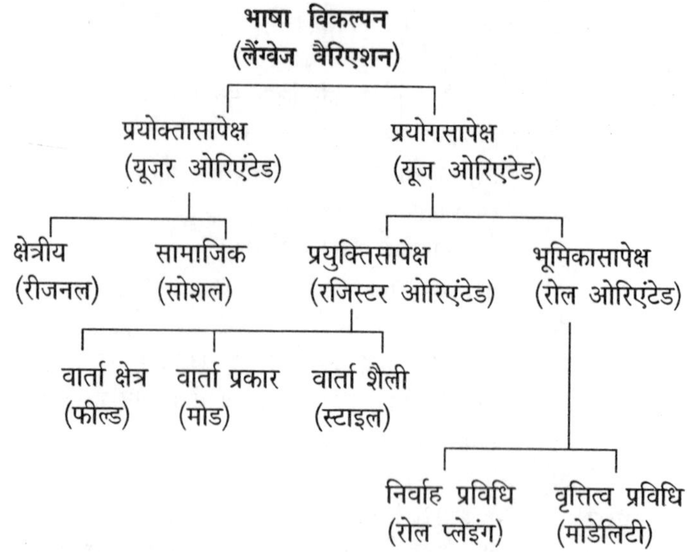

निष्कर्ष रूप में यह कहा जा सकता है कि (अन्य) भाषा-शिक्षण के सीमित लक्ष्यों के साथ व्यापक सन्दर्भों को सामने रखने की आवश्यकता भी अब समझी जाने लगी है। इन व्यापक सन्दर्भों के कारण अब भाषा-शिक्षण अपना एक नया रूप ले चुका है। आधुनिक भाषाविज्ञान (अनुप्रयुक्त भाषाविज्ञान) के शैलीवैज्ञानिक, मनोभाषावैज्ञानिक और समाज भाषावैज्ञानिक जैसे नये अध्ययन क्षेत्रों और उनकी संकल्पनाओं ने अन्य भाषा-शिक्षण को प्रयोग-सापेक्ष बना दिया है। आज यह सर्वस्वीकृत है कि यदि भाषा-शिक्षण की इस प्रयोजनीयता को प्रभावपूर्ण और सार्थक ढंग से सिद्ध करना है तो उसे नयी भाषावैज्ञानिक दृष्टि (समाज भाषावैज्ञानिक) से सम्पन्न करना होगा।

सन्दर्भ

वर्मा, एस.के. तथा दिलीप सिंह (सं.), 2005, भाषा अध्ययन : विविध पक्ष आलेख : नयी दिल्ली।

1. Allen, J.P.B. and S.Pit corder (eds.), 1975, Papers in Applied Linguistics, OUP : London.
2. Austin, J.L., 1962, How to do things with words, Harward University Press.
3. Davies, M. and L. Ravelli (eds.), 1992, Advances in Systemic Linguistics, Pinter : London.
4. Firbas, J., 1993, Functional sentence perspective in Written and Spoken

communication. CUP : Cambridge.
5. Fishman, J., 1971, Sociolinguistics : A brief Introduction, Rowley, Mass : Newbury House.
6. Halliday, M.A.K. and Ruqaiya Hasan, 1989, Language, context and Text : Aspects of Language In a social-semiotic perspective. OUP Oxford.
7. Leech, G.N., 1983, Principles of Pragmatics. Longman : London.
8. Prakasam, V. and Anvita Abbi, 1986, Semantic theories and Language Teaching. Allied : Delhi.
9. Quirk, R., 1966, Investigating Linguistic Acceptability. The Hague : Mouton.
10. Searle, J.R., 1969, Speech Acts. CUP : Cambridge.
11. Thorne, J.P., 1971, Interview : 'Linguistics' Listner-68, Edinburgh University Press.
12. Verma, M.K.(ed.), 1998, Sociolinguistics : Language and Society. Sage Publications : New Delhi.

❑❑❑